20 世纪中国图书馆学文库·68

外国图书馆史简编

杨子竞 编著

圙 國家圖書館出版社

本书据南开大学出版社 1990 年 12 月第 1 版排印

前　言

　　外国图书馆史是图书馆学的一个重要分支学科,是高等院校图书馆学专业的基础课之一。学习本课,有助于认识和总结外国图书馆事业的经验教训,从中得到启迪,有所借鉴。

　　这本教材对外国图书馆的起源、发展过程及现状作了讲述。在编写中,着重介绍各个时期的图书馆的概况,兼及于一些图书事业的知识;注意吸收国内外图书馆学及图书馆史研究的新成果;力求突出本书的特色。1. 时间跨度大。本书内容上起古代,下迄 20 世纪 80 年代。略古详今,对近现代部分给予较多的篇幅。2. 地区广泛。不仅限于西方,对亚洲、非洲、拉丁美洲的各个国家也都尽量涉及。3. 注意从不同时期的经济、政治、文化背景对图书和图书馆事业进行分析,有助于读者对问题的理解和深入的探讨。4. 内容简要。对史实作扼要的介绍,对概貌的描述注意点面结合的关系,文字力求简明。

　　本书原为我在南开大学图书馆学情报学系的讲义,后于1988 年 7 月改成书稿(其中一部分内容曾在《津图学刊》等刊物上发表)。几经吸收意见作了反复的修改,于 1990 年 8 月定稿,限于个人的理论、专业知识水平,书中想必存在缺点不少,恳切希望专家学者和广大读者纠谬补正。本书能够出版,得力于本系系主任来新夏教授的敦促,南开大学图书馆提供了许多资料,南开大学出版社编辑同志辛勤地帮助与审改,本系一些同志协助校阅和誊写，一并在此表示衷心的感谢。

杨子竞

1990 年 9 月于南开大学

目　　录

第四编 多种知识载体并存时期的图书馆（现代）

第一编 泥版书、纸草书时期的图书馆(古代)

图书馆是人类文明发展到一定阶段的产物。在古代,图书馆往往和档案馆是同一机构,难以区分,即使到今天,二者的职能也有相重之处。

图书馆的建立,需要有一定数量的用文字连续叙述的图书,有书写、识读与管理图书的人才,以及适当的保管场所。奴隶社会形成后,为奴隶主服务的祭司、书吏得以专门从事脑力劳动,兼以奴隶制政治、宗教统治对图书资料的需要,为图书馆的产生创立了条件。因此,最初在埃及、两河流域及印度,继而在希腊、罗马等奴隶制国家出现了图书馆,它们具有为奴隶主及僧侣掌握和利用、与宗教密切联系的特点。这些图书馆在图书保存、整理、编目等方面都还处在萌芽阶段,它们是中世纪图书馆的先导。

第一章　古代亚非国家

第一节　古代埃及的纸草书和图书馆

【象形文字】

公元前3500年左右,埃及建立了奴隶制国家。埃及文字的产生与发展,适应了奴隶制国家机构要求广泛的通信联系和复杂的报告、表格的需要,同时反映了当时的统治者镌刻铭文荣耀国君与扬名后世的愿望。文字类型有以下三种:1.象形体文,也称碑体文。大约产生于公元前3000多年。它们用各种图形符号表示各种事物、概念或音节;不同的图形符号连结一起,构成不同的意思。它们结构复杂,难以辨认。在希腊语中,象形文字(hierogly phis)原意为"祭司的书写",由此可知其应用范围的狭窄。2.草体文,或称僧侣体文,又译为"圣体字",是僧侣用的一种书写体,形式和象形体大同小异,但比较简单。大多数保存下来的埃及文献都是用这种书写法记载的,故又称为文献文体。3.通俗文体。是公元前8世纪从普通群众中产生、发展起来的一种简便的书写体,但后来逐渐消失。

古埃及统治者曾设立专门的低级学校与高级学校培训书吏。高级学校除设有图书馆外,还向学生传授各种主题的背景知识。这种学校的毕业生在社会上享有较高的地位,从书吏被列为杰出人物塑像模型的这一现象可以说明。

书写载体除石片、陶片、木简、皮革、腊版、泥版、石碑外，主要为纸莎草纸。尼罗河三角洲有取之不竭的纸莎草。用芦管沾上墨汁在纸草上的书写方法，通用于地中海沿岸地区。

【纸草书】

古埃及留存下来的文献以纸草书居多，大都出自祭司手笔，也有贵族之作。最长的纸草书长达 133 英尺，上面记述了第 19 王朝（约公元前 1320—前 1200）国王拉美西斯在位时（约公元前 1304—前 1237）所发生的重大事件。现存于不列颠博物馆。概括已发现的纸草书的内容，大体上可分为四种：1. 表达奴隶主政治观点。如《里拉克列欧文王对其子的训谕》，劝说各个统治者团结一致来对付奴隶与贫民；散布对其他民族的仇视心理。2. 反映奴隶主教育、哲学观点。如《阿赫拉伊训谕》记载了奴隶主阿赫拉伊对儿子的教诲。他嘲笑体力劳动，劝导其子以书吏为业，"能吃王室的饭，地位优越"。考古还发现被称为《丧经》的文献，置放在国王、贵族的坟墓中。这种附有精细绘制的冥国景象的图画的《丧经》，旨在为死者歌功颂德，并祈求诸神保护死者安全。3. 叙述奴隶与贫民起义。《易普味尔陈词》为贵族易普味尔所写，恶毒咒骂起义者，但也透露了起义者占领京城、夺取粮仓等斗争情况。4. 属于科学方面的。《阿默士纸草书》（约公元前 1550）是世界上最早的数学书。《埃伯斯纸草书》（公元前 16 世纪）收有巫医处方及民间偏方 877 件。

【王室图书馆】

埃及国王设有专门机构保管文献，这种机构兼具图书馆与档案馆的性质。

第 4 王朝（公元前 3800—前 3500）及第 5 王朝（约公元前

2400 年左右)时期,载有"书库文牍"、"文献管理员"、"卷籍专家"一类头衔的人物的墓碑,说明这种机构设有专职人员管理图书文献,而且他们在社会上拥有相当高的地位。当时的主要图书馆有两所:

1. 设在阿马拉的王室图书馆。藏有"阿马拉文书",因在距开罗 287 公里的泰尔埃尔·阿马拉出土而得名,共 32 件,装在埋入地下的泥罐内,全部用楔形文字写成,内容大多是第 18 王朝(约公元前 1567—前 1320)国王阿蒙霍特普三世、阿蒙霍特普四世与古巴比伦、米坦尼、亚述等国君主交往的外交文件。

2. 拉美西斯二世在首都底比斯建立的一所以收藏宗教文献为主的图书馆,称为"灵魂之药",意为图书可作为精神食粮。被他雇佣的图书工作人员阿门—恩—浩特的姓名及职业均见于墓碑。

埃及多信奉宗教,寺院颇为发达。它们往往也设置图书馆,藏书内容不仅有神学经典,也有世俗文籍,尤以医学文献为最,这与当时寺院常为医疗中心有关。此外,富商与贵族的住宅中也收藏图书甚多。至于埃及图书馆藏书方法,比较讲究的是将纸草纸卷包上布或皮质的封套,置放在架上,而且备有书卷目录。在伊德富发现的一个保存有宗教书籍的房间里,细心的图书馆管理人员在房间的墙壁上刻下的藏书目录即为例证。

第二节　西亚诸国的泥版书和图书馆

【楔形文字和泥版文书】

约从公元前 3000 年代开始,美索不达米亚出现了一些奴隶制国家。当时,苏美尔人创造的图画式文字演变为楔形文字,后来成为西亚及波斯通用的文字。

1881 考古学家在巴格达附近的萨巴尔发现公元前 10 世纪的图书馆，藏有大批泥版文书。迄今发现的泥版文书已达 20 多万件。

在小亚细亚及地中海东岸诸国中，赫梯（公元前 20—前 8 世纪，在今土耳其）出现的泥版字典，可能是世界上最早的字典。

古巴比伦王国（约公元前 9—前 16 世纪）在汉谟拉比（公元前 1792—前 1750）执政时达于鼎盛。除刻在石柱上的著名的《汉谟拉比法典》外，载有王室文件、外交文献的泥版文献均有发现。

【尼尼微图书馆】

亚述曾是两河流域的一个强国。统治者亚述巴尼拔（Assurbanipal，公元前 668—前 631）在首都尼尼微建有一个王室图书馆，供国王及廷臣使用。他曾派遣专使遍至各地搜寻文献。从 19 世纪中期以后，陆续从地下发掘出该馆馆藏的 3 万多件楔形文字的泥版，内容包括王室信件、商业档案、历史、地理、法律、数学、医学、天文学、文学及宗教著作，以至于初具辞书和百科全书性质的文献。但从内容上看，大多模仿巴比伦作品。

亚述巴尼拔统治时期的一块泥版文书，有这样的记载："亚述巴尼拔王，万方之王，亚述之国君，获纳布神与奥弥特女神之佑，洞察何者为治国之本。诸神向我之先辈国王显示楔形文字的书写。我已将智力之神纳布的启示书写于泥版之上，并置于王宫内以教育臣民。"它表明亚述巴尼拔利用神的名义保存图书文献，借以提高他本人的威望和这个图书馆的地位。

尼尼微图书馆所藏泥版均有识别标志，说明藏书的室别、架别及陶罐所在。令人感兴趣的是，馆藏管理井然有序，每一个书室的墙上写有书目，列述书名、该书出版数目、行数、卷首字以及重要的子目。此外，馆藏有多种外文著作。由此看出，馆员熟悉专业，通晓几种外文，有较高的学识造诣。尼尼微图书馆的丰富收藏及管理水平,反映了亚述文化在当时世界上居于前列。

公元前612年,迦勒底、米底亚联军攻陷尼尼微。王宫被毁,但图书馆馆藏得以幸存,沉睡地下达2400年之久。业已发掘的藏书现存不列颠博物馆内。

【古波斯的铭文及图书馆】

古波斯王大流士一世在位(公元前522—前486)时,帝国盛极一时。记述他镇压群众起义事迹的贝希斯敦(今伊朗克尔曼高地)铭文包括古波斯文、古巴比伦尼亚楔形文和古埃兰文,是古波斯的一项宝贵的文化遗产。

公元前331年,马其顿的亚历山大一世征服波斯。波斯波塞波利斯城的阿柏丹拉王宫的许多图书资料或被亚历山大烧毁,或被运往亚历山大城图书馆。同时,2万张记载《祆教经》的牛皮书也被付之一炬。

在圣经《旧约》中,"以斯拉记"第6章中记载大利乌王曾经降旨,要寻察典籍库,并发现波斯古列王原有的诏令之事。"以斯帖记"第6章则述说当时备有历史书与纪录史事之举。从这些蛛丝马迹可以看出,古波斯已有图书和初具规模的图书馆。

古波斯萨珊王朝(226—692)的创始者为萨珊之孙阿尔德希尔一世(226—242在位)。他从印度、中国搜集业已散失的波斯古籍并加以珍藏。其子沙普尔一世也收藏已译为波斯文的各种文字的图书,他还将《祆教经》重新辑成书册,使亚历山大一世烧毁的这种圣书得以传之后世。

在6世纪中期,萨珊王朝在君主库斯鲁一世(531—579)的治理下,国势增强。他专门设立了史官,编纂大事记。在贡迪舍普尔所建的大学里设有图书馆,收藏许多古籍。该馆集中了不同国籍的学者,他们根据库斯鲁一世的旨意,将外文书籍翻译为波斯文。

第三节　古代印度的棕叶书和图书馆

公元前 1000 年左右,印度逐渐过渡到奴隶社会。约在公元前 4 世纪出现了书写文字。最早的书写材料主要是棕叶、布以及金属片,约在 11 世纪以后才用纸张书写。印度现存最早的手抄本为棕叶手稿,约为 2 世纪所作。

婆罗门教在印度社会中占有统治地位,其经典著作为梵文文献《吠陀》,意为知识广博的宗教书籍,成书约在公元前 4 世纪左右。它为印度的等级制度提供了理论依据,鼓吹万物有灵的轮回观念,但一部分内容颇具文学价值。印度史上的“吠陀时代”(公元前 15 世纪—前 17 世纪)即由此书得名。堪与荷马两大史诗相提并论的印度两大史诗《摩诃婆罗多》、《罗摩衍那》,分别成书约在公元纪元之后与公元前 4 至 3 世纪到公元 2 世纪之间。

由于婆罗门垄断知识,禁止非婆罗门研读经文,也禁止用文字记录经文,致使口传教学成为印度的传统方式,这不利于书籍的发展。公元前 6 世纪,佛教在印度产生,它的创立者释迦牟尼提倡学习教义,在佛教徒内兴起创作、抄写与传播宗教手稿之风。孔雀王朝的阿育王(约公元前 273—前 232 年在位)出于维护统治的需要,确定佛教为国教,大建佛寺,号召进行整理和编纂佛教经典的工作。当时的寺院收藏不少文献,因此印度第一个图书馆是由佛教徒创设的说法是合乎情理的。

第二章　古代希腊

第一节　从泥版书过渡到纸草书

【爱琴文化时期的泥版书】

克里特岛是爱琴文化(约公元前3000—前1100)的中心之一。1900 至 1909 年,英国考古学家伊文思(Arthur John Evans, 1851—1941)在该岛北部诺萨斯古城遗址发掘米诺斯王宫,发现大批刻有线形文字的泥版,并按其时序分为甲、乙两种。1953 年,英国语言学家迈克尔·文特里斯(1922—1956)将线形文字乙种部分释读成功,并确定此种文字为希腊语已知的最早形式。从这些考古材料了解到克里特岛居民常在青铜器、石头、墙壁及各种器皿上写字,并广泛应用泥版。泥版书载有关于奴隶、财产清单,商业文件及外地贡赋等内容。

希腊南部的迈锡尼是"爱琴文化"的又一个中心。20 世纪 50 年代,考古发现在几间特殊的房间内,有些泥版整齐地放在罐中,泥版上仍书写线形文字乙种。这些文献同克里特岛及皮洛斯(古希腊港口)发掘出的写有线形文字乙种的泥版文书在出土时间、地点上虽有所不同,但在符号、形式、分段及其他细节上多有相似之处,说明它们一脉相承,而且是由经过训练的人书写的,同时说明书写在当时已成为一种专门的艺术。

【希腊文化鼎盛时期的纸草书与图书馆】

公元前 5 世纪至公元前 4 世纪,由于奴隶劳动被广泛使用,仅对波斯侵略战争(公元前 492—前 449)的胜利以及雅典推行民主政治,致使希腊文化臻于极盛。当时希腊书写材料主要是从埃及传入的纸草纸。由于纸草纸价格比较昂贵,又要依靠手抄,因此一般图书馆所藏书籍有限,传授知识主要靠口述。书写文字受腓尼基人的影响,采用字母文字,它具有书写方便、识读简易的优点,远比"爱琴文化"时期的线形文字进步。书写内容最早可能为商务与宗教活动。

雅典是希腊文化的中心,公元前 5 世纪末,书籍已在一定的范围内流传,但阅读似乎还未普及。从柏拉图(公元前 427—前 347)到亚里士多德(公元前 380—前 322)的这一时期,图书馆和学府密切联系在一起,对培育人才发挥了积极的作用。著名哲学家柏拉图,建立了以英雄阿加蒂米斯命名的学园,进行讲学。他知识渊博,所著《理想国》一书,包括对政治、哲学、神学、伦理学及艺术诸方面的阐述。可以想见他曾饱览群书。亚里士多德建立了莱西乌姆学园,拥有一所藏书约数百卷的图书馆,内容以希腊文为主,也有东方语文的书籍,供学者自由阅览。在他死后,关于该馆藏书的去向有两种说法,一说为继其教职的狄奥佛斯塔所有并加以扩充,后辗转易手,一度埋于地下,受损甚多,终为罗马征服者所得。一说为托勒密二世所得,成为亚历山大城图书馆的一部分。此外,亚里士多德提出的把知识分为思辨的、实践的和创作的三大类的观念,对后来学者关于知识分类以至图书分类都有着深远的影响。

至今业已发现的希腊时期的作家姓名总计超过 1100 多人,其中一批作家知识广博,势必有众多的书籍可作为其著述的参考。例如悲剧作家欧里庇得斯(公元前 485—前 406),一生写有戏剧约 92 部,其本人就是一个热心的图书收藏家。

公元前 4 世纪 30 年代,希腊本土被罗马征服,政治上虽不复成为中心,但文化教育的兴旺不亚于往日。图书馆为数不少,捐赠图书的风气盛行。波里比阿曾说,西西里岛学者提姆斯曾耗费 50 年时间在各个图书馆看书,致力于历史研究。

第二节　亚历山大城图书馆

【丰富的馆藏】

从公元前 4 世纪末至公元前 1 世纪为"希腊化文化"时期。亚历山大及其继承者在一些城市设立博物馆和图书馆,招揽学者,宏扬学术,有利于巩固和提高其统治权威。其中,值得大书特书的是亚城的博物馆。该馆是一个由国家主办的集学术研究、图书馆与天文台三位一体的机构,于公元前 308 年开始兴建,至托勒密二世(公元前 283—前 246)时始告建成。其图书馆是当时世界上首屈一指的图书馆。从藏书规模看,最初为 5 万卷,盛时达 50 万(或说为 70 万)卷,主要为希腊文学书籍,均为纸草纸手稿及抄本。因纸卷太长,阅读时须一手展开一端,另一手卷起已读完的一端,然后依次放置。为此,该馆馆员为便于阅读及管理,把收藏的希腊文学著作分成数"卷"(rolls),相当于近代"书籍"(books)中的卷或篇。托勒密历届王朝极力搜寻珍本图书,据说托勒密三世(约公元前 288—前 221)曾以 340 多公斤银子作抵押,向雅典当局借抄希腊悲剧家埃斯库罗斯、索福克里斯及欧里庇得斯的部分手稿,终因爱不释手而宁愿放弃押金,仅还回一部分手稿。这种行为虽不值得后人效法,但说明了当时有的统治者对珍贵文献的重视。

【学术造诣颇深的馆长】

亚城图书馆是在希腊政治家、历史学家德米特利乌斯(Deme-
trius of phalerum,约公元前 350 —前 283)的积极推动与筹办下建
立的。馆长或馆员皆为饱学之士。诸如:

芝诺多塔斯(Zenodotus of Ephesus,约公元前 325 —前 260),
希腊学者,语法学家,约于公元前 284 年任首任馆长,对荷马史诗
作了校勘,删改了可疑的诗句。

卡利马科斯(Callimacnus of Cyrene,约公元前 305—约前
240),希腊诗人,学者,曾任托勒密王室图书馆编目员。他将亚城
图书馆的藏书编成分类细致的书目 120 卷,著录了书名及作者生
平事迹。他将知识分为八大类:演讲术、历史、法律、哲学、医学、抒
情诗、悲剧和杂录。这种分类法反映了希腊的文化成就和特点。
卡利马科斯是西方目录学的先驱,被誉为"目录学之父"。

阿波洛尼厄斯(Apollomius of Rhodes,约公元前 305—约前
235),希腊亚历山大城诗人,著有叙事诗《亚尔古英雄》。公元前
260 至公元前 247 年任馆长。

埃拉托色尼(Eratosthenes of Cyrene,约公元前 276—约前
194),希腊天文地理学家,数学家,语言学家,约在公元前 235 年任
馆长。著有《论大地测量》一文,首次计算出地球的大小,得出与
地球赤道圆周实际数值十分接近的结果(4.4 万公里)。另绘有世
界地图一幅,推测由西班牙航海经非洲可抵印度。这个假说直到
约 1700 年后才为迪亚士及达·伽马的航行所先后证实。

阿里斯塔克(Aristarchus of Samothrace,约公元前 217—前
145),希腊古文献校勘学家、语法学家,约于公元前 153 年任馆长。
他对荷马史诗有精湛的研究,修正了芝诺多塔斯关于荷马史诗的
编纂方法,将《伊里亚特》和《奥德赛》各分为 241 卷本,沿用至今。

由上可知,该馆历任馆长皆为当时的知名学者,而且熟悉馆藏

内容,得以在学术或图书馆业务上作出了贡献。

【古籍考证与校订】

该馆工作基本任务虽为保存古籍,但除上述的编目及编书外,还有古籍考证与校订工作。这是由于当时位于小亚细亚珀加蒙的国王阿塔鲁斯一世(公元前241—前197)与托勒密王朝争出高价搜购书籍,以致出现待价而沽者对书籍加以窜改并有意延长原文现象存在,故需要鉴别真伪。此外,在诗文竞赛中也有偷窃或模仿前人之作的事情发生,需要行家甄别。据说上述学者中有的人之所以被任为图书馆管理人,是因为他在一次诗文竞赛中担任评判员时,不赞同其他六位评判员的意见,而只评定获票最少的一人当选,因为他认为其他竞选者的作品皆非己作。从这段有趣的故事可以看出当时对图书馆工作者的要求很高,不仅要对前人的文学有较深的研究,而且对历史也要了如指掌。

亚历山大城图书馆兴旺约200年以上。公元前48年,部分毁于罗马入侵者的战火。391年,又为基督教在该地的主教狄阿非罗斯视为异教文化而加以摧毁。经此两次浩劫,该馆藏书或毁灭或散失,诚为人类文化的一大损失。1988年联合国教科文组织与埃及提出重建该馆的计划,这所预定于1995年竣工的现代化新馆将藏书800万册。

第三节 珀加蒙等地的图书馆

【珀加蒙图书馆】

该馆在藏书及学者名望方面,仅比亚历山大城图书馆稍逊一筹。珀加蒙为位于小亚细亚西北部的奴隶制国家,都于珀加蒙。

公元前 3 世纪至公元前 2 世纪时期国势最盛,是"希腊化文化"地区的经济与文教中心之一。国王尤米尼兹二世(公元前 197—前 159)曾设置一所图书馆,网罗学者,数百年为才俊荟萃之地。希腊斯多噶学派哲学家克雷迭斯(马拉斯的,公元前 2 世纪)曾任该馆馆长,该馆藏书目录可能是他在任时编制的。尤米尼兹二世派人到各处搜寻有价值的手稿,或雇人抄写无法到手的珍稿作为副本,为此需要从埃及进口大批纸草纸,因而引起埃及国王托勒密七世的忌妒,下令禁止纸草纸输往珀加蒙。这场竞争的结果是,珀加蒙开始采用羊皮纸作为书写材料。实际上,羊皮纸的应用并非始自珀加蒙,因为在地中海沿岸其他地方也有发现。

公元前 133 年,珀加蒙为罗马所吞并,传说执政官安东尼倾心于托勒密王朝末代女王克娄巴特拉,封她为"王后之后",竟将珀加蒙图书馆藏书 20 万卷赠送给她,成为亚历山大城图书馆藏书的一部分。

【其他图书馆】

在"希腊化文化"这一辽阔的地区内,值得介绍的还有下列一些图书馆。

1. 塞琉古王国都城安提俄克(在今叙利亚)的图书馆。安泰奥克朗大王在位时(公元前 223—前 187),国势渐强,设有宫廷图书馆,任语法学家尤福里恩为馆长,当时,该地区富裕居民曾捐款建立图书馆与提供购书经费,或捐赠图书。

2. 埃及法龙姆的图书馆。从那里发现的纸草纸文献记述一所图书馆收有哲学著作 136 卷和医学著作 296 卷。另外,商人芝诺恩拥有一所私人图书馆,藏书内容包括反映其社会关系、运动、知识爱好的私人收藏以及音乐、文学方面的书。在他的一封家信中开列有一张书单,另一封信中提到他兼管的田庄的主人阿珀洛尼厄斯也拥有一所私人图书馆,后者据史书记载,从公元前 262 年开

14

始任埃及国王的财务大臣约30年之久,晚年定居法龙姆的费拉德尔菲亚。由此可以推测,芝诺恩的私人图书馆约在公元前4世纪。

3. 地中海罗得岛的一所图书馆。1927年发现的一张破损的书目单,其时间不晚于公元前100年,内容为按字顺排列的主题目录。

4. 地中海科斯岛设有一所附属于医院的图书馆。可把它视为专业图书馆的萌芽。

上述各馆的特点是:以王室创办为主;管理者多为学者;馆藏内容主要为世俗性图书。它们的规模及影响都不及珀加蒙图书馆。

第三章　古代罗马

第一节　公共图书馆和私人图书馆

【纸草书】

约在共和时代初期即公元前 6 世纪,罗马人已使用文字抄写法律、条约、演说词及丧葬碑文。共和时代中晚期(公元前 3 世纪末—前 2 世纪)的纸草书已从古墓中发现,内容为编年史及文物记载。这种书曾用香柏油涂过,然后用石制箱子装起来放在死者的棺材内,以便长期保存。书中还提到当时有明文规定,所有社会生活的规则必须载之于书,并以立法形式公布。

【公共图书馆】

罗马文化受惠于希腊文化者良多。在图书馆方面,藏书内容、管理方式以及馆舍建筑结构都继承希腊的衣钵。

罗马图书馆馆藏主要来源于对希腊战争的掠夺。公元前 215 至公元前 168 年,罗马先后三次发动对马其顿的战争。罗马将官保罗斯·艾米略曾将所获战利品遗留给其子孙,其中即包括图书。公元前 146 年,希腊并入罗马版图,几所希腊的大型图书馆均迁往罗马。罗马将官苏拉所部于公元前 86 年攻陷雅典时,将那里的亚里士多德图书馆掠夺而归。随着罗马疆域的不断开拓,埃及、巴比伦等国的图书均作为战利品集中于罗马,以致罗马书籍既多又廉,书店林立。

恺撒(公元前100—前44)当政时期,为迎合社会上广大群众希望长治久安、发展文化的心理,计划修建一所宏大的图书馆,责成著名学者瓦洛(Marcus Terentius Varro,公元前116—前28)筹建,后因恺撒去世而中断。公元前40年,恺撒的下属、政治家及演说家波利奥(公元前76—公元5)开始在阿波罗神庙建立图书馆,收藏希腊文和拉丁文图书,约于公元前37年开放,是为罗马史上第一所公共图书馆,实现了恺撒的生前计划,从而为此后罗马境内兴建公共图书馆迈出了重要的第一步。该馆馆内立有著名作家的胸像或浮雕肖像。这种风尚为西方不少图书馆所仿效。

屋大维统治时期(公元前27—公元14)罗马成为跨越欧、亚、非三洲的强国,先后兴建了两所图书馆。一所设在帕拉丁山的阿波罗神庙内,公元前28年建立,专门收罗拉丁文书籍;另一所建于公元前37年,以奥太维亚(屋大维之妹)命名,专门收罗希腊文书籍。均维持数百年之久。

屋大维以后的皇帝对图书馆也多有兴建。屋大维之子泰比里厄斯(公元14—37年在位)除加强原有图书馆外,还分别在皇宫与奥古斯都神庙建立一所图书馆。但在尼禄(公元37—68在位)统治时,罗马城于公元64年因一场大火毁坏大部分,图书馆损失惨重。维斯佩申(公元69—79年在位)进行了城市复建工程,在和平神殿建有弗莱维恩图书馆。图拉真(公元98—117年在位)于114年修建了额尔比安图书馆,以两个房间分别收藏希腊文及拉丁文著作,藏书共约3万卷,其地位在当时西方仅次于亚历山大城及珀加蒙两地的图书馆。此种风气历久不衰。到5世纪,罗马已有公共图书馆28所,所藏图书不下10万余卷。

罗马统治者为促进对被征服民族的同化,还在希腊、小亚细亚等地设立图书馆。如罗马皇帝哈德连(公元117—138年在位)在雅典建立一个大型图书馆,馆舍华丽,配有柱廊,内有宽敞的藏书室、阅览室以及设在馆中央的借书处。

罗马公共图书馆的特色有以下几点:

1. 大多数为皇帝建立,但也有的是由私人捐款兴建,如在帝国所辖的提姆加德(今阿尔及利亚境内)的图书馆,置有一块大理石,用漂亮的文字刻上捐款人的姓名及他们建筑此馆的愿望。

2. 各个图书馆的负责人多为学者,也有皇帝的侍医。一般馆员起初多半从希腊与小亚细亚的奴隶与战俘中挑选有文化素养的人担任,后来改由本地的学者及作家担任。

3. 读者范围十分狭窄,仅限于上层阶级。对于入藏书籍的内容也有严格的政治标准,不符合统治阶级利益的书均被排斥。屋大维就曾下令将恺撒及诗人奥维德(公元前43—公元18)的作品从公共图书馆中剔除。到帝国晚期,非基督教的书籍更在严禁之列。

【私人图书馆】

私人图书馆为数也相当可观。考古发掘表明,公元79年与庞贝古城一起毁于火山爆发的海格立斯城的一个私人图书馆拥有纸草纸书约1700卷。在一个仅有12平方米的小房间内,这些书卷放在倚墙而立的书架上,房中间放着书桌。被发现的书卷虽有破损,但仍可辨认出为哲学著作。其数量之多,可谓集纸草纸文献之大成。其特殊价值在于它们是在埃及以外发现的纸草纸文献。

私人图书馆的图书一般不外借。雅典一个私人图书馆制定了这样的规则:"鉴于吾人曾立有誓言,任何图书概不能携出馆外,馆内阅读时间为1至6时。"当时的私人图书馆只对极少数人开放。例如,大贵族卢加迪斯的私人图书馆就对他的好友、学者开放,西塞罗(Marcus Tullius Cicero,公元前106—前43)即其座上常客。西塞罗一生酷爱书籍,他曾写信给他的好友、拥有私人图书约

18

2 万卷的藏书家兼出版商阿蒂克斯(公元前 109—前 32)说:"不要把你的书籍送给任何人,因为你已答应送给我。除书籍外,我现在对什么东西都提不起兴趣。"但是,私人图书馆拥有者大都为不学无术的贵族、富商。他们搜置图书只是为了附庸风雅,因而即使藏书千卷,藏书者对书籍的内容却懵然无知。这种不良现象引起个别人的不满,罗马政治家、哲学家塞尼克(公元 1—65)就曾发出反对私人收藏图书的呼声。

第二节　书写材料和图书形式的变革

【书写材料和图书形式】

罗马时代,书写材料及书籍形式都发生了重大的变革,在图书及图书馆史上具有积极的意义。

罗马图书馆馆藏除纸草纸本外,还有皮纸本,说明当时书写材料已处在纸草纸和皮纸并用的阶段,这在罗马帝国后期尤为明显。皮纸指用羊皮、牛皮或其他兽皮所做的书写材料。处理方法是将兽皮洗净后晒干,在皮上的一面或两面书写。这种书写材料,不仅耐久而且可以刮去字迹改写。君士坦丁大帝(306—337 年在位)在 330 年迁都拜占庭并命名该地为君士坦丁堡之后,于 332 年下令为新都的教堂备好用皮纸抄写的《圣经》希腊文译本 50 部。据一些学者判断,以下两部现存的抄本即属于 50 部抄本之列。

1. 梵蒂冈抄本,用上等羊皮纸抄写,内容几乎包括全部希腊文《圣经》。在梵蒂冈图书馆第一本目录于 1475 年编出之前,这个抄本曾存放该馆。拿破仑进行意大利战争获胜后,把这部珍品带回巴黎,其真正价值开始得到确认。1889 至 1890 年在罗马出版了这部抄本的照相复制本,为世界学者进一步了解该书提供了可能。

2. 西奈抄本,得于西奈山的一个修道院,原存于列宁格勒,后由英国不列颠博物馆于1933年从苏联政府手中购得,被装订成2卷本。该抄本由三个抄写员书写,正文部分每页分为四栏,单词抄写没有间隔。

这一时期图书的形式也发生了变化。原来用纸草纸抄写的文献为卷轴形式,对于书写和阅读都不方便。最初的改革是写版的制造,它由两块木版组合,用钩环联结或用通过洞眼的绳子绑在一起,木版上涂蜡,可以书写。随后,这种写版由皮纸代替,并采取折叠装订方式即抄本形式,外面配上封皮借以保护。这种可以折叠的抄本有利于阅读和保管,是现代书籍的雏形。公元4世纪,皮纸已居于主导地位,但在埃及,纸草纸仍在长期使用。

书写材料及书籍形式的变革,对于知识的传播起了一定的推动作用,丰富了罗马时代的图书馆馆藏。

【早期的百科全书】

罗马时期出现了早期的百科全书。其中当首推老普林尼(公元23—79)所著《自然史》,共37卷。作者在30多年内,以惊人的毅力,在博览473位作家所写的2000多种书籍的基础上写出此书,内容涉及2万个项目,其中关于农业机械如牛拉谷物收割机等的记载,均为考古材料所证实。执政官老加图(公元前234—前149)在收录他写给他儿子的一批信件的《训子集》中,将各种有益的知识写成节要,旨在教育子孙后代。瓦洛所著《学科要义》,共9卷,摘记了各门知识。以上二书也具有百科全书性质。476年,西罗马帝国覆灭,图书馆在战火中饱受摧残,正如一位拉丁学者抱怨的那样:"图书馆像坟墓一样地永远关闭了。"2世纪为数尚多的公共图书馆到3世纪时已寥寥无几。

第二编　写本书和印本书时期的
图书馆（中世纪）

　　公元 5 至 15 世纪为欧洲封建社会产生、发展和衰落的时期。这一时期欧洲的图书馆大体上可划分为宫廷图书馆、教会图书馆与高等学府图书馆三种类型。宫廷图书馆以藏书丰富和对社会上层分子慷慨提供借阅而占有重要的地位。12 至 14 世纪修道院在西欧蓬勃发展，修道院图书馆成为学术中心。手写成为一门艺术，抄写书籍在数百年中成为保存古籍、传播知识的主要方式。由于抄本费时费力，价值昂贵，因而采取了严格保护措施，实行闭架借阅制。16 世纪宗教改革后，修道院及其图书馆每况愈下，大学图书馆呈现欣欣向荣之势。与此同时，造纸术与印刷术的西传以及二者的珠联璧合，文艺复兴运动的冲击，把欧洲印刷业及图书馆事业推向新的阶段。但由于受着生产规模的限制，科学知识与社会交流都还不发达，因而图书馆的封闭性质还未发生根本的变化。

　　在中世纪的亚洲，朝鲜和日本的文化受到中国很大的影响，这在图书馆工作中也有所反映。15 世纪末叶以前，在非洲及拉丁美洲，有的国家或地区分别出现了图书文献或图书馆，成为其民族文化的一个重要组成部分。

第四章　欧洲(5—15 世纪)

第一节　修道院图书馆的出现和普及

【修道院图书馆的兴起】

在基督教产生后约 200 年左右,即 3 世纪时,修道院开始在埃及出现,随后产生了修道院图书馆。圣·珀科米乌(约 291—约 346)最先制订了修道院图书馆借阅规则,规定每次借书 1 本,必须于一周内归还。4 世纪,修道院在西欧大批建立。中世纪对修道院图书馆的发展起着重要作用的是以下二人:

1. 圣·本尼狄克,即圣·本笃(Benedict of Nursia, St. ,约 480—约 547),意大利教士。约于 529 年在距罗马不远的蒙特卡西诺建立修道院,培养了大批僧侣。他亲手制订"规约",其中规定读书与抄写书卷为修道士应尽的一项宗教义务。"规约"成为西欧各修道院长期遵循的楷模。这所修道院拥有一个颇有价值的图书馆,被指派的管理人负责出借图书,监督还书并定期进行清点。该馆于 9 世纪遭到破坏,此后修复。它为学者潜心著述提供了良好的条件,如副主祭保罗(约 730—800)曾寄寓该院写成 6 卷本《伦巴德人史》。该书为一本重要的中世纪欧洲史学著作。

2. 卡西奥多勒斯(Magnus Aurelius Cassiodorus, 约 490—约 585),意大利学者,曾在东哥特王国为官达数十年之久,后致力于宗教事业及著述。约于546至555年之间,在维瓦里姆和卡斯特利翁建立两所修道院。为了向修道士提供神学及人类知识,他在维瓦里姆院内建立以其私人藏书为基础的图书馆,内容包括希腊文与拉丁文的宗教与世俗的手稿。同时,为了使具有历史价值的古代手稿得以留传后世,他最先建立抄写室并要求将搜集的希腊文稿译为拉丁文。其所著《圣规与古籍》一书,涉及图书馆的管理、图书的校正与使用,与圣·本尼狄克的《规约》齐名,均对后来修道院图书馆的发展颇具影响,即从此以后,读书、抄写手稿成为修道士的必修课。

由于卡西奥多勒斯等人辛勤的工作,修道院开始成为古籍的保存场所和学术研究的中心。

【修道院图书馆的普及】

6世纪,修道院在西欧普遍设立,较大的修道院附设学院,修道士攻读《圣经》、教父的著作、拉丁文古典名著以及数学、医学。一般都附设图书馆。

1. 英格兰。罗马教皇格列高利一世(590—604年在位)曾在坎特伯雷建立了一所小型图书馆。教士本尼狄克·比斯科普(约628—690)分别于674年和682年在苏格兰的韦尔茅斯、贾罗两地创办修道院与图书馆,收有得自欧洲大陆的艺术珍品及手抄本,并强调保护图书的必要性。

2. 爱尔兰。6世纪出现了许多的修道院,其中蜚声一时的有教士圣·哥伦巴(521—579)约于565年在爱奥那岛建立的修道院,设有图书馆及抄写室,并以制作精美的插图抄本而驰名,其中的代表作为8世纪完成的一部基督教福音书,名为《凯尔斯手抄本》,刻工精细,装饰华丽,堪称精品。当时,去欧洲大陆的爱尔兰传教士络绎不绝,他们在所到之处建立修道院及其图书馆或抄写室,对传播知识起着一定的积极作用。

3. 德意志。8 世纪,英国传教士圣·博尼费斯(约 675—754)在富尔迈创立修道院,该院图书馆除从英格兰获得捐赠的古籍抄本外,还自己动手抄制复本,充实馆藏,并备有一份图书目录。

4. 西班牙。塞维利亚城大修道院长、学者圣·伊西多(约560—636)在该地创办一所图书馆,藏书数百卷,兼收宗教与世俗著作。他还著有百科全书式的作品《词源》(又译《事物纪始》),包括文艺、科学方面的知识,书内载有关于图书馆的资料。当时许多修道院图书馆都藏有此书。

5. 法国。著名的有科尔比修道院,约建于 660 年,设有图书馆及抄写室。该院到 8 至 9 世纪已成为宏大的著述中心,并有 12 至17 世纪的图书馆目录传世。延至法兰克王国的查理曼大帝(768—814)统治期间,法国的各大寺院从罗马、英格兰搜罗古籍,然后再加以抄写。一时抄写古籍与宗教著作蔚然成风。抄写员还对抄写手稿与插图业务作了分工;开始制作手抄本的复本。王国境内还建有若干图书馆,以设于亚琛的宫廷图书馆以及学者阿尔克温(735—804)在图尔所建的图书馆与抄写室为其中佼佼者。

查理曼大帝死后,内争纷起,丹麦人对英格兰入侵,海盗对爱尔兰的骚扰,使各国修道院和图书馆蒙受不同程度的损失。

第二节　大教堂图书馆和梵蒂冈图书馆

【大教堂图书馆】

大教堂图书馆多设在人口稠密的城镇或其附近。大教堂图书馆的数量远不如修道院图书馆多。其中蜚声世界的,英国有坎特伯雷大教堂及其图书馆,597 年由教士奥古斯丁建立,和罗马教廷保持密切的联系,去罗马朝圣者经常带回手抄本书籍,丰富了图书馆馆藏。另有约克、达拉谟两地大教堂图书馆。法国的巴黎圣母院(即巴黎圣母大教堂)、奥尔良和鲁昂的大教堂,德意志的班贝克、希尔德斯海姆、美因茨、科伦等大教堂的图书馆都比较有名。其中,班贝克大教堂图书馆于1007年由亨利二世建立,规模较大。西班牙有巴塞隆纳等地的大教堂图书馆。

大教堂图书馆藏书的内容,除神学书籍、礼拜用书外,还有世俗书籍及教科书,以便适应教堂神职人员在世俗社会中进行各项活动的需要。而修道院图书馆馆藏则更偏重神学书籍,这是两者不同之处。至于大教堂图书馆的藏书数量一般每所仅数百卷,坎特伯雷大教堂图书馆14世纪初藏书约5000卷以上,已属凤毛麟角。

【梵蒂冈图书馆】

罗马教廷是遍布欧洲各地的修道院及教堂的统率机构。早期有好几个教皇奖掖学术,搜求古籍,举办学术中心和图书馆。其中教皇直辖的梵蒂冈图书馆在教会图书馆界占有显著的地位,也是基督教一个重要的文化阵地。早在教皇圣·达马苏斯一世(366—384年在位)时,已开始搜集古代手稿,创建了一个教堂图书馆。教皇西尔威斯特二世(999—1003年在位)是一个著名的学者,他早在青年时期就喜欢收集书籍,曾在致友人信中说:"我努力兴办一所图书馆。……我以重金并借各地友人之助,获得了许多抄写本和稿本,我求你也尽力于此种事业,并把我们将要誊写的这些补录的一览表,随信寄来。"

1295年,罗马教皇卜尼法斯八世(1294—1303年在位)时,该馆仅收藏443部作品。1309至1377年,教皇驻地从罗马迁到法国的阿维尼翁,受法王控制。因此,梵蒂冈图书馆原来为数不多的图书也于1345年后散失一部分,其中多数是送去阿维尼翁教皇所在地。由于这个变化,该馆正式建馆时间要从教皇尼古拉五世

(1447 位)14—55 年在时算起。

尼古拉五世是一个鸿儒硕士,曾为科齐莫·德·美弟奇管理图书并抄写稿本。教皇任内,庇护人文主义者,致力于文化事业,派出专使分赴雅典、君士坦丁堡、德意志及英国搜购或抄写书籍,设立了一个誊写与编纂中心,集中意大利知名学者,予以重金报酬。荷马史诗的拉丁文译本即于此时间问世。他对于建设梵蒂冈图书馆贡献很大,使该馆藏书由约 350 卷增为 1200 卷。他还任命乔万尼·托特利为馆长,搜集图书,并将希腊文著作译为拉丁文,还雇用一些抄写员工作,使馆务有了发展。教皇西克斯特四世(1471—1484 年在位)于 1475 年任命人文主义者巴特洛莫·普拉丁纳(1421—1481)为馆长。此人治馆有方,馆内秩序井然,要求读者阅读图书后必须放回原处,保持室内肃静,同时促使教皇制订购书的年度预算;为两个助理馆员、三个誊写员发放固定薪金;大力采购图书,并进行装订。1415,该馆希腊文、拉丁文手稿为 2527 卷,在他去世时,已达 3499 卷。到 1484 年,增至 3650 卷。从留存下来的该馆当时的馆藏目录、帐本、书籍出纳登记册等,足以了解该馆的工作概况。

17 世纪,梵蒂冈图书馆先后于 1622、1657、1690 年从下列图书馆获得大批手稿及书籍:海德堡宫廷图书馆、乌尔比诺公爵图书馆、克里斯蒂娜女皇图书馆。此外还有私人的馈赠,因而藏书迅增。其中,意大利乌尔比诺图书馆由菲德利奇公爵(1444—1482)创建,经常雇用抄书员 30 至 40 人,收有完备的神学及中世纪著作,1482 年藏书为 772 部手稿,其中 73 部为希伯来文,93 部为希腊文。藏书目录不仅包括意大利的,甚至英国牛津书目也在收罗之列。这批藏书及书目的加入,使梵蒂冈图书馆藏书大为增色。到 19 世纪晚期,教皇利奥十三世(1878—1903 年在位)时,该馆档案向各国学者开放,拥有参考书约 6 万卷。

梵蒂冈图书馆保存了宗教等方面文化典籍,对于培养教职人员、进行宗教宣传也发挥了一定的作用。

第三节　教会图书馆的特点及其历史作用

【教会图书馆的特点和作用】

1. 藏书内容、规模与保护方面。修道院因所属教派不同致使藏书内容重点不同。例如本笃派除注重神学书籍外,也罗致世俗著作;西妥派对世俗著作缺乏兴趣;至于大教堂则对世俗著作比较重视。就藏书数量来说,一个修道院或大教堂的图书馆在早期拥有书籍数百卷的,就足以炫耀于世了。由于图书数量少,制作不易,因此图书存放书箱式书柜内,大多数加锁,陈列在书桌上或台上的书被装上铜夹子或铜圈,再用铁链拴住,防范甚严。有一点必须指出,图书馆不论规模大小,几乎每所修道院必备,正如1170年一个教士所说:"一所没有书橱的修道院就像一座没有军械库的城堡一样。"

2. 图书馆内部结构形成三种不同的制度。由于用链条锁书、不可能将书挪到远处的现象长期存在,为此,窗户必须建造在靠近置放图书的地方。为便于阅读,逐渐形成三种制度:(1)读书台制。读书台置于书橱前面,读者站在台前阅读被链条锁住的书。(2)座位制。在读书台与书橱(橱内一部分图书可自由取阅)之间,为读者设置座位。(3)小读书间制。类似小亭子间,在馆舍内专门开辟,供学术研究者使用,读者被允许将所需图书携入小读书间自由使用。总之,在当时对馆藏严格保护与管理的前提下,形成了至今仍为一部分图书馆采用的图书闭架制度。

3. 抄写室在修道院与教堂中占有重要的地位。它除了为教士、修士提供抄写工具与材料外,也可进行翻译与创作。抄写室备有一盏灯供晚上学习与抄写用,另备有日晷、水钟以便掌握白昼和夜晚的时间。在漫长的岁月里,有许多教士、修士日以继夜不辞辛苦地伏首书案,握笔疾书,抄写以宗教著作为主的文献资料,这显然不仅是借此消磨时间,而是出于一种宗教责任感以及遵循诸如此类的教导:"抄写上帝的话愈多,魔鬼所受的痛苦愈大。"这种抄写室存在数百年之久,其作用是保管与生产图书,使古代的文化知识得以延续。在印刷术开始普及后,抄写室也就很快消失了。

4. 讲究书籍装饰。修道院及教堂图书馆的抄本书籍,在抄写及装饰上逐渐讲究精致、华丽,生产了许多漂亮的对开本和四开本书,有些书的封面用深红色的天鹅绒制作,带有用白银制成的搭扣。出现这种现象的原因主要是出于宗教的虔诚以及对于耗费大量时间及人力的劳动成果的珍视。到 12 世纪,已出现了巨帙的精装本《圣经》。

5. 开始编制目录与交流文献。一部分教会图书馆备有目录,甚至编制了联合目录。14 世纪,一位本笃派教士曾将英格兰和一部分苏格兰的 195 所寺院图书馆的书籍加以编目。同时,有些教会图书馆还在有限范围内开辟了馆际互借,如德国富耳达、符腾堡、霍兹克辛三地的修道院在 9 世纪时曾互借《圣经》抄制复本。不仅一国之内,国际之间如英、法、希腊的寺院图书馆也偶有互借之举。

综上所述,可见教会图书馆曾为保存和传播历史文化遗产,乃至造就人才做出了相当大的贡献。

【樊尚】

在修道士、教士之中,一些人的学术著述对后世颇有影响。具有代表性的是法国修道士樊尚(Vincent of Beauvais,又译文岑,约1190—1264)。他生于博韦,原为法王路易九世的宫廷教师,曾受命管理路易九世的图书。后在其助手的协助下约于 1244 年编出

《大宝镜》一书,书名的本意为反映世界知识的镜子。全书计80卷,由三个部分组成:(1)"自然之镜":上帝和人、创世、自然史;(2)"学说之镜":语言、伦理、工艺、医学;(3)"历史之镜":世界历史(14世纪一个佚名作者主要依据托马斯·阿奎那斯的神学著作,增补了第四部分"道德之镜")。该书特点为篇幅巨大,参考多种语言文献,更以对教会与世俗哲学思想兼容并蓄、浓缩那一时代的知识概况见长。它的分类编排体系反映了中世纪百科全书编排方式总的倾向。该书系用拉丁文写出,后被译为法、西、荷、德多种文字,迟至1863至1879年仍有重印本问世,影响深远。

第四节　基督教会对图书事业发展的阻碍

基督教会所属修道院及大教堂撮抄纂辑古籍,著书立说,对保存文化做出了不少贡献,这是一方面。另一方面,基督教会又阻碍了进步文化与科学技术的发展。这种现象在早期它对"异端"的排斥已见端倪,其后逐步加深,到文艺复兴结束后,就成为主流了。若从根源上看,是由于基督教会本身也逐步演变为封建势力的一部分,与封建统治阶级同流合污,在思想文化上极力维护封建王权所致。

基督教挥舞愚昧主义与禁欲主义两条大棒,奴役广大人民群众。早在教皇格列高利一世(590—604年在位)时,就只注意对宗教著作的收集,对于西塞罗、李维等的希腊、罗马名作则禁止流传,以免影响神职人员攻读《圣经》。他本人写有4卷本《对话录》,不仅内容充塞奇迹和迷信,荒诞无稽,而且文字拙劣,但竟被基督教徒奉为名著。他还荒谬地说:"不学无术是真正虔诚的母亲。"传说他曾下令烧毁罗马一所藏书丰富的古代图书馆。在文化专制的思想指导下,许多教会组织敌视古希腊、罗马文化,将很有价值的古籍销毁,或者把羊皮纸上古文献的字迹挖去,代之以谎话连篇的奇迹迷信,其目的是为了使广大人民盲从于封建主阶级及教会上层的统治。这种愚民政策是与教会宣扬的对一切入世痛苦逆来顺受的禁欲思想相辅相成的。

第五节 大学图书馆的兴起

【大学的建立】

意大利经济比较先进,城市市民上层需求知识,因而最先建立了大学。早在 10 世纪已出现世俗学校,教授罗马法。1158 年,博洛尼亚法律学校由皇帝腓特烈批准改为大学,是为欧洲第一所大学。到 13 至 14 世纪,意大利已有大学 18 所。其他国家著名大学有:牛津大学(1168)、剑桥大学(1280—1284)、巴黎大学(1200)等。截至 1500 年,欧洲共有 75 所大学。

最初的大学不设图书馆。由于书籍为数不多,价格昂贵,大学教学的基本方式为宣读讲义与抄录笔记。学生可向书商租借图书。为了保证学生租阅合乎教学要求的书籍,大学往往指定书商,或对他们的业务进行监督。随着学生人数的不断增加,上述方式远远不符需求,图书馆建立势在必行。

【大学图书馆馆藏及服务】

牛津大学最先在圣玛丽教堂建立图书馆中心。14 世纪或稍后,建立了一些学院图书馆,包括大学学院、巴里尔学院等等。剑桥大学的图书馆以彭布罗克学院图书馆(1347)为始,相继在各院设置图书馆,1415 年建立了中心图书馆。巴黎大学索邦学院享有盛名,该院及图书馆由罗伯特·戴·索邦于 1350 年捐赠而建。其他学院的图书馆在 14 世纪陆续建立。此外,在德国、西班牙、葡萄牙、瑞典、奥地利等国均有大学图书馆出现。

早期大学图书馆藏书为数不多,主要来源为社会捐赠,或得自寺院。如剑桥大学彼得学院图书馆 1418 年仅有藏书 380 卷,在该校各学院中已居前列。该校中心图书馆 1413 年藏书仅有 330 卷。索邦学院 1284 年藏书逾 1000 卷,此后增长缓慢,到 1338 年只有 1700 多种。藏书内容最初以神学书籍为主,以后陆续增添哲学、数学、医学、天文学及法学等方面书籍,大都是由西班牙传递而来的阿拉伯文与希腊文的译本。

大学图书馆工作人员一般由教师及学生兼任。馆内管理方式大体上与修道院相同,但图书的排列与组织则以课程划分为标准。供借阅的书大多用铁链拴在阅览桌上,或加长链条,以便于读者自由挪动使用,其他藏书锁在箱子里以免丢失。有关资料表明,当时有的馆已编制了目录,索邦学院图书馆还编制了联合目录。

大学图书馆服务对象为广大师生,因而图书使用率远远高于修道院图书馆,加上所藏图书世俗与宗教兼容并蓄,注意为教学服务,从而能比较有效地发挥传播知识与培养市民阶层知识分子的作用。这些大学和图书馆的出现,促使修道院图书馆进一步衰落,打破了基督教会独占文化的一统天下,有助于文艺复兴运动的兴起。

第六书　中欧、东南欧诸国的图书和图书馆

【匈牙利】

匈牙利于 11 世纪建国。14、15 世纪,城市中存在各种小型的图书馆,但规模较大和价值较高的图书馆均属高级教士及贵族所

有。国王马赛厄斯(Matthias Corvinus,1458—1490)创办的皇家图书馆,设在布达的王宫内。马赛厄斯曾派遣专使分赴欧洲各地搜购或借用图书、手稿,并在馆内雇用 20 余人从事誊写、装订工作,刻意经营;收有希腊文、拉丁文的哲学、人文及自然科学书籍约3000 至 5000 册,一时名噪欧洲。当时的布达也是匈牙利印书业的发源地,1473 年在该地出版了匈牙利最早的印本书《匈牙利编年史》。马赛厄斯去世后,在匈牙利被土耳其征服期间,该馆藏书大多数散失,留存至今者寥寥无几。

【奥地利】

从 1278 年起,奥地利为哈布斯堡王朝统治达 640 年之久。哈布斯堡王朝早期的一些国王曾注意收集图书。14 世纪开始有皇家图书馆。马克西米连一世(1459—1619)在位时,使皇家图书馆初具规模,并任命人文主义者塞尔特及卡斯比基安等人负责管理。斐迪南一世(1503—1664)时,藏书增多,开始聘请专职馆长。其子马克米连二世(1527—1576)在位时,于 1575 年专聘荷兰人胡戈·布洛蒂乌斯为该馆馆长。他对图书重新整理并首次进行编目。1591 年藏书将近 9000 册。

大学图书馆以维也纳大学图书馆创立最早,建于 1364 年。格拉茨、因斯布鲁克两所大学图书馆继之,分别建立于 1585、1669年。这些历史悠久的大学图书馆均以藏有丰富的古籍和手抄本见长。

【罗马尼亚及保加利亚】

14 世纪,在瓦拉几亚公国、摩尔多瓦公国都出现了一些图书馆。早期印刷书籍如《斯拉夫祈祷文》(1508)等业已问世。1688年出版了第一部用罗文印刷的《圣经》。

保加利亚沙皇西米恩一世(893—927 年在位)深受希腊文化

33

熏陶,奖励翻译希腊书籍,使宫廷成为文化中心。宫廷图书馆拥有大量藏书,包括古希腊与拜占庭手稿以及当时问世的保加利亚作品。14 世纪,伊凡·亚历山大统治时期,宫廷、教堂、修道院均设有图书馆。

奥斯曼土耳其征服保加利亚时,保加利亚图书馆大都被毁,仅有 300 个修道院图书馆幸免于难,使保加利亚文化传统一息尚存。

【希腊】

4 至 15 世纪,希腊被拜占庭帝国占领。在这 1000 多年的漫长期间,君士坦丁堡及附近地区的学者曾抄写与保存各种古籍,或加以校勘、注释,或编纂希腊文学选集及百科全书。修道院成为学术的中心。10 世纪,在圣山创建的一些修道院设有图书馆,它们的缮写室抄写宗教著作,馆藏因接受学者与教士的馈赠而日益丰富。

1453 年,奥斯曼土耳其帝国占领君士坦丁堡后,修道院的学术活动日趋衰微,圣山各个修道院图书馆的抄本总共剩余不过1.1 万卷左右。

第七节　东罗马帝国的图书和图书馆

【图书馆事业发达的背景】

东罗马帝国(395—1453)图书馆发展水平之高使同时期的西欧相形见绌,主要原因如下:

1. 西欧历经战乱,社会动荡不安,东罗马则相对稳定,受希腊文化的影响胜过罗马文化。学校授课主要为希腊及希腊化时期作品,图书馆、修道院保存了为数颇多的希腊文著作,其数量超过拉丁文著作。

2. 1054 年东西部教会分裂前后，基督教会及分裂而出的东正教会的权力远远逊于西欧，它始终没有超出于世俗政权之上，因而不曾出现西欧教会垄断文化的局面，致使文化发展水平超过西欧。

3. 东罗马帝国版图横跨欧、亚、非三大洲，有发达的工商业和对外贸易，有繁荣的城市，国力较强。君士坦丁堡是帝国及地中海地区政治、经济、文化的中心，是东方与西方的桥梁，人口盛时多达100 万。

【学者与著述】

东罗马的学术成果大多出自于学者之手，而非教士，这成为东罗马文化的一个特点。学者们认真研读古代希腊、罗马文化典籍并有所著述。其中如法学家特里波尼安，担任查士丁尼（527—565 年在位）责成编纂的《民法大全》的主编，曾参阅浩繁的法律历史文献，并在编纂委员会内展出其私人的 2000 卷藏书。君士坦丁堡大主教福蒂斯（约 820—约 891）编有《群书摘要》，为一本以古希腊、罗马作家为主的作家们的 280 篇著作的摘录，致使这些古籍得为后人所了解。

【修道院图书馆与世俗图书馆】

东罗马帝国境内修道院图书馆数量颇多，得力于狄奥多尔（A. Theodore）的提倡。他在 825 年为君士坦丁堡附近一个修道院制定的《规范》中强调建立图书馆的必要，并阐述图书馆员的职责范围。修道院图书馆的规模以 11 世纪在爱琴海东部佩特莫斯岛所建者为例，1201 年藏书约 330 卷，大部分为羊皮纸书籍。

世俗图书馆中，以在君士坦丁堡先后建立的两所王室图书馆为代表。其一是君士坦丁帝（306—337 年在位）所建的帝国图书馆，约建于 330 年以后，收有宗教及世俗著作数千卷，以后屡经扩展,先后有许多学者在该馆誊写与整理手稿,藏书增至 10 万卷以上,477 年毁于火灾。芝诺帝(474—491 年在位)时重建。其二为狄奥多西二世(401—450)所建的学术院图书馆,兴盛几个世纪之久,是后来的君士坦丁堡大学(约 850)图书馆的前身。该大学是研究古希腊典籍的中心,在东罗马文艺复兴(850—1200)中发挥了重要作用。

1453 年 5 月,君士坦丁堡被奥斯曼土耳其帝国攻陷,图书馆几乎损失殆尽。

第五章　阿拉伯帝国

第一节　翻译古籍与著书立说

【翻译外国古典文献】

约 750 至 860 年之间，即伍麦叶王朝（661—750）末至阿拔斯王朝（750—1258）早期，为翻译外国文献阶段，以吸取优异的希腊知识遗产为主。最初翻译的是希腊炼金术、占星术和医学一类书籍，次及于印度、波斯的天文学。翻译工作在 9 世纪上半叶进入高潮。阿拔斯王期早期的几任哈里发以奖励学术文化而著名。哈伦·赖世德（786—809 年在位）向帝国属地及拜占庭广泛搜集手稿，鼓励译述。其子马蒙（813－833 年在位）尤为热心，耗费巨资于 830 年在巴格达建立"智慧馆"，为图书馆、天文馆、科学与翻译中心三者结合一起的文化机构，才智卓越之士云集于此，其学术地位堪与亚历山大城博物院图书馆相媲美。希腊文、波斯文、梵文的多种著作在这里进行翻译，往往是先译成叙利亚文，再转译为阿拉伯文。柏拉图、亚里士多德、欧几里得、盖伦、托勒密等名家作品都被译出或加以校订。译酬极丰，有的译稿甚至按稿件重量付予等量黄金。至于古籍来源，除了来阿拉伯避难的基督教徒及希腊学者所携带者外，主要为多方采购或为对拜占庭帝国战争时所得。

经久不息的翻译活动起着承先启后的巨大作用。它使淹没已久的古代希腊及东方的知识宝藏重见天日,为阿拉伯文化巨匠的丰富多彩的创作提供了可能。阿拉伯人正是凭借译稿,从古典文化中吸收了营养,融铸于本身的语言及文化之中,并按照自己的需要与思维方式,作出创造性的成就。

【著书立说】

约从 850 年起,阿拉伯文化进入主要内容为著书立说的阶段。在自然科学方面,阿拉伯人取得了自"希腊化文化"结束以来世界上的最佳成果。一些杰出的自然科学家的著作一方面来自实践及探讨,如白塔尼(858—929)曾对天文进行观察与研究达 40 年之久而写出《恒星表》;另一方面又势必参阅浩繁的文献资料,如阿维森纳(即伊本·西拉,980—1037)因治愈波斯萨曼王朝国王努哈·伊本·曼苏尔(976—997 年在位)的疾病,而获使用宫廷图书馆的特权,遂遍读藏书,为撰写其名作《治疗论》及《医典》奠定了深厚的知识基础。

社会科学方面,也是硕果累累。例如,西伯韦(? —193)编纂了大型语法教科书《书》,对阿拉伯语法作出系统与符合逻辑的说明,为现代阿语语法的雏形。著名史学家泰伯里(838—923),著有 30 卷本《历代先知和帝王史》,从创世纪叙述到伊斯兰教产生,再按回历纪事迄于 302 年(公元 915 年),对研究伊斯兰教史颇有价值。麦斯欧迪(? —957)旁征博引,作有 30 卷巨著,其摘要为《黄金草原和珠矶宝藏》,内容包罗万象,盎然有趣。雅古特(1179—1229)编有《地名词典》。他从花剌子模等地的图书馆博采资料,按字顺编排,内容涉及史学、人种学、自然科学。对于图书及其品种的增多,书目工作提上了日程。穆罕默德·艾尔·奈迪木(? —995)于 987 年编出《书目》,广收阿拉伯书籍的书目,并加以评论,附有每一位作者的传记。《书目》的问世,标志着阿拉伯编目工作已达到一个新的高度。

第二节　图书馆的类型

【图书馆的类型】

阿拉伯的图书馆主要兴于 9 世纪,其类型可划分为三种。

1. 王室贵族的图书馆,主要分布以下地点:(1)巴格达。前述的巴格达"智慧馆",以广泛收集斯伊兰教及其他各国文学作品为特色。此后,哈里发伯啥义·道莱(989—1012 年在位)的大臣萨卜尔·伊本·艾尔德什尔于 993 年创建一个科学院,附设图书馆,藏书逾 1 万卷。(2)设拉子(在波斯境内)。布希韦王朝的阿杜德·道莱(977—982 年在位)建立了一个图书馆,是一个独立的建筑物,包括一个大厅和一系列房间,图书分类收藏,有专人管理。(3)开罗。埃及在法蒂玛王朝统治下(969—1171)成为阿拉伯文化最光辉的中心。哈里发阿齐兹(975—996 年在位)创办皇家图书馆,藏书 20 万卷。其中,金泥写本《古兰经》即有 2400 卷。1005 年,法蒂玛·哈卡姆(996—1021 年在位)在开罗也建立"智慧馆",拨出专款雇人抄写手稿,图书馆藏书约 10 万卷,有专人负责编目及修补旧书。(4)科尔多瓦。后伍麦叶王朝的穆罕默德一世(852—886)在科尔多瓦建立皇家图书馆,到哈卡姆二世(961—976 年在位)时,藏书已达 40 万卷左右,其目录即有 44 卷。(5)布哈拉。7 世纪中期,阿拉伯人势力扩至中亚。9 世纪后期,塔吉克人所建的萨曼王朝(874—999)推翻阿拉伯统治,在中亚建立了强盛的国家。其首都布哈拉的宫廷图书馆藏书丰富,备有各种著作的写本。阿维森纳描写他在布哈拉参观过的一个图书馆的盛况是:"每一种专门学科的图书都设有专室,而且辟有许多专室,分别存放诗集、神学书籍等等。我在目录中寻找古希腊的作者以及我所需要的书,发现有些书鲜为人知,连我自己也未曾见过。"

2. 清真寺与高等学府的图书馆:许多学者把自己的图书馈赠给清真寺以利保存和供他人研究,从而使清真寺发展为学术中心或者兴办起大学。西班牙托莱多的清真寺图书馆为才俊云集之地,遐迩闻名。设在开罗的爱资哈尔大学(998)等大学图书馆就是以清真寺藏书为基础而建立的。设在巴格达的尼采米亚大学(1065年建,于1295年与穆斯坦绥里亚大学合并)的图书馆,藏书达40万卷以上。设在耶路撒冷的艾格萨清真寺为宗教、语言研究的学府,吸引来自穆斯林各国的莘莘学子,它也拥有一所藏书约数千册的图书馆。

3. 私人图书馆:为数不少,或属贵族富商,或属学者名流。在开罗一地,规模较大者即有4所。一般说来,私人图书馆的特点是:(1)藏书富有价值的图书馆多为学者所有。摩苏尔的法理学家、诗人哲耳法尔·伊本·穆罕默德·毛绥里主办的科学院的图书馆,藏有多种著作。天文学家艾卜·麦耳舍尔有一次去麦加朝圣途中,曾停下来利用学者伊本·穆奈吉木的私人图书馆,因被珍本所吸引以至几乎将朝圣之事置之度外。(2)书籍装帧精美。从学者苏里的传记中得知,他的藏书均用红色或黄色的皮革作为封面,结实、美观。(3)有些私人图书馆也对公众开放。毛绥里办的图书馆还向读者免费提供抄写材料。

【图书馆工作水平】

阿拉伯的图书馆工作已达到较高的水平,表现在下述几个方面。首先是有了明确的图书分类。奈迪木在所编的《书目》中将图书分为十大类:《古兰经》、经济、历史、诗歌、教义学、法学、哲学、消遣文学、宗教、炼金术。大类之下可由各图书馆再根据需要进行复分。当时阿拉伯各图书馆分类系统由此可见一斑。其次是图书置放井然有序。图书馆藏书有条不紊地按知识分类排列,

《古兰经》则置放于较高的地方。鉴于一些重要的书往往有较多的抄本,因此均给以标志。设在开罗的法蒂玛朝的图书馆,藏有赫立理(? 一约786)的《阿因书》抄本30种,该书是一种阿语词典,因按发音部位排列字顺,且以重喉音字母"阿因"(ayn)开头而得名。另藏有泰伯里的著作抄本20种,均被分别列出标识,以资醒目。有的图书馆还在书库门口张贴书单,以便利查找。再次是制订了图书借阅规则,规定:在阅读时不得在书上加旁注;不得转借;不得将所借书用作个人私事的抵押品;须按规定时间还书,还书时应附有阅读该书的感谢信等等,从而对读者提出了比较严格的要求。至于借书数量则无限制,读者如系出于学术研究需要,又能遵守馆规,爱护图书,便可得到优惠。地理学者雅古特曾提到在萨曼王朝的经济文化中心莫夫的借书情况,他说:"我常借书200本或更多一些,尽管这些书价值很高,但我从未交纳押金。"最后是图书馆在相当程度上注意为读者提供方便。除书籍携出馆外一般须付押金外,读者在馆内阅览免费。有些馆还供给纸墨、芦苇笔。有些私人图书馆甚至对远道而来的读者供给生活费用。不过当时图书馆的读者主要局限于上层人物及学术界人士的范围之内,人数是很有限的。

图书馆以及书商集聚在巴格达等主要城市,使这些地方大为增色。巴格达盛时,图书馆达36所,书坊林立。891年,叶耳孤比指出,当地居民"以一条街上聚集100个以上的书商而自豪。许多书店和现代开罗与大马士革的书店一样,很多是设在清真寺附近的带篷的货摊,但另一些无疑规模很大,足以成为鉴赏家和藏书家活动的中心"。在西班牙的科尔多瓦、塞维利亚、格拉纳达等地,共约有70所图书馆。书市出售的书籍价格高昂。泰伯里所著的历史书在科尔多瓦售价高达100弟纳尔(古金币名,每个弟纳尔约合1.5美元)。尽管如此,书市在拍卖珍本时,仍然出现竞相争购的景象。

第三节　图书馆事业兴旺的原因

【雄厚的经济实力】

阿拉伯图书馆事业之所以兴旺发达,使同一时期的西欧黯然失色,主要是依托在比较雄厚的经济实力之上。封建生产关系的确立,刺激了生产力的增长;广修河渠,利于农业;手工业作坊遍布各个城市;对外贸易盛行,商旅远至中国。阿拔斯朝的几个哈里发正是在这种背景下,广征租税,获取庞大的财富,并从中提出一部分兴办文化事业;不惜重金延聘学者或购买古籍,充实了图书馆。而帝国地处世界交通孔道,埃及、两河流域、波斯均囊括于帝国境内,阿拉伯人勇于吸收这些地区的古代最佳文化遗产,再加上 8 世纪中期中国造纸术的传入,也都是图书馆事业兴旺发达的重要因素。

【宗教的推动】

这里,要着重指出两种不容忽视的推动力量。一是宗教的刺激。伊斯兰教诞生于阿拉伯帝国建立之前,当帝国趋于安定繁荣之际,才结出了文化硕果。因此,阿拉伯文化是循着宗教—国家—文化的道路发展起来的。宗教与文化密切相关。穆罕默德死后(632)的 200 年间,伊斯兰教的神学运动热烈展开,致使在广大信徒中间掀起一股追求知识的热潮。穆罕默德去世后约 12 年,由宰德·伊本·撒比特主持校订且为官方认可的《古兰经》,迅速由文牍抄写复制,并分发全国。9 至 10 世纪,6 部主要的规范性的圣训集编纂问世。同时,法学研究及著述颇有发展,注释及评论日益增多,以致此种文献累计达到数千卷之巨。

宗教的积极作用还在于众多的清真寺和宗教学府纷纷讲授圣训学,进一步促进人们对知识的需求。美国阿拉伯史专家希提指出:"穆斯林的生活,缺乏希腊和罗马的两大特征:政治会议和剧场,由于这种特殊情况,书籍差不多就成了他们谋求知识的唯一手段。"这是颇有见地的看法。

【识字读书的普及】

文字的完善与阅读的广泛,是图书出版与图书馆发展不可缺少的前提。阿拉伯语言由于吸收了波斯等国的外来语,词汇十分丰富,诵读与抄写《古兰经》的热潮加速了阿语的普及化和规范化。皈依伊斯兰教的人与学会讲阿语的人几乎是同步增长,甚至凡是会讲阿语的异邦人都被视为阿拉伯人。阿语的普及有助于思想和知识的交流,推动阿语的读写和开展,这个现象由于统治者的提倡而大为加强。尤其在哈卡姆二世(961—976)治下的西班牙,学习写字带有强制性,初等教育相当普及,以致较多的西班牙人能读会写。荷兰著名学者杜齐在说明这一点后,指出同一时期在欧洲其他地方,与西班牙相比之下则大为逊色。

中世纪阿拉伯人建立的伊斯兰教的封建军事帝国,创造了灿烂的文化。由阿拉伯人翻译的古籍及用阿语撰写的科学、思想著作,经过叙利亚、西班牙、西西里岛传到欧洲,促进了文艺复兴的出现。

第四节　波斯(13—16 世纪)的图书馆

1256 年蒙古人征服波斯。蒙古人与鞑靼人的军队屯扎巴格达等地的清真寺,焚烧图书馆,将珍贵的手稿作为燃料。但到 13世纪末叶,征服者也逐渐被波斯封建主势力同化。1259 年蒙古统治者旭烈兀在波斯西北部马腊格建立一座天文台并附设一个大型图书馆。该馆在数学家、天文学家纳绥尔·迪·图息（1201—1274）主持下，从劫后余生的一些城市收集40万册以上的图书，其中许多书是中文、蒙古文、梵文、阿拉伯文及亚述文的译本。

16世纪上半叶，波斯处于穆斯林国家即萨非王朝（1502—1722）治下。这个王朝的创始者伊斯迈尔（1502—1524年在位）定都大不里士，于1506年任命木萨达为皇家图书馆馆长，此人擅长书籍的插图。阿拔斯一世秉政（1588—1629）的43年期间，1598年迁都伊斯法罕，在其治下，皇家图书馆扩大了规模。他在伊斯法罕附近的约发专门开辟一个地区给避难而来的亚美尼亚人居住，允许自建教堂与图书馆，图书馆拥有基督教著作的珍本，它是至今犹存于世的最古老的图书馆之一。该馆还附设一个小型的印刷所，于1641年用亚美尼亚语印出了第一本伊朗印本书。但迟至1826年，第一本用波斯语印刷的书才在大不里士问世。

第六章　亚洲国家

第一节　印度的图书和图书馆

【那烂陀佛教学院的图书馆】

笈多王朝（320—570）及戒日王朝（606—648）是印度历史上比较著名的两个封建王朝。我国晋朝高僧法显赴印时（399—414），正值笈多王朝盛时。他在所著《佛国记》中写道：印度北部诸国，"皆师师口传，无本可写"，遂到印度中部，"于此得一部律，一部抄律，一部经……。住此三年，学梵书、梵语、写律"。这些记载反映了当时印度北部继续保持文化知识口传的传统，中部则通过抄本传授。当时，摩揭陀国的那烂陀为主要的文化中心，今印度北部比哈尔省巴特那县之南有其废墟。5 至 6 世纪，由笈多王朝历代国王在那里相继兴建佛寺，寺内所设的学院为印度最高学府，备有讲堂 100 间以及巨大的图书馆，拥有学生 1 万人，而且招收外国留学生，我国唐朝高僧玄奘于 629 至 645 年赴印，当时正处于戒日王统治时期。玄奘曾在那烂陀留学五年。后从印度携回佛经657 部，译经 75 部、1000 多卷，说明当时印度抄本的盛行。

【语言文字的变化】

10 世纪末至 19 世纪中期，印度为伊斯兰教封建主统治时期，印度语言文字因吸收了新的内容而有所变化与发展。在德里素丹统治期间（1206—1526），征服者带来了波斯语，逐渐与当地的印地语融合成为乌尔都语，发展成为现在巴基斯坦的国语。方言文学也同时兴起。梵文原为古代印度哲学、文学的书写文字，深奥难懂，远远脱离民间生活。5世纪起已由印度北部民众转化为巴利文。10世纪又从巴利文衍生了孟加拉、马拉特、泰米尔等各族人民的方言，并产生了若干方言文学作品。到16世纪，图尔西达斯将古代史诗《罗摩衍那》改写为印地语，起到普及文化的作用。

【阿克巴图书馆】

莫卧儿帝国君主阿克巴（1556—1605年在位）时，被认为是印度史上黄金时代之一，他采取的对待非穆斯林的宽容政策是文化繁荣的一个重要因素。他在图书馆存有书籍约2.4万册，规模较为宏大。

在印度整个封建社会阶段，教学内容包括佛教、耆那教的经书和经文（4至13世纪在印度流行）、吠陀、史诗以及后来的《古兰经》文献。教学方式仍以口授为主，阅读为辅。读书成为少数上层人物的特权。因而贵族图书馆的规模一般都相当狭小。

第二节　日本的图书和图书馆

【梦殿】

圣德太子（579—622）在位时，加强封建制度，学习朝鲜，提倡佛教，奖励儒学。他在今奈良县生驹郡班鸠町建立法隆寺（约公元前607），其本人曾在附属于该寺的梦殿学习。梦殿藏有佛教、儒教经典著作，被有的学者视为日本史上第一个书库。

646 年开始大化改新,701 年(大宝元年)以"大宝律令"巩固了改新成果。根据律令,设置了图书馆,其性质为收藏王室图书与手稿的政府机构,并负有编纂国家与皇族历史、抄写手稿之责。它向读者提供优质的纸张、中国墨水和毛笔以供抄写。

【艺亭】

701 至 794 年为奈良时期,因建都平城(奈良)而得名。这一时期日本大力吸收中国文化,频繁派出遣唐使。出现了运用汉字音和义的书写日语的方法。这个时期产生了最先对一部分公众开放的图书馆"艺亭",它由石上宅嗣(729—781)约于 770 年在奈良创建,是一所学习室,收集非佛教文献,向愿意学习的青年贵族开放,在此可以阅读孔子的《论语》一类作品。"艺亭"初步发挥了教育机构的功能,但在石上宅嗣死后即不复存在。

【贵族图书馆的发展】

平安时期(794—1192)因都城由奈良迁到平安(京都)而得名。平安时期的 400 年间,以藤原氏为代表的封建贵族把持朝政,文化教育也适应贵族的要求而有新的发展。约 891 至 899 年间,藤原佐世编《日本国见在书目录》,将传到日本的中国书籍按诸子百家分为 40 类,是为日本最早的一部书目,说明中国图书分类法也对日本产生了深刻的影响。

贵族阶级为了把后代培养为朝廷官吏,建立了若干附设有图书馆的私人教育机构,其中主要有:(1)藤原氏的劝学院。821 年由藤原冬嗣创建,初期学生颇多。1172 年院舍被烧毁。(2)和气氏的弘文院。创办于 800 至 1808 年,藏书数千卷,存在时间约 80 年。此外有综艺种智院,为空海和尚(通称弘法大师,774—835)为庶民教育而建,设在京都藤原三守的旧宅内,存在 20 年,在其死后于 847 年始废。

在寺庙及图书馆内抄写手稿的工作十分繁重。出于对佛教的虔诚和对孔子的崇敬,抄写者伏首书案不断地誊写,以求得心灵的净化和来世的幸福。

【图书出版与金泽文库】

1192 至 1867 年为幕府统治时期。在此期间,从 13 世纪起,随着禅宗、日莲宗等佛教新派著作的增加,木版印刷业也有较大的进展。约 14 世纪,在堺市,道裕居士印刷出版了《论语集解》,此为日本出版儒家书籍的开端。1530 年,堺市出版了《论语》及《医书大全》。同时在山口出版了佛教及儒教典籍。在此期间,图书馆规模也有了新的发展。13 世纪末,在关东地区横滨出现一所著名的"金泽文库",由北条实时建于称名寺内,收藏了大量日、汉图书。今存 3 万余册,存于神奈川县立图书馆。1277 至 1294 年,《本朝书籍目录》问世,按主题分成 20 大类。

江户时期(1603—1867),德川家族鼓励学校与图书馆的建立。德川家康亲自设立私人图书馆即骏河文库,各地大名纷起效仿,一时在水户等地均建立了文库,其中规模最为宏大的为江户的红叶山文库,据说藏书达 4738 种,中文经卷 78 卷,中文资料散装本 4615 卷,日文书籍 529 种及日文经卷 200 卷。

这些文库仅供极少数上层人物使用,管理不善,查找书籍十分麻烦。德川时代末期名古屋商人阶层所办的图书馆,也面向贵族和武士阶层,出租费高昂,借书十天的费用将近原书价的 1/6,因此流通率很低。在江户、大阪的外借图书馆收费更高,而且出借的大多数为消遣性图书。

中古时期日本图书馆基本上属于藏书楼性质。在图书馆业务方面,从现有资料可以看出,日本远远落后于同时期的阿拉伯及中国等国家。德川幕府长期奉行的闭关锁国政策,封建闭塞状态是造成这种现象的根本原因,这种局面在明治维新后才有所打破。

第三节　朝鲜的图书和图书馆

【文字的创造和印刷术的改进】

7世纪中期新罗统一朝鲜后,出现了用汉字为朝鲜语音符的方法,称为"吏读",用以辅助阅读汉文书籍,并产生用"吏读"写成的"乡歌"。李朝时期,根据朝鲜语音,参考中国的韵书,于1443年创制由28个字母组成的"谚文",定为"训民正音",为后日通行的朝鲜文字。16世纪初期,崔世珍著《训蒙字会》对进一步普及"训民正音"发挥了积极作用。朝鲜本族文字的创造及普及,为传播文化知识提供了的有利条件。

朝鲜受中国的影响,很早就有木刻活字,但费时耗工。高丽显宗在位(1010—1031)时,刻印了由中国传去的汉译大藏经印本,计1040部,4740卷,竟耗时达60年之久。这一巨作后不幸被中国元朝军队烧毁。

11世纪,中国使用胶泥活字,之后传入朝鲜,12世纪被改造为金属活字。但是,木版印刷在此后相当长时间内仍然占据着优势,13世纪再次刻印大藏经,雕版多达86600块可说明这点。尽管如此,朝鲜发明金属活字却早于德国古腾堡发明活字印刷约200年。它的出现,无疑在印刷史上是一个革命性的变化,显示了朝鲜人民卓越的技术才能。到李朝(1392—1910)早期,为了满足书籍日益增长的需要,于1403年设立铸字所,专司铸造铜活字与出版书籍之责。排印技术得到进一步的改进,每天可印书数百张。1436年,又铸造出铁活字与输活字。但木刻印刷仍不见衰。

【政府图书馆的建立】

史籍的纂修,需要参考大量图书。10世纪高丽王朝建立后,设置中央的清燕阁、西京的修书院等图书收集与保管机构,以及缮写、出版图书、文书的秘书省。我们通过下一事例可以了解朝鲜政府曾拥有大批贵重图书:1269至1383年,由于倭寇入侵,高丽朝政府曾将已编好的高丽历朝实录连同数万册贵重图书由晋州兴善岛数次辗转迁移,最后存放于竹山七长寺。在战乱之际,仍大约每隔三年派官员到图书存放处检查,修补或曝晒,防止图书潮湿或被虫蛀蚀。这种存书处虽然不对公众开放,是名符其实的"藏书楼",但它已具有早期图书馆职能,所藏图书深受政府重视,因而得以流传后世。

第七章　非洲与拉丁美洲

第一节　非洲的图书和图书馆

【迦太基的图书馆】

古代非洲各族人民用辛勤的劳动创造了绚丽多彩的文化。古代埃及是人类文明的最早发祥地之一,其图书馆情况已如前述。古代迦太基也曾在非洲文明史上占有一席之地。迦太基位于非洲北部,在今突尼斯境内,公元前7至公元前4世纪成为西地中海奴隶制强国。它在文化上受腓尼基、希腊、埃及的影响。其图书与图书馆情况,虽然至今知之甚微,但仍可以从下列材料找到蛛丝马迹。有一部希腊文译本曾述及迦太基人汉诺的殖民远征活动,说明在迦太基有此书的原文资料。另一本迦太基著作,为马戈所著的农业、科学耕作的书,计32卷,在迦太基被罗马攻陷后,罗马元老院下令组织专人将它译为拉丁文,后又译为希腊文,足见其对此书的珍视。罗马政治家、雄辩家西塞罗曾称此书为农业书籍的代表作。至于迦太基的图书馆则在罗马人陷城时遭到彻底破坏。

【桑海等国的图书馆】

约从公元前6世纪起,在辽阔的非洲大陆曾陆续兴起了库施(今苏丹)、阿克苏姆(今埃塞俄比亚)、加纳(今马里和塞内加尔的一部分）、马里、桑海（尼日尔河中游地区）、刚果、津巴布韦等国。从现有资料看，以下几个国家的居民已经有了自己的文字语言，桑海帝国尤为突出，图书馆相当发达。

1. 库施：又称库什或努比亚。公元前 8 世纪在今苏丹境内建立努比亚王朝。约公元前 590 年迁都麦罗埃（今喀土穆附近）。库施人仿照埃及象形文字创造了字母表，其文字写读顺序与埃及文相反，现已发现 800 多个铭文，但未能全部释读。

2. 阿克苏姆：约公元前 6 世纪兴起于今埃塞俄比亚。文化上受外来影响较大，9 世纪有了比较完善的文字即格埃兹文，而且有用这种文字书写的编年史和宗教作品。阿克苏姆人还使用希腊语，希腊格言常被铸在钱币之上。5 至 6 世纪，已将希腊文《圣经》译为格埃兹文。

3. 马里：8 世纪建于尼日尔河上游。11 世纪初崛起。国王松迪亚塔·凯塔在位时（1230—1255），国势趋于强盛。首都廷巴克图为西非伊斯兰教和文化中心。当地的图书馆藏书颇多，据一个黑人回教徒在一本历史书（约 1650）中描述，那里有的私人图书馆藏书多达 1600 部以上。1483 年廷巴克图为桑海人攻占。

4. 桑海：15 世纪末其宗主国马里衰落，桑海代之而起。桑海帝国阿斯吉亚王朝统治者穆罕默德·亚拉在位期间（1493—1528），学术空气盛过马里帝国。在桑科尔大学，有几千名学生在学习《古兰经》等科目。该大学设有一个规模相当大的图书馆。

桑海帝国时期，国内建立了不少公共图书馆，从北非输入大量抄本书籍，售价远远高于其他商品。

桑海学者阿赫默德·巴巴著有《伊本·法尔诺名人词典补遗》，收录约 13 至 16 世纪中期桑海 100 多个诗人、法学家、数学家等的生平事迹。其本人藏书有 1600 册之多，据他说这个数目在朋辈中还是较小的。由此可以看出私人藏书之风甚盛。

著名黑人学者杜波依斯指出："15 世纪末，非洲文明在桑海帝国得到了最大的发展,仅次于古代埃及的文明。"但是,这个昌盛的文明因摩洛哥人入侵而被破坏。1591年摩洛哥素丹入侵桑海,各大城市被掠劫一空,文物、图书损失严重,桑科尔大学图书馆也被焚毁。

第二节　拉丁美洲的图书和图书馆

【新大陆发现以前的文字与图书】

1492年哥伦布发现新大陆的数千年以前,拉丁美洲的土著居民印第安人已形成了具有相当高度的玛雅、阿斯特克、印加三个文化中心。

1. 玛雅人。玛雅人创造的玛雅文化分布在今天的墨西哥尤卡坦半岛、危地马拉、洪都拉斯等地区。4至9世纪文化昌盛。玛雅人创制了约859个书写符号的象形文字,词汇约3万个。他们用笔蘸上染料写在树皮或鹿皮上面,主要内容为神话传说、历史、科学、仪典与社会生活。

玛雅人的文字也刻写在石碑或陶器等器物上面。留下了许多刻有记载重大事情的年代和事项的石碑。洪都拉斯古城科潘遗址的石头和雕像上的铭文,表明玛雅人在数学和天文学上杰出的成就。在该地的一座金字塔的"象形文字梯道"内镌刻的象形文字有2500个之多,据推测其内容可能是该城历史的大事记,约成于公元前700年。

约10世纪以后,祭司们记载的玛雅人情况的手写本约有数千卷之多。在一度曾是政治、艺术中心的马尼城,曾有一个保存祭司们书写的书籍的图书馆,1549年这些古籍被西班牙方济各会教士迭戈·德·兰达(1524—约1579)视为"异端邪说"而全部当众烧毁。兰达于 1572 年出任尤卡坦主教,著有《尤卡坦纪事》(1566)一书。我们通过这本书的一段话可对玛雅文字及图书略知一二:

"当地居民使用某种书写符号或文字,在书中记载其古代的各种事务和科学。他们借助书写、图画以及图画符号,描述本身的活动并使他人理解。我们发现一大批用这种书写符号写出的书本,鉴于其内容充斥迷信和魔鬼的谎言,故而付之一炬。"

由于兰达等传教士及殖民者大肆焚书,玛雅人的手抄本仅有四部作为珍本留存至今。其形式细长,看起来像折叠的屏风。其中一部称"德累斯顿手抄本",可能形成于 11 或 12 世纪,内容大都为天文学计算,1739 年藏于维也纳,现藏于东德德累斯顿州立图书馆。另一部称"马德里手抄本",形成于 15 世纪,藏于马德里的考古与历史博物馆,为祭司所使用的占星术著作。第三部称"巴黎手抄本",成书可能早于 15 世纪,藏于巴黎法国国家图书馆,一部分内容为对神祇与宗教礼仪的描写。第四部称"格里乌耶手抄本",为纽约一个私人收藏馆藏有,1973 年始公诸于世。

在西班牙征服玛雅人之后的文献中,有些由当地人编写的书涉及玛雅人的历史和传统,例如,居住在危地马拉西部基切一玛雅人的《圣书》,叙述玛雅人的神话、传统和宗教。在征服后的西班牙人的作品中。最重要的是《契拉姆·巴拉姆丛书》,为有关尤卡坦岛北部历史的手稿的汇集。

但是,玛雅的文字长期未能辨认,直到 1952 年才由苏联史学家克诺罗佐夫释读了一部分。至今为学者辨认的约有 1/3。

2. 阿斯特克人。居于今墨西哥中部、南部一带。13 至 15 世纪早期处于盛期。1519 年其都城特诺奇蒂特兰约有居民 6 万户。阿斯特克人留存的文字纪录包括刻在石头上的历法、统治者收取贡赋的帐单以及手抄本。手抄本之一是始于公元前 692 年古代墨西哥人历史的书,写在鹿皮上面,书写形式变化多端,基本上采用象形文字与图画符号相结合的方式。

阿斯特克人曾备有保存手抄本的书库,但绝大部分毁于西班牙入侵者之手,留存者微乎其微。在被征服后西班牙传教士所写的著作中,以萨阿贡所著的《新西班牙实事通载》最为驰名,对阿斯特克文化作了叙述。

3. 印加人。印加文化蔓延于今哥伦比亚、智利、阿根廷、秘鲁等国所在的广大地区。印加帝国建都于库斯科,15 至 16 世纪拥有辽阔的版图,人口约 600 万,文化水平低于玛雅人及阿斯特克人,没有创制文字,记事采用图画与结绳方式。记事的绳子有的长达 70 多米。他们在不同颜色和长度悬殊的大小绳子上打结记事的方法称为"基普",内容涉及人口、税收、行政与战争等方面。

印加人还发明了一种传递信息的方法,称为"查斯基",即在沿途每隔 3 公里处设立一个用石头建造的小站,信使日夜守候,不断替班跑步传递情报。

【殖民统治时期的图书和图书馆】

16 世纪中期至 19 世纪 20 年代,拉丁美洲沦为西班牙、葡萄牙的殖民地。在 300 多年期间,殖民主义者推行愚民政策,使殖民地文化陷入极端闭塞和落后的深渊。

1. 殖民统治者大肆破坏书籍。1520 年后,蜂拥而至的天主教积极配合殖民当局对印地安人实行精神统治,玛雅文写本被诬称为"魔鬼的纸卷",统统烧毁,甚至许多会书写玛雅文的祭司也被教会活活烧死。

2. 殖民统治者严禁输入"非法"书籍,以便防止激进思想输入殖民地从而引起人民反抗。1531 年 4 月,西班牙国王下令须严格检查所有驶往殖民地的船只及船上所载书籍,1543、1575 年两次对此命令加以重申。1570、1571 年先后在利马、墨西哥两地建立了宗教裁判所,行使广泛的书刊检查权力。按照《禁书书目》,对不符合天主教会观点的书籍均加以查禁,并侦查一切可疑分子。

在这种政治压力下,书商及书店老板须向当局保证决不向殖民地贩卖任何"非法"书籍,违反此项誓言或私人收藏禁书被查出者,均受严厉判裁。因此,进口书籍基本上为神学及西班牙语文书籍,新教徒的著述一概被排斥。至于宣传革命、民主进步思想的书籍如弥尔顿、卢梭等人的著作更被视为洪水猛兽。尽管如此,这些书仍然不断通过走私方式输入进来,并对后来的拉丁美洲独立运动产生了积极的影响。例如,墨西哥独立战争领导人米盖尔·伊达尔戈(1753—1811),早年即深受法国启蒙思想家的影响,而且曾由于私藏伏尔泰的著作被宗教法庭开除教籍,指控为异端。

3.对殖民地出版的图书防范极严。16世纪中期,殖民地开始出现了印书业。1537年第一本印行的书为《基督教教义概要》。1539年外籍商人在墨西哥开办第一个印刷所。1594年利马出现了第一本定期刊物。1793年在利马出版了拉丁美洲第一份日报《利马日报》。到殖民统治末期,拉丁美洲各主要城市都建立了印刷所,印刷书籍以宗教为主,文法和印第安语词典为次。上述所有报刊图书的出版都是在殖民地当局和教会严格监视下进行的。

在葡萄牙统治的巴西,文化上更为落后。300多年间,巴西没有出版一本书籍,也没有建立一所高等学校,与西班牙殖民地唯一不同的是对书籍进口比较放宽。

总之,西、葡殖民主义者的入侵,破坏了拉丁美洲人民的文化传统,造成遍地文盲的落后现象。不仅广大的印地安人、黑人、混血种人不识字,甚至当地土生白人的知识也极端贫乏。在这种情况下,图书馆不仅为数甚微,而且基本上为天主教会控制,死气沉沉。

第八章 欧洲(15—17世纪中期)

第一节 文艺复兴时期的图书馆事业

14至15世纪,资本主义经济在欧洲开始发展起来,反映新兴资产阶级要求的文艺复兴运动驱散了笼罩欧洲上空达几个世纪之久的乌云,给欧洲图书馆事业带来了勃勃生机。

在文艺复兴时期,以意大利为中心的欧洲主要国家的图书馆面貌发生了重大变化,表现为:

1. 以美弟奇家族为代表的统治阶级的提倡。这个家族因在佛罗伦萨经营毛织业起家,借长期积累的黄金为权力基础,于13世纪跻身于富裕贵族的行列。主要代表人物有:(1)科西莫·美弟奇(Cosimo de Medici,1389—1464),广泛收集手稿,曾在菲耶索莱山麓的巴底亚修道院建立图书馆,聘维斯帕西雅诺负责。维斯帕西雅诺雇用45名抄写员,以22个月的时间抄出图书约200卷。科西莫还先后在威尼斯及佛罗伦萨建立图书馆,后来担任教皇的尼古拉五世曾为他管理图书。佛罗伦萨的尼科洛·尼科利曾说服科西莫从卢贝林修道院购进老普林尼的最佳手抄本。尼科利本人则收有价值6000金币的图书800卷,后归罗伦佐图书馆所有。(2)罗伦佐·美弟奇(Lorenzo de Medici,1449—1492)。为这个家族最显赫的人物。开办一所雕塑学校,并继承其先祖之志,继续搜求图书与手稿。他委托拉努斯·拉斯卡利斯等人做这项工作,并在他所建立的"柏拉图学园"中设置一所外观华丽的图书馆,馆藏的宗教及古典著作允许学者利用,甚至允许其他藏书家抄写馆藏珍本。在他死后两年即1494年,美第奇家族统治被佛罗伦萨民众推翻,宫廷遭到破坏,剩下的图书移至罗马,由其子焦万尼·美第奇加以保存。焦万尼于1513年当选教皇,称利奥一世。随后,罗伦佐之侄朱里奥也于1523年当选教皇,称克里门特七世,将上述藏书迁回佛罗伦萨。

除此以外,教皇尼古拉五世、庇护二世、利奥十世等对于搜集与保护古代珍本、提倡学术研究也都不同程度地发挥了积极作用。

2.搜集与研究古籍成为时尚。在统治阶级的提倡与资助下,或由宫廷、教会、富人派出使者,或由学者亲自出马搜寻古籍,主要地区除意大利本土外,还有两处:(1)土耳其。1453年君士坦丁堡被奥斯曼帝国攻陷后,图书绝大部分被毁,但也有数以千计的图书得以幸存,其中大多数被搜集到意大利。(2)希腊及小亚细亚。意大利枢机主教贝萨里昂(约1400—1492)托人遍访希腊及小亚细亚,曾以3万个金币购买600卷濒于毁坏的手抄本。1468年,他以妥善保管与对公众开放为条件,将包括购到的手抄本在内的个人藏书赠给威尼斯市,这部分书构成该市圣·马可图书馆馆藏基础。与此同时,15世纪上半期意大利有12位人文主义学者去希腊学习或旅行,他们带回不少手稿,包括埃斯库罗斯、索福克里斯、欧里庇得斯的戏剧,希罗多德、修昔底德、波里比阿的史著以及亚里士多德的作品。这些珍本备受欢迎,王子、教士争相抢购。

文艺复兴早期的几位著名的学者为抢救与钻研古籍作出了卓越的贡献。

(1)彼得拉克(Francesco de Petrarca,1304—1374)。意大利诗人和学者。其私人图书馆有书约300卷,后赠送给威尼斯的圣·马可教堂。他曾在满布灰尘的修道院的书堆中清理出古希腊、罗马的抄本。当发现一些业已遗佚的西塞罗的演说抄本时,他说这

58

个发现是他一生中最快乐的时刻。他对清理出来的抄本在写作时加以模仿，并用人文主义观点作出解释。最先应用"人文主义"一词，并用"人的学问"与"神的学问"作出对比，被尊为"人文主义之父"。

（2）薄伽丘（Giovanni Boccaccio，1313—1375），意大利小说家。曾遍访各个修道院，在参观蒙特卡西诺等地的修道院图书馆时，发现不少珍本或面临腐朽或被删改成祷文、护符而加以抢救。经他发掘的珍本包括古罗马学者塔西陀、瓦罗、阿普列乌斯的著作。他提倡钻研古籍，并从彼得拉克处学习了研究古典文学的方法。死前将其个人藏书赠给佛罗伦萨圣·斯皮里托修道院。

（3）瓦拉（Lorenzo Valla，1407—1457）。意大利人文主义者，依据历史事实并运用古文字学考证出"君士坦丁大帝的赠书"为罗马教廷于 9 世纪所伪造，打击了罗马教廷的统治。此外还指出《新约全书》拉丁文的译本中许多错误。在校勘学方面贡献良多。

（4）波焦·布拉齐利尼（Poggio Bracciolini，1380—1459）。意大利作家，曾任罗马宗教法庭秘书。在意、法、德各修道院寻访古籍，以其特权身份得以出入警卫森严的寺院或不为人所注目的图书馆。他目睹蒙特卡西诺修道院所藏的一些手稿支离破碎，圣伽尔教堂钟楼的稿本已经霉烂，为此而痛惜不已。经他发掘，不少珍贵手稿如昆体良的《学校论》、西塞罗的讲演稿等作品得以重见天日。

上述多方搜求到手的书稿被学者加以比较、分析和解释。稍后，又借印刷术传世至今。对当时的文艺复兴及以后的欧洲文化作出了应有的贡献。

3. 馆藏内容的变化。文艺复兴早期，印刷术尚未传入，图书总数增加有限，文艺复兴使人们开始把目光转向世俗，因而图书馆收藏的古代经典作品及其他非神学作品有所增多，多少改变了图书馆馆藏以宗教书籍为主的局面。在意大利，一些图书馆还以拥有众多的专业书籍而形成鲜明的特色,法学书籍尤其集中,1522 年出版了《法学文献目录》。该书目为意大利皮埃蒙特法学家齐万尼·内维札诺(？—1540)所编。他曾游历意、法许多地方,在阅读大量图书的基础上,分类编排了近千种法学著作书目。此后书名迭改,并不断为其他学者增补。

4. 图书馆建筑设计精心,形式宏伟。教皇克里门特七世为保存美第奇家族的藏书,在佛罗伦萨建立美第奇—罗伦佐图书馆,特聘人文主义者、画家、雕刻家与建筑家米开兰琪罗设计。该馆建有堂皇的通道,以柱子支撑的门廊是在米开兰琪罗亲自监督下,于1526 至 1527 年建成。该馆建筑余下的部分由瓦萨里等根据设计图继续施工。1571 年尚未竣工,即将藏书对外开放,内有 10500件手稿,包括稀世的古籍抄本。另外,又如威尼斯的维琪图书馆为雕刻家圣·沙维诺所设计,于 1553 年建成,庄严华丽。

第二节　印刷术西传及其历史意义

【印刷术的输入与改进】

11 世纪,中国宋代毕升发明木版活字印刷术。14 世纪,朝鲜人改进为金属活字。15 世纪,活字印刷术传入欧洲后,德国的约翰·古登堡(1400—1468)作了以下改进:用铅合金铸成活字;制成金属字模;首创字母活字排版,适应了拼音文字的需要;创制原始的印刷机。这些成就对图书的广泛传播、知识的普及以及世界文明的进步起了很大的促进作用。

由于《圣经》是当时欧洲社会的流行读物,因此印刷《圣经》成为首要任务。1452 至 1455 年古登堡用活字印刷的《古登堡圣经》,又称为《42 行圣经》,系拉丁文本,用铅字模压印在纸上,印数约 185 本,至今仍存有数本,藏于德国法兰克福市立大学图书馆、美国国会图书馆等处。1467 年在德国美因茨还出版了装订精致的《诗篇》。早期的印本书因印刷方法还处于初级阶段,被称为"摇篮本"或"古本书"。印刷的书除《圣经》、宗教著作、教科书等外,还有大量古代文艺作品、诗集,借以适应贵族与新兴商业资产阶级阅读欣赏的需要。

【造纸术与印刷术结合的影响】

中国造纸术经阿拉伯人之手,于 12 世纪传入西班牙,15 世纪欧洲已普遍采用,加上印刷术的西传和古登堡在技术上的改革,从而发生了以下几个方面的影响:

1. 使图书馆事业进入了一个新阶段。中世纪用羊皮纸等材料抄写手稿,不但费时而且书价昂贵,以至一部祈祷书的价格昂贵惊人,竟相当于一个葡萄园的价格。由于廉价纸张的出现,加上活字印刷术的发明,不仅使书籍可以大量印刷流通,也使辗转抄写的错漏大为减少,原来贵族和寺院雇用的抄书员和专设的抄书室也无用武之地了。15 世纪末,活字印刷术已在欧洲大陆普及,各国共有印刷厂 1000 多家。印刷的书籍不断涌向书市。以意大利为例,仅一个名叫 A. 马纽夏斯(1450—1515)的书商所设的印刷厂在 25 年内所印的亚里士多德著作,即多于以往 2000 年间问世数目的总和。就城市来说,在 15 世纪最后 20 年中,出版书籍数为:佛罗伦萨 179 册,米兰 228 册,罗马 480 册,威尼斯 1491 册。这个数字表明,威尼斯印书总数多于意大利其他各城市的总和。这种现象到 16 世纪更见显著,仅《狂暴的罗兰》一书印刷就共达 213 版,其中,威尼斯占 191 版。

书籍的骤增,要求建立更多更大的图书馆,并改善昔日的图籍管理制度及方法,用以适应社会的需求。同时要求有熟悉图书馆业务的人员有效地履行其职责。

2. 为普及文化知识与传播科学技术提供了有利的条件。印刷术应用以前，书籍和文化知识为少数特权阶层垄断。大量书籍的印刷，使读者对象扩大，图书开始由社会上层进入中下层；图书馆已无必要用铁链把书拴在桌上了。同时，书本印刷使工艺技术的传播由口授过渡到书本传授，大大扩展了科学文化知识交流渠道。

3. 促进宗教改革。由第一本印刷的《圣经》问世到1500年的近半个世纪中，约共印刷了5万多册书，其中大多数为《圣经》。《圣经》的广泛流传使广大教徒能直接阅读、领会《圣经》的原意，借以进行反对天主教会精神桎梏的斗争。这种新潮流的发展即为马丁·路德倡导的宗教改革。

第三节　德国的图书和图书馆

【马丁·路德与图书馆】

在宗教改革期间，1524至1525年爆发了伟大的德意志农民战争，它沉重地打击了封建统治及天主教会。但许多图书馆和藏书在熊熊的战争火焰中，也随贵族城堡、修道院同归于尽。

马丁·路德对于保护图书有一定的贡献。他曾于1524年亲自写信给德国各大城市领导人，要求"不惜代价与心血"寻找好的藏书，并"在适当的场所设立图书馆，尤其是在那些具有负担能力的大城市"。这显然有利于图书馆的复兴，随后，一些新的城市、教会与私人的图书馆陆续出现。1529、1538年在汉堡、纽伦堡建立了城市图书馆。1580年德累斯顿图书馆藏书2300余册，反映了当时世俗图书馆的馆藏规模。在这一时期，大学图书馆获得相当程度的进步。一些在宗教改革前即已存在的大学图书馆如设在蒂宾根、罗斯托克、格赖夫斯瓦尔德等馆，已建立了集中制，取代原先分散的院、系图书馆,在结构上作了调整。同时,几乎所有在宗教改革振荡中新建的大学从建立图书馆开始,就提供了集中制的图书库藏,如马尔堡(1527)、耶拿(1558)、赫尔姆施尔特(1575)等大学。规模最大的为1543年建立的莱比锡大学图书馆,其4000册藏书和1500件手抄稿是卡斯帕尔·图尔纳从萨克逊修道院瓦解后收集而得。他本人还献出他的私人图书馆,内有早期印刷的希腊书籍。1547年,人文主义者卡梅拉里乌斯(1500—1574)继续领导该馆后,颇有成果。

【印书业与书目】

德国是改进印刷术的发源地。15世纪晚期,德国图书出版量迅增。纽伦堡成为印书业中心,出现了印工精细的书籍如《出版编年史》(1493),附有木刻插图1800幅之多。16世纪,德国发展成为世界图书贸易的中心。1564至1600年法兰克福与莱比锡两地的图书交易会期间,各出版社售出图书总数已达2.2万种。这两个城市以及威登堡、巴塞尔也都成为印书业重镇。仅在巴塞尔就印刷了不少古典作品及人文主义者伊拉兹马斯(约1466—1536)的《愚人颂》等作品。当地的印刷商约翰·福楼本(约1460—1527)于1491年建立印刷厂,印出作品300部。德国的印刷出版业在欧洲已居领先地位。

书目工作也很有发展。早在1564年,图书目录已在法兰克福博览会上出现。其后,在1594年莱比锡国际博览会上继续出现,二者均收录了德国的绝大多数印刷品。

第四节　法国的图书和图书馆

【图书出版与书目】

文艺复兴在法国开展的重要因素之一是人文主义者作品的传播和印书业的发达。里昂是欧洲印书业中心之一。人文主义者艾蒂安·多莱(？—1546)在里昂开办印刷所,专印人文主义者和古希腊、罗马作家的著述。他后来作为异教徒被教廷烧死。约1500年时,亨利·艾蒂安在巴黎印刷了不少希腊及拉丁文古籍。

1506年,法国医学家、学者森福里安·尚皮尔(1472—1533)出版《著名医学作家》一书,对法、英、德医生的事迹及著作作了介绍。1584及1585年,迪马涅(1552—1592)和达韦尔弟(1544—1600)合编的书目《法国文库》分别在巴黎、里昂出版,附有分类索引及姓名字顺索引。里昂本还附有对格斯纳所编的《世界书目》的补编。1590年,帕斯卡尔·勒科克(1567—1632)出版了按字顺编排的医学家目录,收录文献约1200篇。路易十三在位时期(1610—1643),皇家图书馆的第一本印本目录由尼古拉·里戈编制问世,收有书名6000个,分为手写本与印刷本两部分,然后按语言复分。这些书目的先后出现,反映了图书业的兴旺。

【皇家图书馆】

宫廷的提倡也是促进法国文艺复兴的重要因素之一。法兰西斯一世(1515—1547年在位)奖励学术,主要措施之一为1529年创办"皇家讲座",形成法国学术研究的中心。另一项措施为对皇家图书馆予以扶持。该馆是欧洲最古老的国家图书馆,其建馆年代可上溯到1367年,系查理五世(1364—1380)始建。1461年由路易十一重建,他把一些手稿和没收充公的书加以集中收藏。其继承者查理八世和路易十二世又加以增补。法兰西斯一世为提高该馆威望并为便于检查出版物,于 1537 年颁布法令,规定全国出版商必须向该馆呈缴出版的一本书籍,这是欧洲第一个关于缴送本的法律。尽管到 19 世纪前该法令并未严格执行,但这个法令无疑大大充实了该馆馆藏,并产生了深远的影响。法兰西斯一世还为该馆委派了一位得力的馆长即法国人文主义者、语言家、希腊语学者吉奥略·布德(1467—1540),他是《查士丁尼法典文摘》(1508)及《希腊语评注》(1529)的编者。皇家学院的设立也得力于布德的推动。

【马萨林图书馆和诺代】

私人图书馆方面,红衣主教、首相马萨林(Jules Mazarin,1602—1661)所建的马萨林图书馆(1642)颇有名气,堪与法国皇家图书馆相匹敌。马萨林聘请诺代(Gabriel Naude,1600—1653)担任管理员。诺代奔赴欧洲各地书市采购书籍,充实馆藏,使藏书由 5000 册左右上升到 4 万册,内容以学术著作居多,1643 年向学术研究人员开放。根据马萨林及诺代的意见,该图书馆写有这样的题词:"请进来!一切希望阅读的人们"。1647 年起每日开放,时间为上午 8 至 11 时,下午 2 至 5 时。虽然该馆免费开放,但读者仍以上层人物为主。1648 至 1653 年法国投石党事件发生,马萨林一度下台,该馆被其政敌没收,图书散失,诺代被迫出走瑞典。马萨林复职后,聘请诺代重建该馆,但诺代在返回巴黎途中病逝。

诺代早年学医,后为亨利·德·梅斯姆图书馆管理图书,任职四年,积累了比较丰富的工作经验,并以此为基础,写出《关于创建图书馆的建议》的小册子(1627)。1629 年起先后为罗马红衣主教巴格尼、巴黎红衣主教黎塞留管理图书,继而为马萨林供职。

诺代是近代图书馆组织理论的最早创始人。在其著作中,强调图书馆是对整个社会具有重大价值的机构以及广泛建立图书馆的必要性;力图劝说政治家们建立图书馆使人民群众从中受益;建设图书馆首要条件为选择正直的、学识丰富、懂得图书的人充当图书管理人员;馆藏内容应当包罗万象,兼收各类知识的书籍;书籍的编排与分类应便于读者使用;提出了将人类文化知识分成 12 大类的分类法;强调编制目录的重要性,提出编制主题目录及著者目录的建议等等。这本包含许多独立见解的专著是西方图书馆学第一本重要的学术著作,先后被译为拉丁文、德文、英文出版,影响至深。我们从英国的 J·杜里、德国的 G.W. 莱布尼茨等学者的著作所阐述的图书馆学思想里面都能找到诺代思想的轨迹。

第五节　英国的图书和图书馆

【伯里的《爱书篇》】

中古后期英国上层社会中私人藏书之风甚盛。著名的藏书家如伯里(Richard de Bury,1281－1345),原名理查德·昂格维尔,为本笃会教士。曾任外交官,出使欧洲时,从各地修道院图书馆和书商等处搜求书籍。后回国任韦尔斯教长、达腊姆主教、英格兰大臣等职。在达腊姆时,继续搜求书籍。他一生酷爱图书,而且拥有一所藏书 1500 多册的私人图书馆。约 1344 年他用拉丁文撰写了《爱书篇》一书,1473 年在其死后于德国出版。后由欧·汤姆斯以15 年之久精心整理并译为英文本出版(1888)。英译本正文共 20章,讲述图书的重要价值,要求爱惜图书并描述他收集图书以及建立图书馆的情况。这本书是有关管理图书的手册,也具有史料价值,有多种译本出版。

【书目和知识分类】

从 16 世纪末起,英国出现了全国性书目,即书商安德鲁·蒙瑟尔(?—1595)于 1595 年编印的《英国印刷图书目录》,按作者姓氏顺序编排,著录事项包括图书全名、出版者、书商姓名、出版时间及书型,相当详尽。1611 年,斯皮德在其所著的《大不列颠的历史》中,将该书主要材料编制成字顺索引表。

哲学家弗兰西斯·培根(1561—1626)所设计的新的知识分类法对图书分类颇具影响。1620 年,他在其未竟之作《伟大的复兴》一书中,将知识分为三个门类:(1)"外界自然":天文、气象、地理和矿物、植物、动物等;(2)"人":解剖学、生理、结构和能力、行动等;(3)"人在自然界中的活动":医学、化学、观赏艺术、知觉、感情、智能、建筑、运输、印刷、农业、航海、算术等。上述分类法成为后来狄德罗的百科全书以及杜威十进分类法的设计构思的基础。

【牛津大学及剑桥大学的图书馆】

15 世纪上半期,文艺复兴的潮流传到英国。牛津大学是人文主义思想的温床,剑桥大学也受到人文主义的影响。

牛津大学与剑桥大学的图书馆声誉日盛。16 世纪末的藏书建设为后来其学术地位的确立创造了良好的条件。牛津大学图书馆先是由于政治和宗教的剧变,以致管理混乱,藏书散失,它的重建仰赖博德利(Thomas Bodley,1545—1613)之助。他曾任伊丽莎白女皇的外交官,为一名学者,执教于牛津大学。1598 年他向该校提出由他本人负责重建图书馆的建议,任托马斯·詹姆斯为馆长,于 1602 年开放。以博德利命名的图书馆拥有书籍约 2000 册,这是近代第一个用于学术研究的图书馆,也是该大学的最主要的图书馆。由于博德利的劝说,1610 年起伦敦书商公司每出一种图书即向该馆赠送一本保存,这为英国实行缴送本制度开了先例。

它晚于法国 73 年,而且法国缴送本制度是由国王法兰西斯一世用法令颁布的,具有较高的权威性。

剑桥大学图书馆在宗教改革前置于大学的牧师管理之下。1570 年撤销牧师管理,1577 年设置图书馆管理员。该馆藏书原依靠捐赠和遗赠,1617 年才首次开始采购书籍。这个大学于 1534 年 7 月获得亨利八世授予的出版专利证,允许该校"按其意愿,在大学内以及教育领域的任何地方陈列销售"经由校长或其代理人以及三个博士审定的书籍及其他地方印刷的书籍。这样一来,剑桥大学出版社就正式建立起来并从 1629 年起接受皇家委托印刷《圣经》钦定英译本的任务。至于牛津大学出版社(1586 建立)获得皇家授予的出版专利证则晚于剑桥大学将近一个世纪。

第六节 瑞士的图书和图书馆

【宗教改革及其影响】

16 世纪中期宗教改革在瑞士兴起。其影响之一是随着新教势力的崛起,以修道院及其图书馆为基础在伯尔尼(1528)、圣加仑(1551)等地出现了若干神学图书馆。它们具有初期公共图书馆的性质。即使在旧教地区如弗里堡、卢塞思等地,也由耶稣会与弗兰西斯科会合办了图书馆。

宗教改革另一影响是建立了若干大学及其图书馆,如巴塞尔大学图书馆(1460)、苏黎世大学图书馆(1629)等,前者于 1674 年因购进亚玛伯家族的图书馆的图书,使藏书量大为增多,此后还收有人文主义者伊拉斯谟的个人藏书。

【格斯纳】

德裔瑞士学者格斯纳（Conrad Gesner，1516—1565）在目录学领域取得了巨大的成就。

格斯纳在动植物学、医学、语言学方面造诣均深。1531 至 1540 年任瑞士洛桑研究院希腊语教授，1541 年起在苏黎世行医。他曾去过梵蒂冈图书馆，意大利佛罗伦萨、威尼斯及德国海德堡等地图书馆。在饱览群书的基础上，编出 4 卷本《世界书目》（1545）及其补编（1555），共收录拉丁语、古希腊语、希伯来语的著作约 1.5 万册，包罗截至文艺复兴时期的欧洲作者 1800 名。该书为一本综合性书目，其特点在于收录范围包括各个学科，大多数作了摘要；全部作品按原著的作者的教名字顺排列。1548 年，他又编制了将人类文化知识分为 21 大类的《格斯纳图书分类法》，共 20 卷。此书在欧洲流传甚广，到 1810 年仍为法国国家图书馆使用。格斯纳还编有《希腊拉丁语词典》（1537）等书。在西方，他赢得了"目录学之父"的声誉。

第三编　机器印本时期的
图书馆(近代)

　　17 世纪期中英国资产阶级革命揭开了世界近代史的序幕。随着封建势力的衰落,修道院及其图书馆在欧洲江河日下,其藏书大多流入世俗图书馆。科学在航海、战争等方面所显示的强大威力引起统治阶级的重视与扶持,以此为契机,科学机构与刊物纷纷出现,科技情报交流开始成为这些机构活动的主要内容。在此期间,在主要的资本主义国家发生的工业革命导致了印刷工艺的重大变革,机械印刷的图书潮水般地涌向市场,知识为愈来愈多的人所掌握。基于上述原因,图书馆开始由封闭型转为开放型,改变了过去只为少数人服务的狭小局面,大大增强了其社会教育职能。这一时期英、美公共图书馆的发展居于领先地位,成为西方国家的楷模。19 世纪 80 年代图书馆学在德国、美国正式登上大学讲坛,跻身于科学之林,这标志着图书馆事业的一大进步。

第九章　英　　国

第一节　工业革命前后的图书出版
和公共图书馆

【围绕"出版自由"问题的斗争】

英国资产阶级革命初期,保守势力长老派在议会当权,因而在 1643 年 6 月颁布的出版执照条例中规定:"所有书籍、小册子、报纸等出版物的任何部分,如未经国会两院或一院所指定负责发给许可证者的认可并领取出版执照,并按早先的惯例在印书公司注册,均不得付印或出售。如有违反,对作者及出版者处以拘禁之罪。"这个企图控制民众的宗教与政治思想的条例出笼后,立即遭到资产阶级革命派的反对。诗人、政论家弥尔顿(John Milton,1608—1674)于同年 11 月写了一本《论出版自由》的小册子,向议会慷慨陈词,指责出版执照条例"阻碍和扼杀宗教及民间智慧可能产生的进一步发现,打击各种学问的研究"。他赞美"好书是伟大人物的宝贵精血","杀人只是杀死了一个理性动物","而禁止好书的出版则等于扼杀了理性本身"。弥尔顿在大声疾呼争取革命派的出版自由的同时,并非要求无限制的出版自由,他主张诽谤性的作品及黄色作品均应取缔,天主教出版物及无神论作品也在禁止之列。这是因为当时资产阶级革命借宗教外衣形式进行,弥尔顿本人即为清教徒所致。

经过长期的斗争,到 1710 年,辉格党占优势的议会制定了版权法。该法案对作者、出版者及书商之间的经济关系作了明确的规定:保护作者及其代理人的权益,规定版权期限为 14 年,逾期后如原作者仍然健在时,可将版权再延长 14 年。这是世界上第一部版权法。此后,一连串报纸、政论性及文学性期刊纷纷出版。自 1702 年首家正规出版的《英国日报》问世后,到 1711 年,日报、周刊总销数达 4.4 万份。在众多的期刊中,出类拔萃的是皇家学会 1665 年 3 月创刊的《哲学汇刊》,除发表数学等学科论文外,还刊载该会图书馆书目,该刊出版至今,已有 320 多年历史。

【工业革命和图书出版】

18 世纪 60 年代在英国开始的工业革命推动了教育的发展,科学地位显著提高。由于技术的改革,图书出版以前所未有的规模发展起来。不仅纸张价格下降,质量提高,而且图书印刷与装订技术也大为改进。在将新式机器引入印刷术方面,伦敦《泰晤士报》堪称表率,1868 年采用了轮转机印刷,1891 年采用弗里德里希·威克斯发明的轮转铸字机,每小时可铸造 6 万个铅字。印刷技术的改进,使印刷品数量激增。1825 年英国图书出版数约为 600 种,19 世纪末增加 10 倍,每年为 6000 种。

【公共图书馆的勃兴】

工业贸易与人口增长互为因果。工业革命高潮时期,人口迅速向新兴工业城镇集中,出现了产业大军。工厂主需要对广大的新工人施以生产技术和服从纪律的训练;防止工人闹事、犯罪,危害资产阶级的统治秩序,因而逐渐认识到必须对工人群众进行初等教育。为此,除兴办学校外,还把公共图书馆作为教育工人、实行社会改良的场所。正是在这样的社会背景下,公共图书馆从 19

世纪 50 年代开始在英国逐步兴起。它的特点是：

1. 地方当局征税建馆，免费为公众服务。1850 年 2 月，议会下院通过公共图书馆法，允许人口 1 万人及 1 万人以上的城镇委员会建立公共图书馆，其经费从地方税中支出（即 1 英镑资产课税半便士），建馆后须免费对纳税人开放。这个图书馆法以后在 1856 年、1892 年、1919 年多次修订、充实，加以卡内基财团的资助，逐步推动了公共图书馆的发展。在 1850 年以前，欧洲的公共图书馆基本上是为统治阶级服务的，由于英国出现了对居民一视同仁地免费使用的公共图书馆，使公共图书馆在服务对象方面发生了根本变化。

2. 公共图书馆集中在工业城镇，而且以工人为重点服务对象。1850 至 1851 年公共图书馆建立了 4 所。1852 年 9 月在工业重镇曼彻斯特建成的公共图书馆具有重要的意义。该馆聘任图书馆家爱德华兹（Edward Edwards，1812—1866）为馆长，馆舍为圆形大屋顶和圆柱形结构，藏书 2.1 万册，规模可观。开馆典礼相当隆重，著名小说家狄更斯、萨克雷等名流均曾出席。此后，设菲尔德、布莱克本、伯明翰等工业城市相继建立了公共图书馆，到 1900 年，全国已有公共图书馆 352 所。英国公共图书馆运动与美国并驾齐驱，成为西方许多国家学习的榜样。

这个时期对英国公共图书馆运动做出贡献的人主要是（1）：爱德华兹。曾在不列颠博物馆图书馆任职，推动议会制订公共图书馆法。后任曼彻斯特公共图书馆首任馆长。他主张公共图书馆必须免费对市民开放，馆藏应包括不同观点的书籍。1859 年发表的《图书馆纪要》就图书采购、图书馆建筑、管理及服务等方面作了阐述。他对图书馆实际活动怀有极大的兴趣。是公共图书馆运动的先驱，其图书馆学思想对梅·杜威等颇有影响。（2）布朗（James Duff Brown，1862—1914）。初任职于格拉斯哥的米切尔图书馆。后在任克莱肯威尔公共图书馆馆长期间（1888—1905），于

1894 年在该馆实行开架借阅制,为欧洲图书馆实行开架借阅变革的肇端。著有《图书馆管理手册》(1983),《主题分类》(1906 年)等书。

【工人群众的阅读活动】

专为工人服务的图书馆、阅览室及工人读书演讲会的出现成为工业革命时期图书馆活动的一个特色。19 世纪早期,在格拉斯哥、伦敦等地相继由有产阶级的个人或团体创办了"机械学会",向工人讲授文化知识和技术,并建立了专为工人服务的图书馆。此后这种类型的图书馆逐渐普及到小城市,到 1850 年,英国本土已近有 700 所,对提高工人文化大有助益。这些图书馆后来大多数演变为公共图书馆。

19 世纪中期,英国工人运动勃兴。1845 年恩格斯在其名著《英国工人阶级状况》一书中赞扬了工会会员、宪章主义者和社会主义者出资创办的学校和阅览室,有助于"提高工人的知识水平",在这些地方"经常举行关于自然科学、美学和政治经济学问题的讲演会,而且听众往往很多"。恩格斯还称赞当时他所见到的工人的饱满的求知欲,说这些"穿着褴褛不堪的粗布夹克的工人,他们显示出自己对地质学、天文学及其他学科的知识比某些有教养的德国资产者还要多"。他们阅读最新的哲学、政治和诗歌方面最杰出的著作,包括爱尔维修、霍尔巴赫、狄德罗、边沁、葛德文、雪莱和拜伦的著作(见《马克思恩格斯全集》,人民出版社中文版,第 2 卷,第 527—529 页)。

第二节　不列颠博物馆图书馆

【不列颠博物馆图书馆】

　　1753 年创建的不列颠博物馆图书馆是英国以及世界图书馆界的巨擘。该馆建馆的藏书除一部分来自皇家图书馆外,大多为私人藏书汇集而成,而不像法、德国家图书馆那样,藏书均以皇家图书馆馆藏为基础。1753 年不列颠博物馆图书馆收购了皇家医生、生物学家斯隆爵士(Hans Sloane,1660—1753)的藏书 4 万余册、手稿 3500 多件,其后又不断接受惠赠。尤其是英国工业革命及英国对外侵略扩张使国力不断增强,为该馆增加经费、充实馆藏提供了有利的条件。在馆长之中,建树最大者为帕尼齐(An tonio Panizzi,1797—1897)他是意大利人,因从事革命活动得罪当局而避居英国。1831 年到该馆工作,1856 至 1866 年任馆长。在任期间,多方奔走,争取增加经费购置图书,获得大批赠书,严格督促出版商履行 1842 年颁布的缴送本制度,致使馆藏由 52 万册增至约 100 万册;尽力提高工作人员的地位与素质,改善其薪金待遇;主持编制了馆藏印本书的第一本目录(首卷于 1841 年出版),成为 1908 年《英美编目条例》的先例;19 世纪 50 年代设计并建成了可容纳书籍 6.5 万册、读者 450 人的圆形阅览室。帕尼齐工作成绩斐然,使该馆成为一所传播文化科学知识的重要机构,名闻遐迩。1869 年,他被授与爵士称号。

　　不列颠博物馆图书馆是国际的学术中心。许多伟人、学者在这里阅览群书,旁征博引,为自己的著述奠定了坚实的基础。美国人贾雷德·斯帕克斯于 1840 年描写了这个阅览室:"每天聚集着上百名不同民族、不同语言的读者和抄写员,有勤奋的学者、文艺界的妇女以及脸色庄重的老绅士。我们何时能在波士顿的图书馆里看到同样的情景呢?"

1850 至 1883 年的 33 年中,马克思一直流亡伦敦直到逝世。在这期间,他在指导国际工人运动的同时,大部分时间致力于科学研究,长期去不列颠博物馆阅览室,从早到晚查阅包括英国政府所编工厂工作年报在内的浩繁的文献资料,作出摘录,编制提要,或加以评注,以严谨的科学态度为著述《资本论》付出了巨大的劳动。仅为撰写近 20 页的英国劳动法,他就翻阅了所有关于这个题目的全部《蓝皮书》。中国民主主义革命先行者孙中山 1896 年 10 月在伦敦蒙难被救后至 1897 年 7 月离英赴日前期间,曾常去该馆阅览室,阅读了大量政治、经济等方面书籍,并根据所获资料,用英文写出了政论文章《中国的现在和未来——革新党呼吁英国保持善意的中立》。该文发表于 1897 年 3 月 1 日伦敦《双周论坛》。

【英国图书馆协会的成立】

图书馆事业蒸蒸日上的局面,使英国成为国际图书馆活动的中心。1877 年在伦敦举行了第一次国际图书馆馆长会议,会上成立了英国图书馆协会,由作家、目录学家特德(Henry Tedder,1850—1924)任第一届名誉会长。这是世界上最早出现的图书馆协会之一。该会成立后推动了公共图书馆的发展,同时开展了国际协作。1908 年与美国图书馆协会联合编辑出版了《著者与书名编目规则》(简称为《英美条例》)。直到 20 世纪 40 年代以前,这个条例仍是国际图书编目的重要指南。

第十章 法　　国

第一节　启蒙运动时期的图书

【书刊出版】

17 世纪至 18 世纪上半叶,法国书刊出版相当发达,17 世纪中期,仅巴黎一地定期出版的刊物即有 73 种。其中最著名的是 1665 年 2 月创刊的《学者杂志》(旧评《鸿博杂志》),至今仍在出版。创刊时的该刊除报道自然科学新成就外,也介绍法国国内外新书出版情况。同时,印刷技术得到进一步改进。昂布鲁瓦兹(1730—1804)改革铅字印字术,发明 72 点制标准排字计量单位。其子迪多·菲尔曼(1764—1836)发明了铅版,并大量出版外国书籍。

18 世纪中期发生的启蒙运动助长了追求知识、探究真理的风气。大革命前夕,伏尔泰、卢梭等启蒙思想家的作品畅销一时,多达数十万册。英国作家阿瑟·扬(Arthur Young,1741—1820)在其名著《法国游记》(1792)中描写 1789 年 6 月的巴黎情景是:"每时每刻都有一本小册子在编辑之中,……上周共出版了 92 种之多。……所有的报刊矛头都指向贵族和僧侣。"

【狄德罗及其百科全书】

百科全书是启蒙思想家通力合作的杰作。狄德罗（Denis Diderot，1713—1784）在数学家达兰贝尔（Jean Le Rond D'Alembert，1717—1783）的积极协助编辑下，从 1751 年起开始出版了《百科全书，或科学艺术与手工艺大词典》。达兰贝尔为该书撰写了序论和科学方面的条目。该书编辑宗旨，正如该书前言所指出的，是"收集天下学问，举其概要，……俾世代先人的劳动成果，不致湮没无存"。编者积 30 年之功（1751—1772，1782 年完成"补遗"）写出正文 17 卷，图版 11 卷，共 28 卷。到 1780 年达 35 卷。优秀的启蒙思想家卢梭、伏尔泰、孟德斯鸠、爱尔维修等均参与撰稿，形成了一个以狄德罗为首的"百科全书派"。

狄德罗在百科全书中继承和发展了弗·培根关于知识分类的学说，把知识分为科学、艺术、技术三大类，并将它们编成"系统树"，明确地将某一门知识的分支与其他知识的分支联结起来。这说明他已认识到在广阔的科学领域中，各个学科相互渗透的关系。他还在书中按字母顺序总结了截至 18 世纪中叶的人类知识，而以自然科学为突出。因为狄德罗认为这种知识是反对宗教和封建制度及其腐朽思想体系的最有力的武器。

该书问世后，首卷订户 2000 人。有人指责它批评教会，冒犯权威，结果适得其反，订户更为增加。这一卷帙浩繁的出版物是欧洲百科全书编纂史上的里程碑。

【皇家图书馆的发展】

路易十四的财政大臣柯尔培尔（Jean Baptiste Colbert，1619—1683）为法国皇家图书馆的发展作出贡献，扩大了馆藏。1715 年该馆藏有图书 7 万册。1728 年柯尔培尔的私人图书馆的大部分藏书为皇家图书馆购得。再加上购买了其他私人藏书，以及对政治犯、耶稣会员所没收的图书,使皇家图书馆藏书量不断增加,到 1860 年已达到 150 万册。其间,该馆馆长兼科学院院长比尼翁 (Jean Paul Bignon,1661—1742)任职时,于 1720 年对全国学者开放。当时馆藏约有印本 8 万册,手稿 1.6 万部。比尼翁于 1739 年将馆藏图书分为四大类:神学、教会法规、罗马法、纯文学。1840 年该馆编制的著者目录达 89 册。

第二节 大革命、拿破仑时期的图书和图书馆

【国家图书馆和公共图书馆】

1789 年 7 月法国大革命爆发后,反动贵族和上层教士首遭打击,宗教机构的图书馆被收归国有。1792 年没收了亡命贵族的图书馆,其中仅阿尔塞那尔图书馆即藏书 19 万册(该馆于 1936 年成为国家图书馆的一部分)。截止 1794 年 4 月估计没收总数为图书 1000 万册,手稿 2.6 万件。它们除有一部分被出售或丢失、损坏外,大部分收藏在巴黎等地的"文献保管所"内。原巴黎的皇家图书馆也于 1792 年收归国有,更名为"国家图书馆",它从"文献保管所"优先得到约 30 册重要的图书,使馆藏大为充实。

1793 年 9 月,法国所有大学被取缔。1795 年 2 月起,陆续建立了 86 所文理结合的中心学校,每校设有 1 所公共图书馆,其图书由"文献保管所"拨给。1803 年这些中心学校所辖的公共图书馆都移交给地方当局,成为地方性的公共图书馆,到 1814 年共计约有 150 所,形成法国近代第一批公共图书馆。但由于政府当局不重视,缺乏合格的管理人员,加以社会上私人藏书之风盛行,以致公共图书馆在第一次世界大战前进展甚微,其水平远远比英、美、德等国落后。

【监督图书出版】

1789 年制宪会议颁布的《人权宣言》宣布了著述和出版的自由,报刊风起云涌,报纸成为巴黎人民群众不可缺少的精神食粮,并推动了革命的进程。但由于当时政治斗争极其复杂尖锐,对出版自由如果不作必要的限制,无疑会给革命带来严重的危害。正如《人权宣言》所提出的:"在法律限定的情况下,应当对滥用此项自由承担责任。"为此,国民公会于 1792 年 8 月下令对保皇派报刊一律取缔。1793 年 3 月 29 日又下令规定:凡著作或作品有利于王室而不利于人民者,其作者均判处死刑。从而把书籍出版置于革命政权严格监督之下。

【雅各宾派的版权法】

雅各宾派在和国内外敌人紧张斗争的情况下,对文化教育仍给予必要的重视。1793 年 7 月 19 日,国民公会制订了版权法,规定书籍、乐曲、图画等作品的作者终生享有在国内的版权,作者死后的 10 年内,"其继承人或受让人应享有同样的权利",而对侵犯版权者,则没收其版本,课以罚款偿付原作者。同时也规定所有文学与图画作品须向国家图书馆或版画局呈交出版物两份,领取收据。原作者可持据对侵犯版权者提出法律诉讼。

雅各宾派领导人罗伯斯比尔宣称维护出版自由,但政治斗争日益激化,这种出版自由实际上行不通。他在处死政敌丹东等人之后,下令将支持丹东观点的刊物一律封闭。支持罗伯斯比尔的报纸所剩无几。

【拿破仑和图书馆】

在法国对外战争中崭露头角的拿破仑早年即喜爱阅读历史、法律书籍。1798 年他在率军远征埃及时还带去大批科学书籍及歌德的《少年维特之烦恼》等书。甚至在后来决定其失败命运的滑铁卢战役（1815），他也携带图书约 800 册之多。

1804 年拿破仑称帝后，给国家图书馆增拨经费，并责令出版商向该馆多纳图书。他所率的军队在欧洲大陆征战中所缴获的大量图书也被挑选一部分送交国家图书馆。为了强化帝国统治，他厉行书报检查制度，控制舆论不遗余力。在他看来，"三家敌对的报纸比一千把刺刀更为可怕"，为此派出新闻检查官进驻各个报社，勒令持不同政见的报纸杂志停刊，授权警察大臣及地方当局以焚毁书刊的全权。此外，他还把一些大学合并为"帝国大学"（1815 年后改称"法兰西大学"），在大学实行高度的集中管理，束缚了大学学术研究的发展，对于初等教育则不予重视。这种现象一直到 1870 年以后才发生变化。法国在普法战争惨败后，痛定思痛，醒悟大办教育的必要。80 年代进行了教育改革，普及国民初等教育；调整大学结构；拿出大批的钱，改善大学图书馆、实验室及科研设备；明确大学图书馆的组织及工作细则，有利于此后大学图书馆的建设。

第三节　巴黎公社时期的图书馆

1871 年 3 月 18 日建立的巴黎公社仅存留 72 天。它在与国内外敌人激烈斗争中，仍关注图书馆事业，并作了若干改革：1. 通过关于保护图书和绘画的决议。公社教育委员会委员瓦扬（Edouard Marie Vaillant，1840—1915）委派地理学家雷克吕（Elisee Reclus，1830—1905）领导国家图书馆工作。雷克吕到任后，对馆内怠工者予以解雇，代之以新的工作人员；对接受公社领导的馆员予以免除参加国民自卫军兵役的优待。该馆对劳动人民开放，但鉴于过去该馆带有盗窃图书之事发生，因此，只准在馆内阅读，不许借出。

瓦扬又委派作家加斯蒂诺（Benjamin Gastineau，1823—1904）负责领导马萨林图书馆工作并兼任巴黎公共图书馆视察员。工人阶级政权领导图书馆工作，这在图书馆史上是一个伟大的创举。2. 在治疗大批伤员的地方设置图书阅览室，由出版单位免费提供书刊报纸，向伤员们宣传公社思想。3. 在学校对学生实行免费供给教科书。禁止学校图书馆借阅宗教书籍，借以保证科学知识的传播。4. 设立专门机构收集报纸动态。当时巴黎报馆林立，约有40多家站在公社一边，期刊尤多，仅1871年3月20日至5月24日期间，巴黎平均每天出版11至12种期刊，捍卫公社事业。公社治安委员会专设一个机构负责收集上述报刊及敌人的报刊上所报道的公社资料，印发给公社成员参考。

第十一章 德 国

第一节 宫廷图书馆和格丁根大学图书馆

【宫廷图书馆】

在 17 世纪的德国,王公贵族往往在自己的城堡里兴办图书馆,它们的财源充足,而且因为有学者主持馆务,所以办得比较出色,对读者的开放程度甚至超过大学图书馆,在上层文化生活中发挥了重要的作用。

主要的宫廷图书馆有以下几所:

1. 慕尼黑宫廷图书馆。由公爵阿尔贝特五世(1528—1579)于 1558 年创立。阿尔贝特的后嗣选帝侯马克西米连一世(1597—1651)公爵于 1607 年亲自制订了该馆馆员的工作方针。1663 年该馆获得版本复本的保管权。

2. 柏林的皇家图书馆。原为勃兰登堡选帝侯腓特烈·威廉(1640—1688)的私人图书馆,1661 年对外开放。1688 年有印本书 2 万册,手稿 1600 件,藏书均分类编目。1699 年腓特烈一世敕令授权该馆义务保管新出版物,尽管有些书商对之掉以轻心,但这一敕令促进了该馆藏书的增长。到 1740 年,图书增至约 7.5 万册,1790 年达 15 万册,跻身于国内外大规模图书馆的行列。

3. 德累斯顿选帝侯图书馆。始于 1556 年萨克森选帝侯奥古斯特一世(1526—1586)在托尔高附近安纳贝格所建的藏书室,后迁往德累斯顿。1580 年有图书 2300 册,以后续增。

4. 沃尔芬比特尔的不伦瑞克公爵们所办的图书馆。主要一所是小奥古斯特公爵(1579—1666)于 1644 年所建。他亲自管理图书并组织图书主题编目。该馆每日对外开放。1666 年拥有印本 2.8 万册,为当时质量较佳的图书馆之一。

【莱布尼茨和图书馆】

当时在德国,拥有宫廷图书馆的王公贵族往往聘请学者管理图书。有的学者出于谋生的需要,也愿意担任这种工作,并借此进行学术研究。哲学家、数学家莱布尼茨(Gottfried Wilhelm Leibniz, 1646—1716)和戏剧家莱辛(Gotthold EPhraim Lessing, 1729—1781)均曾应聘。前者在图书馆学方面厥功至伟。后者则曾于 1770 至 1781 年在沃尔芬比特尔的公爵图书馆任职。

莱布尼茨之父为教授,他少年时代对其父的藏书深感兴趣。大学毕业后,1668 至 1673 年曾为贵族范·博英博格的私人图书馆管理图书,并编制 4 卷本分类目录,内收主要款目 9840 条。其间于 1672 年被美因茨选帝侯派遣出使巴黎,在那里目睹法国国家图书馆的发展,于是对图书馆有利于促进知识的进步产生了深刻的认识。1676 年 10 月,他受汉诺威的约翰·弗里德里希公爵(1629—1679)之聘,为他管理图书馆,该馆藏书 3310 册,1690 年起为沃尔芬比特尔的小奥古斯特公爵兴办的图书馆馆长,于 1700 年前整理出一套按字顺编排的著者目录,在那里工作直到逝世。

莱布尼茨从事图书馆工作长达 40 年之久,他的图书馆学思想散见于书信、备忘录及对王公们的陈情书之中,其理论可归纳为以下几点:

1. 评价图书馆的标准。他认为衡量一个图书馆的尺度,不在于图书的数量、有无珍本或华丽的图书装帧,而在于图书内容是否健全与正确,以及书内所含资料是否新颖。为此,他主张一个普通图书馆采购图书时要注意收集包含历代人物具有创见和有学术价值的著作。

2.图书馆的职能。他十分重视图书馆的社会教育职能。认为一个良好的图书馆可以在社会上起到类似教会与学校的作用。图书馆不仅应当办成"科学的宝库",而且应当成为"与一切时代的伟人进行交谈的场所",从而把图书馆的任务提到教育群众、交流科学的高度。为此,他一再强调图书馆须有充分的固定的预算。

3.图书馆员工作。基于对图书馆肩负重要使命的认识,他认为图书馆员的主要工作是搜罗含有最新资料的著作,有效地加以组织并尽快地投入使用。

4.编制目录,加强服务。主张编制分类目录,同时强调要编制按字顺排列的著者目录与主题目录。为了便利读者,要延长开馆时间,允许自由外借。

5.制定了图书分类法。分为神学、法学、医学、知识哲学、数学、物理学、语言学和文学、民众史、文献史和目录学、丛书和杂志共10类。

莱布尼茨的观点继承和发展了法国诸代的图书馆学思想,大大丰富了图书馆学的内容。他所提出的办馆思想原则在格丁根大学得到全面的贯彻。

【格丁根大学图书馆】

17至18世纪德国新建了若干个大学图书馆,如基尔(1665)、哈雷(1694)等大学图书馆。但规模有限,1790年左右,藏书2万册的已属罕见;服务质量不佳,如维尔茨堡大学图书馆1729年开放时间每周仅为35个小时,吉森大学图书馆仅于每周六下午对大学生开放。

在大学图书馆中首居一指的是格丁根大学(1734)。该校学监由汉诺威邦首相明希豪森（Gerlach Adolf Von Munchhausen，1688—1770）兼任，他的办校方针是强调学术方向。对图书馆颇为关心，能与图书馆馆长密切合作。图书馆于1757年建立后，成绩卓著，具有以下几点特色：

1. 馆长皆为教授、学者。首任馆长为古典哲学教授、新人文主义者格斯纳（Johann Matthias Gesner，1691—1761）继之者为古典哲学教授海涅（Christian Gottlob Heyne，1729—1812），此后均由教授、学者兼任，旨在保证图书馆为学术研究服务。

2. 采购方针正确。在采购图书时注意倾听教授们的意见，并在《格丁根学报》上发表新书推荐与评价。

3. 经费一直充裕。拥有系统采购新出版物的连续的预算，其数额远远超过其他大学。加上社会人士捐赠，因而图书迅增，1737年为1.2万册，1875年达40万册以上。

4. 图书分类与编目良好。该馆分类法新颖之处为反映了该校按系科划分科学的特点，如将哲学系科目语文、历史等科置于前面，并将政治、经济、商业等科目纳入分类法之内。美国哈佛大学图书馆即以格丁根大学为榜样而重新组织了藏书。编目工作由海涅及副馆长J·D·罗伊斯于1776至1790年完成，藏书按字顺编目。该馆图书按采访登记号排架的制度，为19世纪欧洲大陆大部分地区仿效。

5. 服务质量上乘。每日对师生开放，校外学者也可来馆借阅。

格丁根大学图书馆最先全面地将莱布尼茨的图书馆学思想原则付诸实践，在图书馆管理方面达到当时世界的先进水平，堪称欧美图书馆的师表。德国大文豪歌德（1749—1832）在参观格丁根大学后留下赠言："图书馆就像是大宗的资金，默默流出无以数计的利息。"这句名言对图书馆在传播知识与培养人才方面的作用，做了高度的评价。

【拿破仑战争对图书馆的影响】

1789 年以后,法国革命军和拿破仑军队先后进入德国,打击了德国的封建势力,但也带来了不少消极的影响,其中之一为有计划地抢劫图书文物。在军队之后,接踵而来的法国政府官员按图书目录挑选贵重的图书运往法国。尽管德国疏散了许多图书,但仍然损失浩大。1815 年维巴纳会议虽曾规定劫夺财物必须归还,因而使一部分图书得以物归原主,如沃尔芬比特尔图书馆即收回了大部分手稿,但维也纳协议并未全部履行。

19 世纪初的政治格局导致德国图书馆界的巨大动荡。由于拿破仑对德战争的胜利,1801 年签订了"吕内维尔和约"。莱茵河左岸的 97 个小国,包括瓦姆斯、西伯伊欧、科伦、亚琛 4 个自由市均划归法国,这就意味着这些地方的图书馆也归法国所有。同时,按照拿破仑的旨意,1803 年德国帝国国会决议规定,大批小邦为大邦"吞并",巴登、巴伐利亚、符腾堡的领土面积大为扩展,致使原属于德皇的公国、城市、修道院、宗教机构及财产均归新的王公所有,大量图书馆也随之易主,也有个别的图书馆成为城市的财产。在这个剧变过程中,大量的图书被分散到各处或者被当作废纸卖掉。此外,根据"吕内维尔和约"的精神,大力推行世俗化,因此,巴伐利亚的修道院的大量图书都转归慕尼黑宫廷图书馆,从而使后者以拥有众多的手稿和古本而著称。另如布勒斯芬、达姆、塔特·卡尔斯鲁厄、斯图加特等地的图书馆也借助世俗化获得了颇有价值的图书。

第二节　德国统一后图书馆事业的跃进

【普鲁士成为图书馆事业的中心】

在消除拿破仑战争威胁后,尤其是从 1850 年起,德国开始工业化之后,其间,经过 1970 年普法战争统一全国,使德国经济建设突飞猛进,到 19 世纪末在工业上已成为仅次于美国的世界第二强国。教育建设也全面铺开,致使图书馆事业得到显著的发展,普鲁士尤其突出,这是因为:(1)普鲁士在政治上起着主导作用。"铁血宰相"俾斯麦通过战争使普鲁士在德意志帝国内占有举足轻重的地位,许多原来属于其他邦的图书馆如著名的格丁根大学图书馆,通过战争的胜利,都改归普鲁士管辖。(2)普鲁士经济富裕。境内重工业、铁路交通及对外贸易发达。由于国力的充实,使大学经费较多,图书馆也受益不浅。(3)普鲁士教育发达,高等教育尤其受到重视。在反拿破仑战争惨败之后,1809 年建立了柏林大学,创办人洪堡,本着"振兴文化以补偿军事失败"的宗旨而办学。民族精神高涨,该校成为学术与科研中心,也是格丁根大学之后又一个图书馆学中心。(4)政府的支持。1882 至 1906 年,担任普鲁士文化大臣的阿尔特霍夫(Friedrich Althoff, 1839—1908)除积极充实皇家图书馆外,还倡导大学及其图书馆改革运动,任哈特维希为图书馆工作的顾问,增加图书馆经费数额;对大学图书馆业务进行协调;通过法令制定图书馆员考试制度。

【公共图书馆和国家图书馆】

在工业革命影响下,德国工业地区建立了工厂图书馆,以便于广大工人学习初级科技知识。19 世纪 70 年代以后,在"民众教育推广协会"的推动下,柏林、汉堡等大城市兴起建立民众图书馆之风。1900年柏林及其附近地区民众图书馆已增为28所,读者以工人为主。1907年建立的柏林市立图书馆是民众图书馆的中心图书馆。其他城市如汉堡(1899)、杜伊斯堡(1901)等地也都建立了公共图书馆。19世纪末,已形成了一个独立的公共图书馆系统。

国家图书馆也建立起来。原柏林的皇家图书馆于1810年划归普鲁士文化部管辖,1871年改名为德国帝国图书馆,任务以收集外国出版物为主。1893年中国清政府出使英国大臣薛福成曾参观该馆,在其出使日记中说,该馆"陈列数千年前乐谱及各国古字,俱以羊皮为之。有掌书所,亦藏中国经史子集,并有梵文字汇、蒙古旧史、吐蕃记载。每日九点钟至四点钟,凡来领书抄读者二百余人。"1909年该馆藏书超过125万册,第一次世界大战后改名为普鲁士国家图书馆。此外,1912年在莱比锡建立的德国图书馆,搜集德国及德语国家的出版物,也初步发挥国家图书馆职能。19世纪50年代至19世纪末,德国各种图书馆总数由767所增为1609所,其中普鲁士最多,增长也最快,由325所增为929所。

第三节　图书馆学研究和图书馆学教育

【图书馆学研究对象、内容】

19世纪下半期,德国图书馆出现了欣欣向荣的景象,促使图书馆学研究的开展,出现了一些优秀的图书馆学者。慕尼黑宫廷与邦立图书馆副馆长施莱廷格(Martin Schrettinger,1772—1851)著有2卷本《图书馆学教科书试用大全》(1808—1829)及《图书馆学手册》(1834),最先在世界上提出"图书馆学"这个术语。他认为图书馆的任务是整理图书,并应根据读者的不同要求,尽量和尽快地有利于读者使用。布莱斯劳大学教授、德累斯顿宫廷图书馆馆长艾伯特(Friedrich Adolf Ebert,1791—1834)著有《图书馆员的教育》(1820)及论文《图书馆学》(1823)。他与施莱廷格给图书馆学所下的定义大致相同,即图书馆学是一切知识和熟练技巧的总和。但艾伯特认为施莱廷格把图书馆学研究对象仅限于图书馆整理的见解过于狭小,而主张增加图书馆管理,并强调图书馆员应具备"条理性的秩序感,辨别细节的能力"。

艾伯特的观点引起丹麦哥本哈根大学文学教授、宫廷图书馆员莫尔贝克(Christian Molbech,1783—1857)的共鸣并被其发展。莫尔贝克著有《论公共图书馆》(1829)及《论图书馆学》(1833),后者在 19 世纪是一本在欧洲图书馆界颇有声誉的著作,被德国基尔图书馆员拉特廷(Henning Ratjen,? —1880)译为德文,对德累斯顿宫廷图书馆馆员佩策霍尔特(Julius Petzholdt, ? —1891)所著《图书馆学训练问答手册》(1856)有所影响。莫尔贝克认为,图书馆学只有处于"不断完善的科学的或广博的体系"之中,方可成为一门科学。他在著作中将艾伯特的理论加以系统地阐述,构成西方图书馆学中所谓的艾伯特—莫尔贝克体系。可以说图书馆学理论体系至此已初步形成。

【图书分类、编目】

德国由于各邦林立,图书馆众多,以致分类法之多为其他国家的图书馆所望尘莫及。19 世纪 70 年代以前,最主要的一部分类法是教授、东方语言学家施莱尔马赫(Audreas August Ernst Schleiermacher,1787—1858)编制的分类法,名为《指导藏书布局的普通科学书目体系》(1847),以类目划分详尽、内容新颖、便于应用为特色,基本上沿用至今。1854 至 1853 年由波恩大学教授兼图书馆馆长里奇尔(Friedrich Wilhelm Ritschl,1806—1876)领导了一大批学生及工作人员完成了编目工作,这批人成为普鲁士图书馆改革的骨干,其中就有著名的齐亚茨哥(Karl Dziatsko,1842—1913)。1876 年哈雷大学图书馆馆长哈特维希(Otto Hartwig,? —1903)主编了第一部德语字顺公开目录,出版了分类目录表。施莱廷格主张编制字顺、分类、主题 3 种目录,尤其对后者的重要性作了强调。他最先在慕尼黑宫廷与邦立图书馆采用主题编目制,随后在德国东部广为推行。艾伯特则进一步提出编制图书分类法应从客观实际出发,杜绝主观想象划分、注意实用等原则。他精辟地作出了目录学"是一个国家在其历史发展中文化水平最可靠的标志"的论断,编有 4 卷本的《图书目录百科指南》(1820—1830),收录 2.5 万种善本书,是一部目录学巨作。1886 年齐亚茨哥为布劳斯劳图书馆制订的编目条例,为后来风行欧洲的《普鲁士条例》(1889,1906)作了准备。1903 年起,普鲁士皇家图书馆开始着手编制《全国联合目录》。这些工作虽属传统目录范畴,但在当时大大提高了工作效率。

【图书馆人员的培训与考试】

施莱廷格力主图书馆工作人员的专业化,要求对他们进行以专业知识教育和训练。艾伯特针对德国公共图书馆员素质上的缺欠,对图书馆员培训从德才两方面提出了要求,即品质良好,具有广博的知识,包括目录学、文学史、古文献和抄写本的知识,历史知识,通晓多种外语。弗赖堡大学图书馆馆长鲁尔曼(Friedrich Rullman,1846—1909)于 1874 年制订了在为期三年的大学学习期间培训图书馆员的计划,规定进修和考试的科目有历史、百科全书、出版研究、手抄本、印刷技术史、图书贸易史、美术史及雕刻、石版、图书馆管理、图书馆史、档案馆管理、照像技术、目录与分类等课,在外语方面应掌握法语、拉丁语,争取能阅读希伯来语、英语、意大利语和西班牙语的原著。他的设想被此后的大学图书馆学讲座作为教学计划的参考。由于他们的呼吁和活动,普鲁士终于在 1893 年 12 月 15 日制定了《关于学术图书馆服务资格》的法令。

【图书馆学登上大学讲坛】

19 世纪晚期,随着科学分类与研究范围的细致和专门化的发展,德国大学中不断出现新的讲座。1886 年起,齐亚茨哥开始在格丁根大学举办图书馆学讲座及研讨班。课程包括目录学、书写及印刷史、古文献学、图书馆管理。同年,普鲁士文化部将教授职称授给他时,不称"图书馆学教授"而称为"图书馆学辅助学教授",说明当局对这一学科名称的犹豫。但随着时间的推移,学术界对图书馆学是否是一门科学的怀疑逐步递减,加以图书馆界人士自身的努力,如齐亚茨哥不仅在 1880 年出版了《图书馆学著作汇集》丛书,而且坚持讲授图书馆学,到 1891 年终于使图书馆学正式列入格丁根大学课程之内。

第十二章 俄　国

第一节　17 世纪至 19 世纪中期的图书和图书馆

【图书出版】

整个 18 世纪,俄国各种出版物印行逾 1.5 万种。一些刊物上所载的书目反映了当时图书出版的情况。1777 至 1781 年出版的《圣彼得堡通报》载有 160 多条图书报道消息。1772 年由 N. I. 诺维柯夫(1744—1818)编撰的《俄国作家历史词典试编》为一本结论词典,收有俄国文学与科学人物约 317 人,大多为 18 世纪的活动家,既包括罗蒙诺索夫等学者名流,也有来自民间的获有成就或对沙皇专制不满的人物。1773 至 1774 年他出版的《古代俄罗斯图书馆》,是一部历史文献与著作的丛书。1779 年他接管莫斯科大学出版社,出版了大量的书刊杂志。诺维柯夫一生共出版书刊约 1000 种,还曾在自己主办的《雄蜂》杂志上著文抨击农奴制度。1792 年因反政府罪名被捕,1796 年获释后仍被禁止工作,后死于家乡。

1777 至 1789 年,由 L·巴克迈斯特出版的《俄国文库》,介绍书刊等出版物 1123 种。1825 至 1834 年,由 N. A. 波列沃依主编的杂志《莫斯科电讯》刊有俄国大多数当时出版物的书目,并对其中主要出版物作出评论。50 至 60 年代,为广大读者服务的《图书通报》（1860—1867）每期刊出新书评介。《书目纪事》（1858—1859,1861）以发表重要的历史文献为特色。

进步书刊在反封建斗争中发挥了积极作用。克雷洛夫（1768—1844）以善于运用寓言故事鞭挞黑暗社会而著称,他的著作在 10 年内售出 4 万册。别林斯基（1811—1848）在 1838 年编辑《莫斯科观察家》杂志,次年去彼得堡主持《祖国纪事》杂志的书目栏与评论栏。由别林斯基和涅克拉索夫（1821—1878）主持的《祖国纪事》与《现代人》是 19 世纪 40 年代俄国最进步的两个杂志。前者还辟有"当代书目要闻"专栏,每年约发表 500 种新书的评论。

【彼得堡图书馆】

1714 年建立的彼得堡图书馆是俄国第一所非宗教性的、具有科学性质的图书馆、政府文献均集中于该馆管理。1725 年科学院创建后,彼得堡图书馆也转交该院管辖,成为 18 世纪俄国最大的国家书库。1727 年科学院设立印刷所,该所是全国最大的印刷中心,出版了许多优秀著作、手册和词典,1742 年为科学院图书馆首次印刷了总书目。这个书目按分类编排,收录俄文及外文图书逾 1.5 万种。1783 年,科学院图书馆获得缴送本权。

【莫斯科等大学图书馆】

1755 年,俄国自然科学家、语言学家罗蒙诺索夫（Mikhail Vas-ilyevich Lomonosov,1711—1765）仿照德国大学模式,创建莫斯科大学。这所大学是俄国第一所综合性大学,图书馆也随之建立。该馆藏书最初是按照科学院成员所拟订的书单所收集的图书为基础,随后又收集国内外学术出版物以及小说作品。1876 年藏书约 15 万册,1910 年增至 30 万册以上。该馆馆长费・费・列依斯（1788—1852）曾于 1826 年为该馆制定分类法,将图书分为"上帝"与"人类"两大部类,下设 2452 个类目,具有类目十分详尽、按时序排列的特点。

1804 年喀山大学建立。该校图书馆馆长卡·卡·福伊格特(1808—1873)所制定的分类法仅存手稿,但曾在该校使用。在该分类法中,工业被置于首位,商业也被纳入,这是一个进步。1876 年该校图书馆藏书 10 万册,1910 年增至 24.2 万册。到第一次世界大战开始时,全俄 13 所主要大学图书馆共有藏书约 300 万册。

【帝国公共图书馆】

女皇叶卡特琳娜二世(1762—1796 年在位)时,鉴于法国资产阶级启蒙运动在俄国思想界引起巨大反响,为显示其统治的开明,于是广设学院,允许私人出版书籍,一时书籍出版很多。她计划建立一个收藏自 1564 年以来俄国出版书籍的帝国公共图书馆。1795 年波兰丧失独立,华沙扎卢斯基图书馆的藏书悉被运往彼得堡,这批包括图书 25 万册、手写本 1 万册的战刊品,交给了当年建立的帝国公共图书馆(1921 年交回波兰一部分),但由于叶卡特琳娜二世的去世,加上拿破仑侵俄,延至 1814 年 1 月帝国公共图书馆才开馆,而缴送本权则在 1810 年即被授给。该馆最初藏书贫乏,到 M. A. 柯夫出任馆长(1849—1861)时,始有起色,馆藏印本约 35 万册、手写本 1.1 万。柯夫还改建馆舍,按不列颠博物馆图书馆方式重新组织图书,对公众开放。1912 年馆藏增至 320 万册。该馆即今日列宁格勒国立萨尔蒂科夫—谢德林公共图书馆的前身。

【鲁勉采夫图书馆】

以私人藏书为基础建馆并转而为公众服务的,以鲁勉采夫图书馆为典型。1828 年在彼得堡建立了鲁勉采夫博物馆,以俄国政治家、外交家鲁勉采夫(Nicolay Petrovich Rumyantsev, 1754—

1826)之名命名,并以其手稿为基础建立图书馆,于1862年开放。它所藏的图书期刊等文献资料到1917年前已达100万册;在1862至1912年间,读者由7000人增至12.1万人,包括列宁、P. 托尔斯泰、A. 契诃夫等著名人物。今日莫斯科国立列宁图书馆即由该馆演变而来。

【目录学家】

主要的目录学家,有以下两人:

1. V. S. 索皮科夫(1765—1819),被誉为"俄国目录学之父"。他早年在彼得堡开设书店,1800年在书店内设置图书馆和阅览室,藏书1500册,对公众开放。1811年任彼得堡帝国公共图书馆助理馆员。拿破仑侵俄时,他负责将该馆图书撤至安全地区。其代表作为《俄国书目试编》(1813—1821),共5卷,除第1卷为宗教书籍外,其余均为世俗性书籍。全书收录从15世纪晚期印刷术问世至1813年的俄语及教会斯拉夫语的印本及期刊,共计13249种。作者编制这本书目时,曾利用18种印本、手稿本的书目指南及图书馆目录,约100种售书目录和新书通告。该书后被其他学者屡次增订,在俄国图书馆界曾长期被使用,但直到1962至1967年才在莫斯科将各卷出版。在索皮科夫去世后57年,即1876年出版的《古代与现代俄罗斯》杂志第1期,刊有院士苏霍姆林诺夫撰写的专文《书目家索皮科夫》,可见索皮科夫很早就在俄国目录学界中引人注目。

2. V. G. 阿纳斯塔谢维奇(1775—1845),目录学家、图书馆学家。精通六种语言,曾任N. P. 鲁勉采夫的秘书及鲁勉采夫博物馆的图书馆馆员。1811年起开始从事目录学工作。原为书商V. A. 普拉维里西科夫的私人图书馆编制印本书目,编有该馆的俄文图书分类目录(1820),按"数理科学"、"宗教、道德与政治学"、"文学艺术"三大类编排,大类之下复分细类。这种把自然科

学列为首位的做法,与同时代西欧学者所制定的分类法相似。另
著有《论书目》(1811),编有《1707—1823 年俄国定期出版物简
报》(1822)等。

　　阿纳斯塔谢维奇和索皮科夫都强调目录学为"书本知识的科
学",有助于提高读者鉴别图书的能力。索皮科夫还强调书目的
教育意义,认为书目是"揭示最精粹的文献资料的指南",可以帮
助青年形成道德情操与审美观。

第二节　19 世纪晚期至十月革命前的图书和图书馆

【列宁和图书出版】

　　19 世纪 70 至 80 年代,俄国工人阶级开始起来进行反沙俄的
斗争。列宁创办的《火星报》(1900—1903)对革命的发动作了大
量的工作,该报还对革命书籍的出版作了系统的报道。1905 年 11
月 13 日,列宁在《新生活报》发表的《党的组织和党的文学》一文
中指出:"出版社和书库、书店和阅览室、图书馆和各种书报贩卖
所,这一切都应当成为党的机构,都应当请示汇报。"他要求把"无
产阶级事业的生气勃勃的活水"注入上述机构的工作中去(见《列
宁全集》,人民出版社中文本,第 10 卷,第 26 页)。列宁的这个意
见表明了布尔什维克党当时对出版及图书馆事业的高度重视,它
成为以后苏维埃政权领导出版及图书馆事业的指南。1912 年,由
布尔什维克党主办的《真理报》开始出版,它经常刊载书目资料,
介绍马克思、恩格斯、列宁的著作以及国际工人运动、自然科学、文
艺等领域的书目,向广大群众进行思想和知识教育。

【公共图书馆】

19 世纪晚期至第一次世界大战前,俄国各类图书馆虽有所增加,但数量不足,质量更差。全国公共图书馆 1880 年为 145 所,共有图书近 100 万册。1905 年免费公共图书馆虽达到 5000 所,但有的馆藏书仅 50 册。1915 年公共图书馆增至 800 所。1914 年,全俄共有 7.6 万所图书馆,其中 6 万所属于教区学校所有,藏书有限,而且基本上为课本。大型公共图书馆如彼得堡帝国公共图书馆管理及服务效率低下。至于边远地区,到 19 世纪下半叶,才在有的省城出现公共图书馆。

俄国在 1914 年有人口 1.6 亿,目不识丁者比比皆是,以妇女尤甚。在 9 至 49 岁的妇女中,60% 为文盲。1914 至 1915 学年度学龄儿童入学率仅为 20%。这种文化教育极端落后的状况,加上沙俄检查官和警察对图书馆藏书内容及公共图书馆的活动进行严密控制,严重妨碍了公共图书馆的健康成长。

【尤金图书馆】

私人图书馆中最大的是 G. V. 尤金(1840—1912)的"家庭图书馆"。他是克拉斯诺雅尔斯克的书商,19 世纪 60 年代开始建馆。馆藏图书约 10 万册,收有包括最先开发阿拉斯加的移民的手稿等珍贵资料。1897 年 3 月,列宁在流放途中经该地时,曾去那里参观和看书,受到尤金的亲切接待。列宁说,该馆收有 18 世纪末叶至当时的各种杂志的全套合订本和一些有用的书籍(参看《列宁全集》,人民出版社中文本,第 33 卷第 33、35 页)。但尤金后因经商失利以及年迈,将该馆出卖,国内图书馆无力购买,以致一部分手稿被美国国会图书馆购去。

第三节　图书馆学研究和图书馆学教育

【图书馆学研究与教育的开展】

19 世纪晚期,由于公共图书馆、大学图书馆的增多,由于群众读书兴趣的提高和民主思想的滋长,促进了图书馆活动与图书馆学研究的开展。

1899 年,在彼得堡建立了俄国书目协会。1908 年,成立了俄国图书馆协会,出版会刊《图书馆员》(1910—1915)。1911 年举行全俄图书馆首次会议。1913 年及 1916 年,目录学家李索甫斯基先后在彼得堡大学、莫斯科大学开设了图书史课程。

主要的图书馆学家、目录学家有以下数人:

1. V. I. 索博尔希科夫(1813—1872),图书馆学家。1834 年起在彼得堡帝国公共图书馆任文牍,后任高级图书馆员、建筑师。1862 年为该馆设计建筑了新的阅览室,对图书布置、编目、登记规则等问题作了研究。著有《论公共图书馆的结构和编制书目的方法》(1859)、《1859 年初欧洲各大图书馆述评》(1860)等。

2. P. M. 波格丹诺夫(1871—1919),图书馆学家、目录学家。参与创办与领导俄国图书馆协会。为《图书馆员》的编辑。著有《图书管理方法简述》(1910—1911)等书,就图书组织等问题进行了探析。

3. P. B. 哈夫基娜(1871—1949),图书馆学家。先后任哈尔科夫公共图书馆馆员(1890 起)、图书馆学研究所所长(1924—1928)等职。热心图书馆学教育,经她倡议,1913 年在莫斯科沙尼雅夫斯基群众大学举办了俄国最早的图书馆员短期讲习班,为期3 至 4 周,讲授图书馆学与目录学。著有《图书馆及其组织和技术》(1904)、《小型图书馆工作指南》(1911)。后者是一本有名的参考书,其修订本在十月革命后的苏俄曾多次重印。

【鲁巴金】

在俄国图书馆学家、目录学家中,最杰出的是 N. A. 鲁巴金(1862—1946)。他出身于商人家庭,其母喜欢收藏书籍。他本人曾就读于彼得堡大学,青年时代就开始搜集书籍。1907 年他在彼得堡的私人图书馆藏书约达 13 万册,并对市民开放。鲁巴金一生中著述极多,仅在杂志上刊出的论文即达 350 篇。

鲁巴金早年具有民粹主义思想,曾参加学生运动。1907 年,受沙皇政府迫害,出逃芬兰,藏书大多散失,其后在瑞士洛桑附近的克拉朗又建立鲁巴金文库,共收书约 8 万册。列宁在流亡时期曾见到鲁巴金,并阅读了他的藏书。鲁巴金去世后,据其遗嘱,全部藏书交给莫斯科国立列宁图书馆保存。他还曾在洛桑建立图书心理学研究所,这一方面的著作有《图书心理学入门》(1922)、《读者和图书的心理学》(1928)。

鲁巴金曾就下列问题作了研究与阐述:

1. 概述了图书在各阶层居民中的流通状况(《俄国读者初探》,1895),得出民众对于图书的需要与沙俄专制政策之间存在矛盾的结论。

2. 论证了自学教育的社会意义,并为辅导自学阅读而编撰了一部重要参考书即《书林概述》(1906),对大约 1.6 万册俄文及外文书籍作了系统的概述,书内收录许多马克思、恩格斯和列宁的著作。1914 年列宁在他所写的对该书的《书评》一文中,指出鲁巴金编撰此书是做了"一件极有价值的工作","其中特别珍贵的是,作者既没有排斥国外的出版物,也没有排斥遭到查禁的出版物,任何一个相当大的图书馆都必须备有鲁巴金先生的著作",同时也批评了鲁巴金对若干问题的观察是"采取了折衷主义的态度"(参看

《列宁全集》，人民出版社中文本，第20卷，第254—255页）。

3.对普通教育图书藏书补充、图书馆事业民主化、图书馆应成为宣传优秀文学和组织自学的基地、重视研究读者的兴趣以便作为指导阅读的必要前提等问题，提出了建设性的见解。

鲁巴金的观点不可避免地受到时代和阶级的局限，在考察问题时脱离具体的社会环境，不能科学地对问题进行全面的分析，但他的论述仍然具有一定的理论价值和实践意义。

第十三章　美国和加拿大

第一节　殖民地时期至内战前美国的
图书和图书馆

【清教徒移民的图书馆】

殖民地时期最先出现的图书馆是移民中的清教徒所建立的私人图书馆,藏书最多的不过数百册左右。到 18 世纪,主要的私人图书馆藏书量在 2000 至 4000 册之间。移民中的传教士还开办了教区图书馆,以 1699 年牧师 R. T. 布雷在马利兰州创办的图书馆为肇始,他曾组织"基督教知识促进协会",并通过它的帮助,在北美 13 个殖民地先后建立了近 40 所教区图书馆,共有图书 3.4 万册。

清教徒移民相当重视教育事业,到独立战争前共建立了哈佛学院、耶鲁学院等 9 所高等学校。这些院校学生为数不多,数十人至 200 人不等。图书馆藏书数量甚微,内容一般多以神学书籍为主,远远不敷学术研究的需要,而且每周只开放几个小时,使用率很低。以后发展为大型大学图书馆的,如哈佛大学图书馆,它以牧师约翰·哈佛于 1638 年去世后遗赠的一半财产以及 400 册图书为建馆基础。1723 年该馆印刷本目录收书约 3500 册。1764 年一场大火吞噬了它的大部分藏书,其后逐步恢复旧观,19 世纪 50 年代开始采用手写卡片目录,1866 年藏书 11.4 万册。

【图书出版】

殖民地时期也建立了印刷出版业。1639年马萨诸塞州出现了美国第一个印刷所,出版的第一本书是1640年出版的《海湾圣诗集》。1674年后,波士顿、费城、纽约陆续建立了印刷所。但是在相当长的时期内,图书主要仰赖从英、法等国进口。独立战争(1775—1783)前夕,13个殖民地已有报纸34家。战争爆发的那一年(1776),在费城出版了《宾夕法尼亚报》,这是美国最早的一份日报。该报当年7月10日头版曾刊载首次见报的开国文献之一《独立宣言》的全文。现在国会图书馆保存有该报的合订本,具有很高的史料价值。另一份重要出版物为资产阶级民主主义者、启蒙学者佩因(Thomas Paine,1737—1809)主编的《宾夕法尼亚杂志》,它在独立战争中显示了威力。佩因1776年所著的小册子《常识》畅销十几万册,成为革命的进军号角。

【富兰克林和自费图书馆】

自费图书馆为独具特色的一种图书馆,其创始人为独立战争领导人之一、电学家富兰克林(Benjamin Franklin,1706—1790)。他于1730年在费城组织了一个由手工业者和商人参加的俱乐部,由于辩论问题需要参考图书资料,遂将加入者的私人书籍集中使用。这个活动进行不过一年即告失败,但富兰克林毫不气馁,于1731年又在费城创建自费图书馆,该馆至今犹存。当时该馆以纳费者所交款项从英国购置一批图书,供纳费者阅读并允许借出,对未纳费者也适当开放。该馆读者以有产者为主,常去的读者包括20名商人。其藏书曾为制订美国宪法的大陆议会议员参考。富兰克林热心致力于图书馆工作,曾建立哲学学会图书馆,赞助若干学校、医院设置图书馆。他还在费城建立了印刷所,用手工印刷书籍,每本书可印100册左右。

以费城为先例,各地纷起仿效,先后约有 12 所自费图书馆建立起来,但在独立战争时期大多被毁,战后才获得新的发展。

【公共图书馆的普及】

国家的独立,经济、教育、科学的进步,为图书馆事业增添了活力。这个时期图书馆界的重大事件如下所述。

1. 图书馆地区的扩大和学区图书馆的建立。独立战争后,大量东部居民向西部开拓,形成西进运动。人们把学校、印刷厂、图书和小册子带到西部。到 19 世纪中期,仅旧金山一地即有 50 家印刷厂,建立了几所图书馆。这样一来,图书馆由东部沿海逐渐扩及到太平洋沿海地区。

政府及立法机构逐渐认识到图书馆是推广教育的一个重要场所,开始采取法律手段设置学区图书馆。1835 年纽约州议会制定一项法律,通过以征税作为筹建学区图书馆的经费,1888 年授权州政府拨出专款为学校添置图书。但这些学区图书馆由于领导乏力,管理不善,而一时收效不大。

2. 公共图书馆广泛建立。1833 年,新罕布什州彼得博罗镇的公共图书馆为美国公共图书馆的发轫。1848 年马萨诸塞州议会制订了批准建立波士顿公共图书馆的法案,比 1850 年英国议会通过的公共图书馆法案早了 2 年,但前者是地方性的,而后者是全国性的。波士顿公共图书馆于 1852 年由州议会拨款建立并于 1854 年开放,是美国第一所规模较大的公共图书馆。它向读者提供普及性和专业性书籍,免费向公共开放。1858 年藏书 7 万册,另有小册子 1.7 万多册。朱厄特(Charles Coffin Jowett, 1816—1868)于 1858 年任该馆馆长直到去世,其间藏书发展到 15 万余册,规模仅次于国会图书馆。继任馆长为温泽(Justin Winsor, 1831—1897),他于 1868 至 1877 年负责馆务,以经常更多更好地为读者服务作为工作指针,大量收藏小说类图书;缩减借阅人的年龄限制,实行星期天开馆制;建立排架目录与借书预约处;出版书目题解;新建6所分馆,扩大服务范围。因此,总馆及分馆的年流通量1868年为17万册,到1877年增至114万册(1877年藏书量为30万册),在全国名列第一。温泽以1877年起出任哈佛大学图书馆馆长,1870年参加创建美国图书馆协会,为第一任会长,积极推动图书馆事业的开展。

以波士顿公共图书馆为榜样,各地竞相建立图书馆,如辛辛那提(1856)、底特律(1865),芝加哥(1873)等馆。到19世纪90年代,公共图书馆已在各州和地区普遍建立。各州还建立了图书馆委员会以推动工作。在各个公共图书馆中,芝加哥图书馆后来居上,它因普尔(William Frederic Poole,1821—1894)的有力领导而成绩卓著。

普尔于1851年任波士顿图书馆助理馆长,1852年在波士顿一个小型的商业图书馆任馆长。1853年编制了涉及约200种杂志的期刊索引。1856至1868年任波士顿公共图书馆馆长,改善馆舍及服务工作,培养了一些优秀的馆员。1871年任辛辛那提公共图书馆馆长,创造性地按主题整理出一批工商业实用图书,供应市民需要。1874年任芝加哥新建成的公共图书馆馆长,任内积极提高图书馆外借流通量,1875年全年达40万册之多,在全国仅次于波士顿公共图书馆。他具有丰富的办馆经验以及图书馆工作与目录学的渊博知识,1876年写出被视为当时图书馆管理理论与实践的佳作《公共图书馆的组织与管理》。1877年出席伦敦国际图书馆员会议并任副主席。1882年编出《普尔期刊文献索引》,备受赞扬。1885至1887年任美国图书馆协会主席。

上述公共图书馆的设置,反映了美国在当时工业化已开展的情况下,市民需求知识的愿望,尤其是大批青年从农村涌入城市,他们需要书籍,或用以渡过业余时间,或用以提高文化,走自我奋斗需求职业的道路。

【国会图书馆的诞生】

1800 年,国会图书馆在首都华盛顿建立,从此即在美国社会生活中占有十分重要的地位。它原只为国会议员服务,后来承担着国家图书馆的重任,逐步发展成为今天世界上最大的图书馆之一,与不列颠图书馆、法国国家图书馆、苏联国立列宁图书馆及中国北京图书馆并列巅峰。

独立战争时期,议员可以依靠费城图书馆查阅所需的图书资料。战后,首都由费城迁往华盛顿,建立一所为国会服务的图书馆势在必行。民族自豪感与建立美国文化传统的愿望也催促着该馆的诞生。正如后来担任该馆馆长的乔治·沃特斯顿在 1815 年所说,欧洲所有文明国家都有国家图书馆,而且受到各国政府的充分的重视,美国国会或国家图书馆理应"成为世界文献的巨大宝库"。

国会图书馆从建立到内战前夕,除个别时期遭到兵灾之祸或因领导不力而停滞不前外,总的说来,馆务有较大的发展。主要原因是:

1. 行政与立法部门的重视。国会图书馆系由约翰·亚当斯总统批准成立。1802 年由托马斯·杰斐逊总统批准的法案,确定了该馆任务与职能,明确该馆为正副总统及国会议员服务,馆长须由总统任命。随后于 1806 年拨出专款购买图书。1846 至 1859 年该馆获得缴送本权。

2. 注重馆藏建设。建馆之初图书不到 1000 册,后增为 3000册。1812 至 1814 年英美因争夺殖民地进行了继美国独立战争之后的第二次战争。1814 年一度占领华盛顿的英军纵火焚烧了国会大厦,致使馆藏 3000 册图书付之一炬。当时已告老还乡的政治家托马斯·杰弗逊因债台高筑,愿将其私人藏书 6400 余册售出,经国会收购,得以重新开馆。这批购来的书籍包括哲学、历史、地

108

理、自然科学、文学等方面。以后又添置法律书籍及公开发行的官方文献。尽管 1851 年 12 月再遭回禄之灾,损失图书 2 万册,约占馆藏的 2/5,但经国会拨出巨款购书和学术团体的捐赠,又逐步恢复活力。

第二节 内战后至 1914 年前的美国的图书和图书馆

【科技情报工作的活跃】

1861 至 1865 年美国内战以北部获胜并取消黑人奴隶制而告结束,导致 19 世纪晚期美国出现了一个经济、科技与教育发展的狂飙时期。许多高等院校成为全国或地方性的科研与生产技术的指导中心。科学技术学会纷纷出现,1884 至 1912 年,仅全国性各种机械工程学会与工程师学会即建立 5 个。1876 年建立的化学学会在掌握化学情报、出版一次与二次文献杂志方面均在世界上名列前茅。1884 年创刊的《工程索引》与 1907 年创刊的《化学文摘》至今仍是世界上权威性的情报刊物。

【图书出版】

1805 年,罗伯特·霍伊在纽约出售新式印刷设备。他创制的卷筒纸两面印刷机在 1870 年展出,每小时可印报纸 1.8 万张。1884 年奥特马·麦根塞勒发明铅版铸造排字机,使排字速度比手工操作提高两倍。印刷技术的巨大进步使印刷商能出版更多的图书。这个时期,书籍出版数字迅速增长,这点可从版权登记数字上反映出来,1871 年为 12688 件,1901 年为 92351 件,1913 年为 119459 件。

【国会图书馆的跃进】

19 世纪末至 20 世纪初，国会图书馆获得进一步的发展，表现在以下几个方面：

1. 迁移馆址。因藏书量猛增，原馆舍不敷应用，于 1897 年迁至现所在的国会大厦附近的新址。新馆是一座花岗石大楼，按意大利文艺复兴时代的建筑风格建造，结构宏伟，大厦圆顶金碧辉煌，加强了国会图书馆的形象。

2. 国内地位提高。西奥多·罗斯福总统任内决定，总统文件保管权由国务院移交国会图书馆。1914 年获准创建立法参考部，开始承担立法参考服务的职责。1921 年三部重要的美国开国文献即《独立宣言》、《美国宪法》与《人权法案》由美国档案馆移交国会图书馆，参观者络绎不绝。

3. 扩大馆藏。1870 年版权法规定将全国缴送本与版权登记的权力集中于该馆，从而为扩大馆藏作出切实的保证。该馆还注意向国外采购图书，包括印地文、俄文、日文等原先缺乏的图书。同时向美国驻外使节提出向该馆邮寄外国报刊等出版物的要求，收到实效。此外，与各国图书馆建立交换图书制度，互通有无，加强了国际联系。

4. 《美国国会图书馆分类法》的制订。首订于 1897 年，屡经增订，于 1901 年正式发表。它是在展开式分类法影响下改编而成的大型排架分类表。其特点为将各种类目构成一个等级系统，采用英语字母表对大类进行划分。

5. "目录卡片"的编制。1902 年起编制该馆藏书的印刷目录卡片，载有完整的著录事项、该馆分类法和杜威十进分类法两种分类号以及卡片号。此种卡片对外发行，不仅美国国内出版书籍一般均印有这种卡片号以利订户，而且也受到国外欢迎，被争相仿效。

国会图书馆工作之所以取得令人瞩目的进步,名符其实地承担了国家图书馆的重任,主要是不仅由于建馆时期即已存在的有利因素继续发挥着作用,而且还在于这一阶段又增加了以下的有利因素:其一是馆长权力进一步加强。法律上明确规定,由总统任命的国会图书馆馆长候选人须经参议院批准;馆长拥有相当大的行政管理权和自主权。其二是遴选贤才担任馆长。以下两位馆长对国会图书馆做出过突出的贡献。

1.斯波福德(Ainsworth Rand Spofford,1864—1897),图书馆学家。1864年当内战进行之际,由林肯总统任命为馆长,任职达32年之久。任内促使国会于1865年拨款扩充国会图书馆;同年使该馆再次获得缴送本权;扩大藏书量,并于1867年通过国际交换图书的决议;扩大服务范围,延长开馆时间,每晚及周末均向读者开放。

2.普特南(Hebert Putnam,1861—1955),图书馆学家。经美国图书馆协会主席威廉·柯立芝·雷恩提名,总统麦金利任命。1899至1939年任馆长共40年,是馆长任职时间最长者。他的主要贡献为:(1)扩大馆的机构,增加人员编制,由原有的134人增至近400人。使经费得到增加,由1899年16万美元增为1908年的50万美元。提高待遇,例如馆长年薪达到6000美元。(2)争取总统向全国宣传国会图书馆的重要性。经他请求,西奥多·罗斯福总统于1901年12月3日在国情咨文讲话中,明确该馆是"美国的一个国家图书馆",它"能为全国图书馆界以及美国学术界提供最重要的服务"。(3)大幅度增加藏书量,由90万册增至170万册,几乎翻了一番。同时,发行和印刷目录卡片,使编目加工走向集中化。总之,普特南的建树使国会图书馆工作出现了新面貌,其成就与A·帕尼齐在不列颠图书馆的成就不相上下。

【其他类型图书馆的发展】

在这一时期,公共图书馆进一步发展起来。纽约公共图书馆于1895年建立,该馆由于得到钢铁业大资本家安德鲁·卡内基(1837—1919)的520万美元馈赠,得以在市内遍建分馆。其中心馆于1911年5月开放,藏书120万册。

大学图书馆一直到19世纪80年代才获得正常经费。当时,图书馆建筑设计有所改革,如1897年新建的哥伦比亚大学图书馆,形式大致上与不列颠博物馆图书馆相同,即馆中央为一个高大的圆形阅览厅,四周环以多层书库,出纳台居于其中。但是这种形式存在着浪费空间等缺点,未被推广。哥伦比亚大学还从1911年起任命女图书馆学家马奇(Isadore Gilbert Mudge,1875—1957)为参考馆员,开始建立参考部,使参考服务工作进入一个新阶段,从而扩大了图书馆服务的范围并加深了其内容。

科技图书馆也有所增长。1895年开放的匹兹堡市卡内基图书馆附设有科技书刊阅览室,1902年改为该馆的分馆。1902年辛辛那提公共图书馆设有工艺阅览室。1911年纽约公共图书馆设立了科学技术部。

第三节　美国图书馆学教育和图书馆界的动向

【梅·杜威】

梅尔维尔·杜威(Melvil Dewey,1851—1931)是著名的图书馆学家,现代图书馆学教育的先驱。1874至1876年在原就读的阿默斯特学院图书馆工作。1876年为美国图书馆协会创建人之一,此后长期领导该会。同年创办《图书馆杂志》并任主编直到1880

年。1883年任哥伦比亚学院图书馆馆长。1888至1906年任奥尔巴尼的纽约州立图书馆馆长。

杜威以其丰富的图书馆学知识和工作经验为图书馆学教育做出卓越的成绩。继德国学者齐亚茨哥于1886年在格丁根大学举办图书馆学讲座与研究班之后，杜威于1887年在哥伦比亚大学举办图书馆学院以培养图书馆专业人员，招收学生20人，其中17人为女性，学习期限为4个月。1889年该校迁入奥尔巴尼的纽约州立大学图书馆内，这个学院即今日该校图书馆学情报学院的前身。杜威和齐亚茨哥的讲学使图书馆学登上大学讲坛，在世界图书馆历史上为有计划地科学地培养图书馆学专门人才迈出了重要的一步。

杜威留下的宝贵的精神财富为"杜威十进分类法"（简称DDC）。他在1976年发表的《图书馆图书及小册子编目排架用的分类法及主题索引》一书中对此加以描述。1885年该书第2版改为《十进分类法及相关索引》，为十进分类奠定了基础。它的特点是：采用从零到九的十进制等级分类体系；标识符号全用阿拉伯数字，具有伸缩性；大类下面可以逐项细分；附有分类表及"相关索引"以利使用。这种分类方法虽然不是尽善尽美，但简易明确，比当时一些国家的图书馆采用的布鲁纳分类法、培根分类法远为优越，适应了图书骤增、急需科学分类以及便利检索的实际需要，在实践中颇受欢迎。这部在西方出现的第一部现代图书分类法经过多次争论，被大多数公共图书馆及学校图书馆（在现今美国约为96%）所采用。至今仍为世界上使用最为广泛的一部分类法。1989年已出版第20版，被译成35种文字。

梅·杜威的图书馆学思想在美国图书馆界长期占有优势地位，在国际上也有很大的影响。这固然与梅·杜威在图书分类及培养图书馆人才的实际活动中作出卓越贡献有着密切的联系，但还有一项因素不可忽视，即由于后来盛行于美国的实用主义哲学的推波助澜而使其日益广泛流传。我们知道，19 世纪末 20 世纪初美国资本主义进入帝国主义，为适应垄断资产阶级的需要，1878 年由查尔斯·皮尔斯(1839—1914)首先表述的、继而以约翰·杜威(John Dewey，1859—1952)为代表的实用主义应时而生，并成为美国一个重要的哲学流派。实用主义最大特征为把人们的认识局限在经验的狭小天地之内，以获取效果为最高目的，至于思想、概念、理论都只是被视为人们为了达到某种预期目的而设计的工具。一言以蔽之，实用主义认为有用即真理。那么，梅·杜威的观点又是如何呢？

　　梅·杜威深受英国公共图书馆运动的先驱爱德华·爱德华兹思想与活动的影响，1877 年 3 月，梅·杜威在写给爱德华兹的信中写道："在若干重要观点上，我完全同意您的见解而不同意我国大多数图书馆员的见解。"梅·杜威本人的观点见于 1876 年他在著作中的主张："不追求什么理论上的完整体系，而只求从实用的观点去设法解决一个实际问题，"并进而申言："哲学上的理论和正确性都让位给实际的效用。"他的实践也证明他一生热衷于图书馆应用性课题的研究。正是这种讲究实际效用的观点成为他编制十进分类法的指导思想。可以说，他的思想与实用主义哲学是不谋而合的，从而助长了轻视理论的思想，在美国及国际上的图书馆界形成不利于理论研究的风气。对于这种现象，后来的巴特勒、谢拉等学者是持异议的。

【图书馆界的动向】

　　19 世纪晚期美国图书馆事业获得长足的发展。其中，1876 年是美国图书馆史上的转折点。这一年具有历史意义的重大事件有：杜威十进分类法的问世，美国图协的建立，《图书馆杂志》的创刊，《美国公共图书馆服务书》的出版。就整个这个时期美国图书馆界的活动来分析，其动向主要是：

1. 图书分类法相继问世。19 世纪 70 至 90 年代,在美国先后出现了哈里斯分类法(1870)、杜威分类法(1876)、卡特分类法(1891—1893)、国会图书馆分类法四种分类法。后三部在美国鼎足而立,被称为三大分类法,在国际上产生了广泛的影响。它们的产生反映了在美国公共图书馆不断涌现的情况下,亟需用科学方法和技术组织整理藏书以利读者使用的客观要求。

2. 现代图书馆学教育正式登上舞台。梅·杜威的教学实践活动,对于科学培养图书馆工作人员起了良好的带头作用,成为世界上许多国家图书馆学教育的兰本。

3. 参考工具书开始受到重视。参考服务工作不仅最先在美国由格林(Samuel Swett Green)于 1876 年提出,而且随后在大学图书馆和公共图书馆相继专设了参考部。1902 年克罗格(Alice B. Kroeger)编辑的《工具书学习与使用指南》开工具书之先河,随后,各种工具书接踵问世,说明在当时社会经济、文化教育发展的背景下,图书馆的社会教育职能又增添了参考服务这一项新的内容。

第四节　加拿大的图书馆

【国会图书馆和公共图书馆】

1763 年加拿大沦为英国的殖民地。1815 年在渥太华建立的国会图书馆,其历史可上溯到 1792 年。该馆于 1855 年火灾之后重建,1882 年藏书近 10 万册,20 世纪初期增至约 25 万册,内容以法学著作为主。在 1953 年国家图书馆建立以前,国会图书馆实际上起着类似国家图书馆的作用,但服务对象仅限于国会议员、职员及一部分政府官员。

1867 年加拿大获得自治。此后,随着教育的发展,公共图书馆逐渐增多,均置于各省立法机构的管理之下。到1909年,仅安大略省即有公共图书馆131所。多伦多公共图书馆藏书最多,达15万册。

【大学图书馆】

比较有名的为以下三所:1.麦吉尔大学图书馆。1821年麦吉尔学院在蒙特利尔建立。1823年,由当地医学协会设置了医学图书馆,尔后成为该学院的一部分。1855年开始有了购书预算,用以购买科学及文学书籍。到1893年藏书达3.7万册。2.拉瓦尔大学图书馆。建于1852年,其1.5万册藏书来自旧耶稣会学院(1635)和魁北克神学院图书馆,藏书数由1863年3.5万册上升到1888年10万册。3.多伦多大学图书馆。1827年作为皇家图书馆而建立,1849年改为现名时,大部分早期的藏书被转交三一学院。1890年2月的一场火灾使馆舍及3万册藏书化为灰烬。后经过"图书馆复建委员会"的积极工作,征集到近3.1万册图书和5000本小册子,使新馆得以在1892年正式开放。

第十四章　北欧国家

第一节　丹麦的图书馆

【皇家图书馆】

设在哥本哈根的皇家图书馆,为国王腓特烈三世(1609—1670)于 1665 年所建。1670 年藏书 2 万册,1697 年获缴送本权。18 世纪成为国家图书馆。18 世纪末至 19 世纪为其"黄金时代",藏书骤增,馆务显著开展。尤其是 D. G. 莫尔顿哈沃在 1788 至 1823 年馆长任内做出了优异成绩。莫尔顿曾就读于德国格丁根大学,后来遂以该校图书馆为标准,进行改革,对馆藏外文图书重新合理地排架以利借阅;编制了手写本分类目录,计 192 页。1793年该馆对公众开放。1901 年,兰格(Hans Ostenfeld Lange,1863—1943)任馆长后,馆务进一步发展。1906 年藏书达 8 万册。皇家图书馆在 19 世纪中期以前与哥本哈根大学图书馆并行发展,后来则互相协作,而且有所分工。

【公共图书馆】

19 世纪末至 20 世纪初,丹麦公共图书馆运动开展得颇具成效。1905 年成立了公共图书馆协会,1907 年全国已约有 50 所公共图书馆,其分馆与借阅点遍布各地。其中规模最大的是丹麦第二大城市奥尔胡斯的公共图书馆（1902），1919年藏书20万册。这些成绩的取得首先是由于教育的发达。早在1814年，丹麦政府颁布了初级小学法案，实行强制初级教育。到1880年，普及教育进一步完善，提高了广大群众的读书兴趣。其次是由于斯廷柏格（Andress Sophus Schack Steenberg，1854—1929）与兰格的热心倡导。斯廷伯格从大学毕业后，在中学任教，当选为市议员，并先后在拉丁语学校和韦勒公社兴办图书馆，担任丹麦文化部所辖群众图书馆补助金委员会委员。1895、1902年先后赴英、美考察，就图书馆目标、组织与方法进行研究，考虑如何使图书馆切合本国的需要。回国后，1903年任赫尔辛基市中学校长，同时鼓吹图书馆运动。他曾于1900年创办《群众图书馆杂志》，着重介绍国外图书馆情况。同年还著有小册子《学校和图书馆》。1909年出任丹麦图书馆委员会（1920年改为国家图书馆局）委员、丹麦图书馆主管人兼视导员，参与领导全国图书馆工作。

兰格原就读于哥本哈根大学，攻读埃及学。1885年起在皇家图书馆工作。1887、1893年先后赴柏林、伦敦，研究中世纪版本，并调查图书馆。1901年任皇家图书馆馆长，为充实馆藏付出了很大的努力。1909年8月在奥尔胡斯的大众图书馆展览会上发表的讲演中，力主仿效英、美，兴办图书馆以便于普及文化；强调建立各级学校图书馆体系及以中心图书馆为核心的图书馆网的必要性。

经斯廷伯格的极力提倡与呼吁，兰格的积极配合，加上他们都在国家图书馆委员会担任领导工作，从而促使丹麦政府对图书馆的作用加深了认识。1913年，哥本哈根建立了中心图书馆并在市内各区遍设分馆，采用杜威十进分类法对图书进行分类，收效良好。1914年在政府资助下，在霍鲁贝克与韦勒两地的图书馆进行推广服务的试验，促进公共图书馆的普及。

【大学图书馆】

大学图书馆主要有:哥本哈根大学(1479)图书馆,1482 年创立,曾从 1536 年宗教改革没收的教会财产中获得一批书籍与手抄本。1728 年大火使馆藏损失殆尽,此后重建。

设在奥尔胡斯的州立及大学图书馆,1897 年经议会决定建立,于 1902 年开放,并于同年获缴送本权。其主要藏书为皇家图书馆等馆的副本。

第二节 瑞典的图书馆

【皇家图书馆和大学图书馆】

根据皇家法令规定,下列三所图书馆拥有储存版权著作的权利:皇家图书馆、乌普萨拉大学图书馆、隆德大学图书馆。它们获得此项特权的年份分别为 1661、1692、1698 年。

设在斯德哥尔摩的皇家图书馆,建于 16 世纪中期,曾从被关闭的修道院图书馆获得许多书籍。女王克里斯蒂安在位期间(1632—1654),虽对该馆图书予以维护,但她退位去罗马时却带走了许多珍本,后来都赠给了梵蒂冈图书馆。在克里斯蒂安的继承人查理十世(1654—1660 年在位)的协助下,皇家图书馆开始恢复。1661 年获缴送本权。1697 年因火灾损失了图书及手稿 75%,残存图书 6826 册,手稿 283 件。此后扩充收藏,1900 年藏书达 30 万册。

乌普萨拉大学及隆德大学在欧洲为一流大学。乌普萨拉大学(1477)图书馆于 1620 年创办。国王古斯塔夫·阿道夫从瑞典中世纪主要的图书馆如斯德哥尔摩的弗兰西斯修道院图书馆等处拨给该校一批图书。三十年战争期间,瑞典从德意志等国掠取大量书籍、手稿,其多数划归乌普萨拉大学所有。到 1700 年藏书达 3 万册左右,以外文图书为主。隆德大学图书馆创立于 1666 年,其历史可上溯到中世纪,从以前的丹麦大教堂教士团体接受了书籍及手稿。

【公共图书馆和专业图书馆】

1766 年瑞典政府颁布的出版自由法令以及 1842 年初等教育法,刺激了公共图书馆的发展。

1800 年左右,开始了建立公共图书馆的运动。它的发展仰赖私人与社区的支持,也得到政府的资助。到 1900 年,全国公共图书馆及学校共计有 7500 个借阅点。每个市都设有一所中心图书馆,指导与辅助各个小型图书馆工作。1911 年还建立了现代化的儿童图书馆。

18 世纪晚期,出现了若干所专业图书馆,如设在斯德哥尔摩的国家历史博物院图书馆(1786)、皇家科学院图书馆(1784)、植物园图书馆(1791)等。19 世纪早期,工业技术图书馆兴起,其中最著名的为设在斯德哥尔摩的皇家工学院图书馆(1826)以及设在哥德保的查默斯技术大学图书馆(1829)。专业及技术图书馆出现较早而且为数不少,这是瑞典图书馆的一个鲜明特色。

第三节　挪威的图书馆

【公共图书馆】

公共图书馆出现于 18 世纪末期。一些教士和公务人员在教区举办图书馆以利于公众的生产和坚定宗教信仰,因而藏书大多数是农业及宗教方面的文献。

奥斯陆的德切曼图书馆是挪威最大的公共图书馆。以铁工厂厂长卡尔·德切曼(1705—1780)于1780年捐赠的私人藏书6000册为基础建立,1785年开放。该馆虽具有公共服务的历史传统,但到了尼赫斯(H. Nyhuus)担任馆长后才有大的起色。他曾在美国接受图书馆学教育,于1898年对该馆馆藏重新用杜威十进分类法进行分类编目,并建立了开架借阅制度。

19世纪末,类似尼赫斯这样的一些去过美国的挪威人,目睹美国公共图书馆的兴盛,回国后力促公共图书馆的改进。有些公共图书馆甚至按美国卡内基图书馆的风格建造。一些挪威人被派到美国图书馆学习,以至梅·杜威的图书馆思想直到1940年挪威图书馆学校建立时,仍一直在挪威图书馆界占据支配的地位。

20世纪初期,公共图书馆随着1905年公共图书馆法的制订,获得较大的进展。1910年,城市公共图书馆约为800所。

【大学图书馆】

奥斯陆大学图书馆建立于1811年,为挪威及丹麦国王弗雷德里克六世所建。建馆之初,正当挪威面临瑞典威胁,国势危急之际,因而创业艰难,最初图书很少。1813年该校一个教授曾在一封信中指出该校书籍奇缺,他手头仅有7本书,甚至做笔记和摘录也须返回哥本哈根。但他也提到德切曼图书馆(当时藏书不足1万册)尚可供大学师生使用。

奥斯陆大学图书馆后来承担了国家图书馆的职能。从1815年起(1839—1882年除外)长期享有缴送本权。

第四节　芬兰、冰岛的图书馆

【芬兰】

芬兰长期处于外国势力控制之下，芬兰语被列为第二语种，没有用芬兰语印刷的书籍，居民文化素质不高。第一所公共图书馆在1860年建于赫尔辛基，但各个公共图书馆均藏书有限，内容偏重宗教及实用学科。

大学图书馆主要为赫尔辛基大学图书馆，它是该大学的研究图书馆，同时承担国家图书馆的职能。该馆原于1640年建于奥布（今图尔库），1707年起获得芬兰语出版物的缴送本权。1828年该馆迁至赫尔辛基。在芬兰改属俄国后，1820至1917年又获得俄语出版物的缴送本权。1857年馆藏10万册，1910年增至约40万册。

【冰岛】

公共图书馆起源于18世纪晚期的读书会。第一个读书会建于1790年，称为冰岛南方图书馆与读书会。19世纪，读书会已遍及全国。有些读书会后来发展成为正式的图书馆，如1869年在首都雷克雅未克建立的读书会，后演变为该市公共图书馆。

1818年在首都建立了冰岛国家图书馆，由一个教区图书馆发展而来。

第十五章　欧洲其他国家

第一节　匈牙利的图书馆

【国家图书馆和公共图书馆】

17 世纪晚期,民族感情日趋强烈,导致收藏匈牙利文书籍及有关匈牙利著作的国家图书馆的建立。1802 年,费伦茨·塞琴尼伯爵(Ferenc Szechenyi,1754—1820)捐赠私人藏书 1.5 万册,手稿 3000 份,以英、德图书馆为楷模,建立了国家图书馆,次年 8 月开放。在爱国思想的鼓舞下,社会人士纷纷向该馆捐赠私人藏书。1840 及 1848 年立法机关先后通过版权复本法,使该馆获得匈牙利出版的每一种著作的复本。1846 年,国家博物馆在佩斯建成,国家图书馆迁入其内并与之合并。到 19 世纪 50 年代,藏书增加 10 倍之多,大部分来自捐赠。1902 年国家图书馆藏书 35 万册。

公共图书馆中最重要的是设在布达佩斯的埃尔文·绍博市立图书馆,建于 1904 年。在首任馆长埃尔文·绍博(Ervin Szabo)领导下,发展为一所以英、美图书馆为榜样的图书馆。设有 5 所分馆,广征资料,注重读者服务。1914 年流通量达 19 万册。

【大学图书馆和专业图书馆】

1635 年,布达佩斯的以物理学家洛兰德·厄特沃什命名的大学图书馆建立。藏有从土耳其征服者手中抢救出来的珍贵文献。

匈牙利的专业图书馆出现较早。1735 年创建的塞尔梅克矿业学院图书馆是世界上早期专业图书馆之一。规模最大的是科学院图书馆,1825 年建院后,翌年建立图书馆。首任院长约瑟夫·特里基伯爵捐赠其家族的藏书 3 万册,成为建馆的基础。1840 年获得收藏匈牙利出版物的复本权。1833 年该馆开始进行图书国际交换,最先与之合作的为美国费城哲学学会。通过这种途径,丰富了馆藏内容。

第二节　波兰、捷克斯洛伐克的图书馆

【波兰扎卢斯基图书馆】

波兰在亡国之前,从 16 世纪初开始,许多王公贵族拥有私人的图书馆。最著名的私人图书馆为 A. S. 扎卢斯基(1696—1758)和 J. A. 扎卢斯基(1702—1774)兄弟两人在华沙所建的图书馆,馆藏丰富,包括 20 万种书籍、手稿、地图及图片,1747 年捐献给政府,对公众开放,成为国家图书馆。1790 年藏书达 40 万册,是欧洲最大的图书馆之一,1794 年沙俄占领华沙,次年俄国女皇叶卡特琳娜二世下令将该馆图书悉数运往彼得堡,成为俄国帝国图书馆的基本藏书。但由于缺乏妥善的保管,损失很多。其中一部分由于 1921 年里加条约的签订而于 1922 至 1934 年间被波兰国家图书馆收回。

【波兰的公共图书馆和大学图书馆】

19 世纪末期,在华沙、波兹南、卢布林等大城市陆续出现了公共参考图书馆。

124

大学图书馆中,主要有克拉科夫大学伽格仑图书馆(1634),因伽格仑组织该馆而得名。华沙大学图书馆(1817),于1819年获得法定缴送本权,1830年馆藏图书1343余册,手稿2000件。同年波兰起义失败导致该馆大部分藏书被俄国运往彼得堡。19世纪60年代该馆扩充,起着国家图书馆的作用。1894年藏书增至44万册。

【捷克斯洛伐克的图书馆】

1836年在马丁建立了斯洛伐克图书馆,它曾为建立斯洛伐克文学语言、收集与保护斯洛伐克历史文献作出贡献。这在当时实际上是一种具有民族意识的进步工作。

布拉格大学图书馆起源于1348年创建的查理大学图书馆。1366年该校图书馆的首批藏书仅48册,为该校创始人查理四世(1355—1378年在位)赠给。1777年对公众开放。

第三节　罗马尼亚的图书馆

【宫廷图书馆】

18世纪,最有名的宫廷图书馆为学者兼外交家亚历山大·马弗罗科尔达特所创办的马弗罗科尔达特图书馆,设在布加勒斯特附近的瓦卡雷斯弟修道院内,盛时藏书达50万册。其子尼古拉·马弗罗科尔达特也是一个学者,颇具目录学知识,1709到1730年为摩尔多瓦与瓦拉几亚大公时,曾派出使者奔赴君士坦丁堡、亚历山大城等地为该馆搜寻图书、手稿,不惜重金购买,以致法国皇家图书馆派出的购书使者在一份报告(1729年4月16日写于巴黎)中承认无力与之抗衡。亚历山大·马弗罗科尔达特之侄康斯坦丁・马弗罗科尔达特继任摩尔多瓦与瓦拉几亚大公（1730—1769，间有断续）时，曾对该馆图书予以保护。后因被废黜与囚禁，为赎取自由并谋重登王位，于是售出该馆大部分图书及手稿，剩余部分或被俄军劫往彼得堡，或被老鼠咬坏。

【修道院图书馆】

当时，修道院图书馆也遭到外国入侵者的破坏。年代史编者切扎尔・德蓬塔指出："1737年9月12日，土耳其人在瓦拉几亚的特尔戈维什泰城纵火烧毁古老的天主教教堂，抢劫修道院图书馆，许多载有书籍的马车穿过多瑙河奔驰而去。在摩尔多瓦，鞑靼人于1687年烧毁古老的天主教管区和特里斯费蒂泰莱教堂，洗劫与破坏一空。"

【大学图书馆和专业图书馆】

库扎王朝（1859—1866）实行了政治、经济、文化改革。1864年国民教育法规定实行四年制初级教育。大学教育受到重视，建立了下列几个大学图书馆：（1）雅西大学图书馆（1860），其前身为瓦西里—卢普学院图书馆，因瓦西里—卢普大学捐献图书而得名。雅西大学图书馆1864年改为国家中心图书馆，但主要为该大学服务。（2）布加勒斯特大学中心图书馆，创办于1895年。（3）克卢日大学中心图书馆创办于1872年，第一次世界大战前馆藏达3.1万册。

专业图书馆为1867年建立的罗马尼亚科学协会图书馆。该会于1879年改名为罗马尼亚科学院，为全国科学人才荟萃之地。科学院图书馆由于私人捐赠而使藏书数量大增。1885年获缴送本权。

第四节 保加利亚、南斯拉夫和希腊的图书馆

【保加利亚国家图书馆、专业图书馆】

根据 1878 年柏林条约,保加利亚领土分为两部分:其一为独立的保加利亚公国,首都为索菲亚。其二为南部东鲁梅利亚,得到一部分自治权,首都为普罗夫迪夫。两个首都均建有国家图书馆。

1. 设在索菲亚的保加利亚国家图书馆(1878),又名西里尔与梅索迪乌斯国家图书馆,为纪念西里尔(826—869)与梅索迪乌斯(815—885)而得名。他们是学识渊博的修道士,曾在保加利亚人中进行皈依基督教的活动,发明西里尔字母。

2. 设在普罗夫迪夫的伊凡·瓦佐乌国家图书馆,于 1882 年开放。1885 年 9 月,爱国者在普罗夫迪夫推翻土耳其总督,宣布东鲁梅利亚与保加利亚重新合并,该馆改名为普罗夫迪夫国家图书馆。

专业图书馆为 1869 年在布勒伊拉建立的保加利亚文学社图书馆。该馆于 1879 年迁至索菲亚,1911 年改为保加利亚科学院中心图书馆。

【南斯拉夫的国家图书馆和大学图书馆】

设在贝尔格莱德的国家图书馆于 1832 年建立。它原为地方性图书馆,但承担国家图书馆的职责,并开始接受缴送本。19 世纪 50 年代,在图书馆专家达尼契奇(Duro Danicic)负责馆务时,该馆被命名为国家图书馆。19 世纪晚期曾先后隶属于教育部、博物馆与塞尔维亚科学院。1901 年国家图书馆法案对该馆的职能及组织作了调整。第一次世界大战时遭到破坏,战后重建。

大学图书馆如贝尔格莱德大学,前身为 1844 年建立的塞尔维亚书院,其图书馆建于 1863 年。卢布尔雅那大学由一所教会学院发展而来,其图书馆建于 1774 年,1790 年藏书为 1.9 万册。1791 至 1850 年归卢布尔雅那学会管辖,1794 年对公众开放。1850 至 1918 年更名为大学图书馆。

【希腊国家图书馆】

1828 年在埃伊纳岛上建立,最初藏书仅有 1844 册,大多数由参加希腊独立战争者捐赠。1834 年迁往雅典,成为近代希腊第一所公共图书馆,藏书 8000 册,同年获得法定缴送本权。1842 年与大学图书馆(1838)置于同一个行政管理系统之下。1866 年王室法令规定两馆合并,命名为希腊国家图书馆。

议会图书馆于 1846 年建于雅典,主要对议员提供研究及外借服务。1854 年遭火灾的重创,1875 年重建,设在旧议会堂即现今的希腊民族学博物馆内。

第五节　意大利的图书馆

【国家图书馆】

国立佛罗伦萨中央图书馆在意大利图书馆中占有重要地位,于 1714 年由马里亚贝基(Antonis Magliabechi,1633—1914)建立。他曾为塔斯卡尼公爵的图书管理员,是著名的藏书家,后将个人藏书 3 万册及手稿 3000 件悉数捐出,1747 年以马里亚贝基图书馆名义对公众开放。1861 年意大利实现统一,新王国定都佛罗伦萨,该馆遂与塔斯卡尼公爵的帕拉蒂那图书馆合并为国家图书馆,1885 年定名为国立佛罗伦萨中央图书馆。与该馆并驾齐驱的有国立罗马中央图书馆,又名维托里奥·埃马努埃莱二世图书馆,于1875 年建立,最初藏书 12 万册,主要来自于 1873 年对罗马宗教机构藏书的剥夺。根据 1886 年法令,佛罗伦萨及罗马两馆都获得缴送本权。

那不勒斯图书馆于 1734 年由波旁王朝的查理三世(1759—1788 年在位)建立,1804 年以那不勒斯王室图书馆名义对公众开放。1816 年及 1860 年先后更名为波旁图书馆及国家图书馆。

【公共图书馆】

第一所公共图书馆为米兰的安布罗西纳图书馆,该馆以拉丁教会的创始人、米兰保护圣徒圣·安布罗斯(St. Ambrose,约339—397)之名命名,由米兰主教、目录学家 C. F. 博罗米亚(1564—1631)创办,并以其私人捐赠的藏书为基础,于 1609 年对公众开放,有印刷本 3 万册,手稿 2 万件。开馆后又陆续收到不少捐赠。但在拿破仑统治时期,珍藏大多遭劫,其后多数归还。到 1887 年,印刷本达 14.6 万册。

【教会图书馆】

19 世纪 60 年代,修道院每况愈下,许多藏书流入公共图书馆。同时,贵族、富商、高级教士的私人藏书及其生前或死后,大多散佚或转归公共图书馆所有,以致公共图书馆数量与馆藏均见上升。1908 年,仅小型公共图书馆与民众图书馆已约有 300 所。至于梵蒂冈图书馆,因其独特的地位,基本上未受到外界干扰,一直能持续发展,19 世纪 20 年代馆藏已逾 45 万册,另有手写本 5 万册。20 世纪早期已成为欧洲研究图书馆的先驱。

第六节　西班牙、葡萄牙的图书和图书馆

【西班牙的禁书及反禁书斗争】

在西班牙,宗教裁判所的活动十分猖狂。18 世纪上半期,约 1 万人遭到它的迫害,其中被烧死者有 1000 多人。18 世纪晚期,宗教裁判所的禁书活动达到高潮,凡经审查而认为具有危险的作品,除查禁外,还处分作者。该所定期发行一本《禁书目录》,规定未经教会允许而阅读禁书者为犯罪行为,情节严重者开除教籍;知情不报者同罪。这种由天主教会定期发行的《禁书书目》,是阻碍进步文化发展的绞索,以至 18 世纪的印书数量甚至少于 16 世纪,而且出版的书籍也大都属于宗教性质。

封建社会的深重危机,促使爱国知识分子认真考虑国家的命运问题。尽管政府严禁,但法国启蒙思想家卢梭、伏尔泰、孟德斯鸠等人的著作仍以走私方式输入,并在"祖国之友爱国协会"(18 世纪下半期成立)的图书馆中陈列出来。狄德罗的《百科全书》也有许多人阅读。1785 年还出现了问世不久即被查禁的政治杂志《批评者》。

【西班牙国家图书馆】

1712 年菲利普五世(1700—1746 年在位)在马德里创办皇家图书馆,藏书约 8000 册,1716 年获得拥有出版物版权的特惠,1801 年馆藏增至 2 万册。1808 至 1814 年拿破仑侵略西班牙期间,该馆陷入半停顿状态。1836 年改称国家图书馆。1896 年馆藏逾 50 万册。1898 至 1912 年文学史家梅嫩德斯—伊—佩拉约(1856—1912)出任该馆馆长。他著有目录学、文学史等方面的作

品,其中以《西班牙的科学》(1878)最为著名。

【西班牙 1835 年改革和图书馆】

1835 年的改革对图书馆事业产生了深刻的影响。这一年,西班牙进步党领袖、银行家门狄沙巴尔(1790—1853)在首相任内,实行解散僧团、封闭修道院并没收其领地等项改革,大量教会的图书及手稿被充公。首先受惠者为国家图书馆,其他一些图书馆也各有所得,世俗图书馆的藏书因而大为丰富。其影响之一为要求编目工作紧跟上去,这项任务由国家图书馆领导进行。该馆目录家巴托洛梅·何塞·加利亚多对历史、文学颇有研究,在保存文献方面作了大量的工作;其影响之二为继 1856 年建立了为档案工作者、图书馆员而设的古文献学中级学校之后,1828 年又创立了档案工作者与图书馆员协会,其名称虽屡有变更,但始终是西班牙的一个书目活动中心。

尽管这样,西班牙的图书馆事业仍然远逊于西欧其他国家。到 1885 年,全国总共只有 30 所公共图书馆,其中 3 所设在马德里。1911 至 1912 年,皇家法令规定在马德里建立民众图书馆。1915 年,欧亨尼欧·多尔斯在加泰隆那倡议兴办民众图书馆。但一直到 20 世纪 30 年代,全国居民中仍只有约 1/5 的人能享受公共图书馆的服务。

【葡萄牙国家图书馆和公共图书馆】

国家图书馆即 1796 年在里斯本所建的皇家图书馆。藏书主要来自修道院,因此内容以神学为主。1797 年开放,1798 年获得缴送本权。1841 年又从教会获得 17.6 万余册图书及手稿。

里斯本的阿胡达图书馆最先设在阿胡达宫隔壁,1880 年迁入宫内。它先从目录学家迪奥戈·巴尔沃索·马查多手中获得一批图书,继而由于首相马·德·庞贝尔(1756—1777 年任职)之命,又从葡萄牙及亚速尔群岛被关闭的耶稣会学院获得一批图书。当葡王室逃奔巴西时,该馆丧失了一批重要的图书。

公共图书馆数量有限,主要有 1833 年波尔图公共图书馆,其首批藏书为战争年代女修道院遗弃的图书。1896 年改为市立。

19 世纪末,葡萄牙在地主贵族及天主教会统治下,经济凋敝,文化远远落后于欧洲其他国家。1890 年每 1060 个居民中识字者仅有 208 人,这种局面显然不利于图书馆的建设。

第七节 荷兰的图书出版和图书馆

【印书业的发达】

1566 至 1609 年的资产阶级革命使尼德兰从西班牙手中取得独立,在北部建立了荷兰共和国。它拥有当时比较进步的宪法,在相当范围内允许宗教、出版自由。在政治上相对民主的气氛中,荷兰成为欧洲书籍印刷和销售的中心,阿姆斯特丹是荷兰印刷业集中之地。报纸已经普及,且已定期出版,内容除经济新闻外,还讨论政治和社会生活中各种问题,其态度之不逊,加深了法王路易十四之流对荷兰的不满。

当资产阶级革命进行之际,1595 年出版了尼德兰拉丁文学者拉普西乌斯所著《论图书馆的结构》一书。它强调图书馆如不能经常为学生所利用,即无设立之必要。这实际上是对于把图书馆单纯看作是"藏书楼"的守旧思想的批评。

【皇家图书馆和公共图书馆】

1798 年在海牙建立了皇家图书馆。在拿破仑短暂统治时期(1806—1810),曾拨出巨款加以扩展,以之作为国家图书馆。

1819 年,威廉一世也将其祖传的图书一部分捐赠给该馆。同年,该馆迁至现址。1918 年馆藏近 100 万册。

近代公共图书馆建设始于 19 世纪 90 年代。在乌德勒支和多德雷赫特建立了公共图书馆,但未得到政府支持。到 1906 年,尼德兰仅有 5 所公共图书馆。但在 1908 年公共图书馆中心协会建立后,小型图书馆因开始获得政府与城市议会的资助而有所发展。

【大学图书馆】

1575 年建立的莱登大学为欧洲名牌大学之一,以医学课程驰名于世。该校图书馆于 1587 年开馆。初期,图书馆主要依靠捐赠,但重要书籍如关于希腊的图书以及拉丁文手稿则为采购所得。其特藏书为 16、17 世纪的图书。乌特勒支大学建于 1636 年。18 世纪末法国资产阶级革命期间,法军占领荷兰,乌特勒支大学图书馆另辟新址。其藏书内容以神学及史学为多,并拥有凯尔特语著作的善本。格罗宁根大学图书馆建于 1615 年,规模较小,该馆藏有一本罕见的伊拉斯谟印刷的《新约全书》的复本,原为马丁·路德所有,从书上许多旁注中可以看出,马丁·路德对伊拉斯谟持反对态度。

大学图书馆中,规模最大的为阿姆斯特丹市立大学图书馆,其前身为 1578 年建立的该市市立图书馆,至今仍发挥市立图书馆的作用。

专业图中馆中最著名的为 1766 年在莱登建立的荷兰文学社图书馆,它是欧洲一个重要的文学图书馆,藏书 10 万册。

第八节　比利时的图书馆

【皇家图书馆、国际十进分类法】

设在布鲁塞尔的亚尔培得一世皇家图书馆,其渊源可上溯到15世纪勃艮弟公爵家族的图书馆。1731年遭回禄之灾,剩余的图书于1772年开放,并陆续得到一些赠书。

1794年,法国军队将该馆珍贵手稿及图书全部劫往巴黎,其中大部分于1815年归还。1803年该馆交由布鲁塞尔管理。在荷兰统治之初,该馆于1815年被分成两部分,即印刷本由布鲁塞尔市管理,手稿由国家管理。

1830年比利时独立后,政府决定建立新的皇家图书馆。当时,特根大学图书馆馆长查理·范·赫尔森为著名藏书家,他曾在近50年的时间内以个人财力搜购书籍,共得书约6.4万册,以荷兰、比利时、卢森堡三国的文史书籍为主,1837年全部被政府收购,以之为基础,建立了皇家图书馆,于1839年对公众开放。1842年因获得布鲁塞尔市移交的4.75万册图书,藏书大为充实。

以1793年7月14日法国著名的版权法为基础而制订的1817年荷兰法令,对缴送本的版权作出保护。此项法令为比利时独立后的临时政府所确认,到1886年前一直生效。但实际上只有皇家图书馆获得比利时一小部分出版物的缴送本。1886年,议会经过长期讨论,拒绝依靠缴送本方式制订版权法,从而使后来精确编制现行国家书目的工作困难重重。但1894年编制比利时书目的工作才在私人提倡和政府资助之下开始着手进行,1912年由皇家图书馆接管。

这一时期,比利时目录学家奥特勒(Paul‐Marie‐Ghislain Otlet，1868—1944）在图书分类法方面取得重大的成果。1893 年他在比利时政府支持下，与拉封丹（Henry La Fontaine，1854—1943）共同主持召开首次国际目录学会议，建立了国际目录学协会（以后改名为国际文献学会）。1899 年他们以杜威十进法为基础制订了国际十进分类法，通用至今。

【公共图书馆和大学图书馆】

比利时的第一所公共图书馆约于 1481 年在安特卫普建立，1834 年改组。1724 年在列日建立了公共图书馆，1732 年开放。

在法国统治期间，国民公会于 1795 年规定每一个部门应建立一所图书馆，其基本图书应以没收充公者为来源。按照这一规定，在那慕尔、布鲁日、安特卫普等地均建立了公共图书馆。

1817 年建立了列日大学图书馆，其书籍来自列日市图书馆、当地若干宗教图书馆、威廉一世所赠的书籍、手稿及一批专款的采购。1840 年藏书计有图书 62 万册，手稿 400 件。

第九节　奥地利、瑞士的图书馆

【奥地利皇家图书馆的扩充】

17 世纪中期至 18 世纪中期，即当奥地利上升为强国的期间，皇家图书馆获得较多的经费，于是大兴土木。该馆馆长佩特鲁斯·拉姆贝克著有 8 卷本《文多波纳皇家图书馆述评》一书，对奥地利历史以及他所负责管理的珍本作了翔实的说明。1723 至 1726年，约瑟夫·埃马努埃尔继其父约瑟夫·费希尔之后，完成了该馆巴罗克式大厅的设计。其内部建筑为大理石的石柱，金黄色的装饰，胡桃木的走廊，配以圆屋顶的壁画，其富丽堂皇，在当时世界各国图书馆中无出其右者。该馆还以拥有中古时代的手抄本及巴尔干半岛诸国的文献资料而驰名。1918年奥匈帝国瓦解后,该馆归属奥地利共和国。

【奥地利的公共图书馆和大学图书馆】

公共图书馆以维也纳市立图书馆为肇始,1856年根据市议会决议建立。它采购有价值的私人藏书并接受馈赠。馆藏中包括贝多芬等音乐大师的乐谱手稿。20世纪初,成人教育协会也建立了若干所图书馆。

大学图书馆中,以维也纳大学(1365)、格拉茨大学(1585)、因斯布鲁克大学(1669)的资格最老。1773年耶稣会撤销后,该会教堂及图书馆均拨归大学,使这几个大学的馆藏大为增加。

【瑞士国家图书馆】

1895年在伯尔尼建立了国家图书馆。它负责收集"赫尔维希亚"(古罗马地名,在今瑞士)的出版物,即瑞士及瑞士作家的著作以及在瑞士的出版物。首任馆长为约翰内斯·贝尔努利博士。1915年瑞士书商协会及出版商协会同意将它们出版的每一种新出版物赠给该馆,但该馆并未获得法定的缴送本权。

1906年在苏黎世建立了瑞士社会档案馆,原名瑞士社会文献中心。其管理委员会吸收苏黎世及州立图书馆馆长参加。这个中心设有图书馆,德国工人运动活动家倍倍尔曾将其个人藏书全部赠送该馆。

【瑞士的公共图书馆和大学图书馆】

18世纪开始出现没有神学色彩的公共图书馆,分别设在伯绍德(1729)、格拉里斯(1758)。

从19世纪晚期起,瑞士工业与交通发展很快,同时由于瑞士已成为各种国际组织以及国际金融的中心而地位愈益重要。在这种有利的形势下,公共图书馆迅速增长。1868 至 1911 年,公共图书馆几乎增加两倍。

20 世纪早期,瑞士公共图书馆的服务质量已达到令人称羡的水平。1914 至 1916 年间,列宁曾先后在日内瓦、伯尔尼、苏黎世的一些图书馆读书。他在书信中多次指出伯尔尼的"图书馆很好,在利用图书方面我很满意","可以很方便地看到外国的报纸和书籍",并认为苏黎世的图书馆比伯尔尼的还胜过一筹(参看《列宁全集》,人民出版社中文本,第 37 卷,第 501、503、508、511 页)。由于列宁对瑞士图书馆留下了深刻的良好的印象,在十月革命胜利后,他即要求彼得堡图书馆以瑞士和美国为榜样进行改革。

巴塞尔大学图书馆在宗教改革后,由于获得从修道院没收的图书以及后来接收了其他图书馆的藏书而不断丰富。1800 年藏书达 1.6 万册,手稿 4000 件。从 1866 年起,开始任命教授负责馆务。

日内瓦公共与大学图书馆建于 16 世纪。原附属于日内瓦科学院(1559)。18 世纪,该馆扩大与改组,但当时每天开放时间仅 2 小时。19 世纪该馆的管理人员由专业职员取代了原来的牧师,并得到州政府的资助。1967 年改为现名。

第十六章　亚洲国家

第一节　日本的图书和图书馆

【福泽谕吉】

1868 年明治维新以前，日本近代资产阶级思想家、教育家福泽谕吉（1834—1901）在传播西方文明方面发挥了重大作用。19世纪 60 年代，他从欧美带回有关数学、经济、法律、历史、地理等方面书籍及词典，并加以编纂、翻译，其中不少被用为教科书。他还在 1866 年发表《西洋事情》一书，在详细介绍西方资本主义国家情况时，也谈到 1860、1863 年参观欧美国家与公共图书馆时所留下的深刻印象："西洋各国的省市设有文库，称为图书馆。从日用书籍、图画，到古书、珍本、世界图书尽皆收藏。入馆后可随意阅读。"《西洋事情》为当时朝野上下开明人士必读之书，影响广泛。

福泽还是日本私立大学的创始人。他在 1858 年创办的"兰学"，于 1868 年改称"庆应义塾"，为今日庆应大学的前身。该校图书馆的外文图书最初都是由福泽从国外带回的，他还亲自制定了书籍出纳规则。

【帝国图书馆】

在明治维新的浪潮中，陆续出现了近代的图书馆。1871 年政府派赴国外的考察团也曾参观若干所图书馆。考察团尤其对不列颠博物馆图书馆建筑的壮观与藏书的丰富"惊诧万分"。参加考察团的成员回国后积极鼓吹英美图书馆的成就,如文部省官员中不二麻吕曾于 1877 年以《公立书籍馆设立之必要》为题发表文章,就设置公共图书馆而大声呼吁。这些宣传活动促使政府采取措施,1872 年在东京建立"官立书籍馆",后改称"官立图书馆",这是日本近代史上第一所公共图书馆,但服务对象实际上为封建社会较有地位的人物。1897 年改为帝国图书馆,其藏书数量,1891 年为 29.4 万余册,1906 年增为 46.3 万册。其读者人数,1886 年为 35346 人,1907 年为 206061 人,1917 年为 239930 人。其他地方也建立了 9 所公共图书馆,主要有设在京都的集书院(1872—1882),曾在日本首先实行开架式阅览制度,但该馆存在时间不过 10 年。其他各馆成绩甚微,读者寥若晨星。

【公共图书馆和大学图书馆】

东京的"官立图书馆"建立后,各地地方政府也开始着手建立地方性图书馆,导致 1899 年帝国议会制订图书馆法。其主要内容为对图书馆职能、一般图书馆设置与停办的批准权限、中心图书馆设置批准权限、图书馆工作人员建制等方面作出规定。

由于图书馆法的颁布,加上 1892 年日本文库协会(1908 年改名为日本图书馆协会)的建立,以及该协会于 1893 年制定的日本第一部编目规则即《和汉图书编纂规则》,推动了图书馆的发展。1905 年图书馆为 100 所,1913 年已增至 900 所左右。尽管数量增加很大,但质量一般不佳。主要问题是经费短缺,馆舍狭小,阅览室座位有限,藏书内容贫乏;大多数馆禁止书籍外借,以致读者在开馆前要排长队等候,因而不能起到为公众积极服务的作用。

维新后的主要大学图书馆有:(1)庆应大学图书馆,1911 年左右馆藏 15 万多册。(2)东京帝国大学图书馆(1887),以东京大学

（1877）的各系图书馆组建而成,1906 年藏书 36 万多册,备有图书馆规则。（3）京都帝国大学（1897）图书馆,1912 年馆藏 36 万多册。（4）早稻田大学（1881）图书馆,1903 年制订了图书馆规则,1911 年馆藏 14 万多册。

总的看来,日本近代图书馆诞生于维新之际,曾受西方图书馆的影响,但却不具备西方先进图书馆的高水平、高效率,而是处于官僚式办馆、封建气息较浓的状态之中。究其根源,还是因为维新时期所进行的资产阶级改革很不彻底,使封建势力大量残存下来,在文化诸领域也不例外地表现出这个特点,终于导致后来法西斯上台时期图书馆事业惨遭摧残的恶果。

第二节　朝鲜的图书和图书馆

【图书编纂与奎章阁】

18 世纪,朝鲜李朝统治者为恢复封建繁荣,加强了思想统治,其主要方式之一为编纂政治、道德、历史等方面的书籍。其中占有特别重要地位的是英祖在位时（1724—1776）耗费巨资印出的 100 卷本《东国文献备考》,其门类繁多,洋洋大观,是一部百科全书式的著作,先后出版数次。

李朝正祖在位（1776—1800）初期,正式建立皇室图书馆,名为奎章阁,收有大量国内外图书,按经、史、子、集四类进行分类与整理。在中国历史上,唐玄宗曾于开元十三年（725）设立集贤殿书院,为一所宏大的图书馆和学术中心,所藏图书即按经、史、子、集四库分类。当时朝鲜先后不断派使者、留学生到中国。1420 年朝鲜也设立集贤殿,选文士充任。可见朝鲜图书馆在结构及藏书分类等方面长期都深受中国的影响。

奎章阁以后又扩大建制,分为内阁(原宫内奎章阁)、外阁(原校书馆)两部分,另在江华行宫设立江都外阁。奎章阁盛时藏书约达18万册,内容包括文学、艺术、李氏王朝国王的书法、行政旨意以及皇室纪录。它还是朝鲜编纂图书的中心,集中了一批学者,其中如徐有榘(1764—1845),除搜集、整理书籍外,还著有《林园经济十六志》等有关农业和园林的著作。

日本占领朝鲜后,奎章阁的图书为日本总督府占有,1929年移交给汉城大学图书馆,总数为图书138989册,书名为25620个,其中朝文书73421册,书名为19708个;中文书为65568册,书名5912个。

【西方书籍的传入】

中国明末清初之际,天主教士来华传教的络绎不绝,他们之中有的充当了资本主义国家侵略中国的先锋,有的则传播了西方文明,或二者兼而有之。当时,朝鲜政府定期派遣使臣及随行人员到北京,他们与西方传教士开始接触,并把西方文明通过中国带回朝鲜。朝鲜实学的先驱李晬光(1563—1628)等人即曾从中国带回天主教、自然科学、西洋风俗、地图等图书。李晬光还在他的著作《芝峰类说》中对西洋文化作了阐述。

西方书籍的初步传播,在朝鲜知识界展现了一个新天地,对于启迪民智起到一定的积极作用。到19世纪晚期,西方文明进一步传入朝鲜,建立了新式学校,出版报纸;新的图书馆观念也被介绍进来。

【日本殖民时期的图书和图书馆】

19世纪末,日本大军入侵以及随之而逐步建立的殖民统治中止了西方文明在朝鲜的传播。

日本统治者在朝鲜实行奴化教育,企图消灭朝鲜人民的民族意识,禁止使用朝鲜语文与讲授朝鲜历史,取缔朝鲜报纸、杂志和图书,尤其禁止参考书和自然科学书籍的出版。在这种愚民统治下,广大朝鲜人民被剥夺受教育的权利,90%的居民成为文盲,唯一的汉城大学学生不足800人,其中420人为日本人,350人为朝鲜特权阶层子弟。至于公共图书馆与学校图书馆则摇摇欲坠,经费极为短缺,图书使用受到多种限制。

第三节　印度的图书馆和图书馆学教育

【帝国图书馆和公共图书馆】

英国统治时期,加尔各答为印度的首都。1836年在那里最先建立了公共图书馆。1899至1905年,寇松(George Nathaniel Curzon,1859—1925)担任英国驻印总督时,处心积虑地向印度灌输西方文明,借此加强印度对英国的向心力。经他倡议,1902年制定法案,将加尔各答公共图书馆与帝国秘书处图书馆(1891)合并为帝国图书馆,于1903年开放,成为印度的国家图书馆。寇松曾要求该馆以不列颠博物馆图书馆或牛津大学博德利图书馆为榜样,提供舒适的环境,良好的服务。但建馆初期购书经费很不充裕,主要依靠捐赠,服务工作也未受到重视。

印度的公共图书馆以巴洛达邦最为发达。邦主盖克沃德(Maharaja Savajiroa Gaekwad)曾赴国外游历,目睹了美国图书馆服务情况与社会效益,深为赞许。1910至1913年他聘请美国图书馆专家梅·杜威的学生 W. A. 波顿及 C. A. 卡特到巴洛达邦筹划与襄助,建立了中心图书馆、免费公共图书馆、阅览室巡回图书馆,形成图书馆系统。中心图书馆于1911年由盖克沃德捐书2万册而创设,翌年藏书增至10万册,除设有儿童部外,还专设有妇女阅览室。

巴洛达邦的图书馆工作遍及城乡,在印度遥遥领先。虽然在盖克沃德死后趋于衰落,但它是印度近代图书馆运动的发源地。

【大学图书馆和图书馆学教育】

从 1856 年起,加尔各答大学、马德拉斯大学、孟买大学相继成立,均设有图书馆,但加尔各答大学图书馆迟至 1873 年才履行其本身职能。这些大学是以英国大学为模式建立的,其图书馆也受英国图书馆的影响。

在图书馆学教育方面,1911 至 1924 年,波登与卡特在巴洛达邦创办图书馆员训练班,注重在实用中培训人才。1915 年,梅·杜威的另一弟子、美国图书馆员迪金森(Asa Don Dickinson)在拉合尔的旁遮普大学也举办了培训中心,并出版《旁遮普图书馆初级课本》一书,此为印度第一本图书馆学的教科书。该中心从 1928 年起仅招收大学毕业生,一直举办到 1947 年印度独立后为止。

第四编　多种知识载体并存时期的图书馆(现代)

　　十月社会主义革命胜利至今已有 80 多年。在这期间,尤其是从第二次世界大战结束以来,世界形势发生了很大的变化。新的技术革命以方兴未艾之势冲击着各个国家及其图书馆事业。知识载体虽然仍以机器印刷本为主体,但非书型载体陆续问世,声势夺人。图书馆也从传统型转为现代型,对外开放的程度愈来愈高,成为充满活力的社会服务机构,借以适应公众多样化的需求,因而其类型、职能、形体、设计等方面都发生了崭新的变化。加强图书馆的科学管理成为当务之急。

　　当代社会和技术的变革所形成的压力,既给各国图书馆工作、图书馆学研究和图书馆学教育提出了许多新问题、新任务,又给图书馆事业带来前所未有的良好的机遇。但是,图书馆事业面对时代的挑战,还需要披荆斩棘,不断克服经费短缺等项困难,才能更好地履行社会教育与传播信息的职能。

第十七章 苏　　联

第一节　列宁对图书馆事业的关怀与指导

【列宁对图书馆事业的高度重视】

伟大的十月社会主义革命的胜利,诞生了人类历史上第一个社会主义国家,为图书馆事业的发展开辟了一条崭新的道路。

无产阶级革命导师列宁十分关怀图书馆工作。在苏联,已发表的列宁关于图书馆工作的论文、讲演、书信、手令等项文献达300件之多。可以说,在世界历史上各国政党或政府的领袖中,没有一个人像列宁那样高度重视图书馆在社会生活中的重要地位与作用。之所以如此,是由于列宁一生酷爱书籍、具有高度的马克思主义理论水平与渊博的学识,尤其是对无产阶级革命事业的满腔热忱,具有把图书馆看作是建设社会主义精神文明的重要阵地的战略观念。

【列宁的主要论述】

列宁在十月革命前和苏维埃政权建立后的年代,高瞻远瞩地对改造俄国的图书馆面貌作了大量的论述,主要是:

1. 高度评价图书馆巨大的社会作用。列宁认为图书馆事业的建设是一个国家文化水平的重要标志之一。无产阶级为了建设一个具有高度文明的社会主义国家,必须把建立图书馆网络与帮助人民读书作为整个革命任务中的必要环节。为此,应当把图书馆置于共产党的领导之下,充分发挥它的教育职能,并进而推动整个教育事业的前进。

怎样评价图书馆的社会作用? 1913 年列宁在《对于国民教育能够做些什么》一文中指出:"值得公共图书馆骄傲和引以为荣的,并不在于它拥有多少珍本书,有多少 16 世纪的版本或 10 世纪的手稿,而在于如何使用图书在人民中间广泛地流传,吸引了多少新读者,如何迅速地满足读者对图书的一切要求,有多少图书被读者带回家去,有多少儿童来阅读图书和利用图书馆。"(《列宁全集》,人民出版社中文本,第 19 卷,第 271 页)在这里,列宁尖锐地批评了单纯以藏书量多寡作为衡量图书馆在社会上作用大小的观点,强调图书馆的基本任务应当为广大人民群众服务。

2. 要求以先进国家的图书馆为模式,对图书馆工作作出切实的改进。列宁在《论彼得堡公共图书馆的任务》等文章中指出:彼得堡图书馆由于沙皇政府的摧残,工作很糟,必须在交流图书、服务工作、充实人员等方面按照美国及瑞士图书馆的榜样,无条件地进行改革。他赞扬美国图书馆能对广大市民开放,讲究服务质量,索书时间短,开馆时间长,图书流通形式多样化;赞扬瑞士图书馆备有联合目录,馆际之间可以互借,使读者看书、借书方便等项优点。为此,他要求在国内馆际之间与国际之间进行交换(前者应当免费进行);延长开馆时间,每日早 8 时到晚 11 时,节假日不例外;采取必要措施充实公共图书馆的工作人员。

3. 改革图书馆体制,强调实行集中管理。列宁把图书馆事业视为统一的整体,1918 年 6 月,他责成人民委员会采取措施对全国图书馆实行集中统一管理,并采用瑞士、美国的先进制度。1919年 5 月列宁指出,应当建立有组织的图书馆网络,帮助人民使用图书。根据列宁的指示。1920 年末,建立了由中央教育委员会管辖的中央联合图书馆委员会。

4. 保护书籍、收集文献。在 1918 至 1919 年内战激烈的年代,经列宁提议并签署法令,苏维埃政权积极保护业已停办或被取缔的机关团体的藏书以及经政府接管的旧图书馆的藏书。根据列宁的意见,建立了及时用新图书提供图书馆及由国家统一集中向图书馆提供图书的制度;有关图书馆积极收集和保存马克思、恩格斯的著作、手稿、各种历史文献,尤其注意收集外国新近出版的科技文献。

按照列宁的指示,布尔什维克党和苏维埃政权做了大量切实有效的工作,推动了图书馆事业的前进。其中,列宁夫人克鲁普斯卡娅(Nadezhda Konstantinovna Krupskaya, 1869—1939)起到了重要的作用。1917 至 1939 年期间,她在政府负责教育工作,兼管图书馆工作。她在理论上也颇有建树,根据列宁关于图书馆建设的思想,她强调苏联图书馆要根据国家的经济、政治任务的需要,用知识武装群众,并就科学组织图书馆工作、建立图书馆网络、完善图书馆管理等方面问题作了阐述。

第二节　国家图书馆和公共图书馆

【国立列宁图书馆】

1918 年,设在彼得格勒的鲁勉采夫图书馆随政府迁往莫斯科。1925 年 2 月为纪念列宁逝世而改为现名,成为国家图书馆。

十月革命后,该馆成为苏联的中心图书馆,不仅获得全国 2 至 3 份出版物缴送本权,同时有权优先挑选被没收为国有的书籍。因此,仅 1918 至 1921 年即得到 150 万册书(1917 年前该馆藏书 100 多万册)。到 1941 年藏书总量已达 1000 万册。同年,工作人员为 1300 人。卫国战争期间,该馆的工作重点转向为战争服务,除向党、政、军机关提供资料外,还出版军事参考文献,以及书目季刊《伟大卫国战争》,介绍军事常识,推荐爱国文学作品。在德寇兵临城下之际,工作人员坚守岗位,做到单日不闭馆。由于该馆在战争期间作出的优异成绩,1945 年 3 月荣获列宁勋章。

战后 40 多年来,该馆业务突飞猛进。到 1976 年,工作人员已达 3000 人以上。馆内设有管理部、科学和图书馆部、计算机中心、技术部、缩微制品部、维修部等 40 多个机构,并附设莫斯科文化学院。

该馆现有目录卡片 4500 万张,内有 1861 年以来的字顺目录卡片。1986 年馆藏达 3500 万册,包括 247 种语言(其中苏联语言 91 种,外国语言 156 种);另有手稿 34.5 万件。它与世界上 105 个国家的 3415 所图书馆、机构进行文献交换。每日从上午 9 时至下午 10 时开馆,每日接待读者 8000 至 1 万人。主要出版物有《苏联图书馆学》、《外国图书馆学与目录学》等。每年编印近 400 种著作。该馆是苏联全国图书馆系统的核心机构,配合其他中央级图书馆及图书馆管理机构对全国图书馆网按集中化原则实行整顿。

【"二战"前后的公共图书馆】

公共图书馆在苏联颇受重视,为人民的政治、道德和美学教育,提高文化,组织业余生活作出了巨大的贡献。"二战"前夕,公共图书馆为数达 95400 所。工厂、集体农庄、军营都设置了图书馆,各加盟共和国还专设图书部以管理和指导公共图书馆工作。

大战期间,在法西斯德国占领区及遭受严重袭击的列宁格勒等城市,公共图书馆损失浩大,图书被毁坏 100 万册左右。战后恢复与发展很快。到 1950 年,公共图书馆总数已比战前增加 12%。

80 年代中期,苏联公共图书馆共有 13323 所,图书总数达

19.45 亿册,读者约 1.48 亿人,约占全国人口总数的半数以上。各馆每年共出借书刊 31.7 亿册,每人年均借阅 22 册以上,这个数字在世界上遥遥领先。

【国立萨尔蒂柯夫—谢德林公共图书馆】

它在十月革命前名为彼得堡公共图书馆。列宁 1917 年所写的《论彼得堡公共图书馆的任务》一文,即针对该馆状况而言,并要求把它改变为群众性的服务机构。

该馆在 1912 年藏书为 320 万册。在"二战"以前建设社会主义的年代,发展很快。1939 年,在苏联图书馆中,最先荣获劳动红旗勋章。"二战"期间,列宁格勒被德军包围与攻击,全馆工作人员投入列宁格勒保卫战,利用馆藏资料回答军事机关及部队提出的咨询。例如,当时列宁格勒与后方唯一的陆上通道为拉多加湖,如何建立及使用这一通道? 该馆就此完成了有关咨询题目,对保卫战作出了贡献。

现馆藏图书达 2150 万册,每年图书借阅量在 1000 万册以上。该馆对图书馆事业现代理论和实际问题进行了科学研究,并对馆内珍藏的如 1901 年俄国期刊、1903 至 1916 年俄国报纸、秘密印刷品等编出了书目,颇有参考价值。

【公共图书馆的动向】

70 年代以来,苏联公共图书馆在组织上、服务方式上均有改进。在这期间,1974 年苏共中央通过了《提高图书馆在对劳动人民进行共产主义教育和科学技术进步中所起的作用》的决议。它确认图书馆为党组织对劳动人民进行共产主义教育的重要基地;是思想和科学情报机构;在集中化原则的基础上改革图书馆组织系统。在这个文件的促进下,图书馆新的变化主要表现为:

1. 建立协作系统。1974 年起,苏联公共图书馆开始建立协作系统,80年代早期,有83%以上的馆(1083所)加入。其优点是便于对每个集中化系统内所属各馆的人员和藏书实行统一管理,合理使用,并便于与其他系统情报机构加强合作。为了协调各类图书馆工作的领导,加强管理,还在文化部之下设立了全国跨行业的图书馆委员会。

2. 十分关心儿童教育。全苏共有7400所儿童图书馆。儿童和青少年约占公共图书馆读者的半数,使图书馆成为校外教育的重要阵地。

3. 注重搜集和介绍科技情报资料。前述1974年苏共中央决议曾强调公共图书馆的工作重点之一为科学情报工作。为此,许多公共图书馆注意搜集反映最新科学成就与先进生产方法的出版物。但出借率不高,不少有价值的科技书刊常年被束之高阁,无人问津。

苏联公共图书馆的主要问题是技术手段落后的居多,基本上仍为手工检索。

第三节　大学图书馆

【"二战"期间及战后】

法西斯德国侵苏期间,乌克兰、白俄罗斯等地大学图书馆备受摧残。列宁格勒围城阶段,该地大学被德寇夷为平地,所幸大部分图书事先已安全转移。战后,这些受到重创的大学图书馆均已重新建立。80年代初,大学及其他高校图书馆为883所,藏书总量逾4亿册。

国立莫斯科大学高尔基科学图书馆为全国大学图书馆的核心。它早在1920年已获得缴送本权。1953年该馆因大学新增校舍而扩大了规模。现该校有中心图书馆 1 所,系的专业图书馆与参考图书馆 14 所。共有书刊 662.9 万册。

【结构和作用】

大学图书馆系统包括基础的或主要的图书馆、系图书馆、教研室图书馆、教学图书馆(收藏教科书和教学参考书)。其组织形式有分散型、不完全集中型、完全集中型三种,后者系由基础的图书馆负责为各个分馆补充与加工图书,编制中心联合目录,是一种被广泛采用的形式。70 年代中期以来,大学图书馆注重充分利用资源,加强图书流通工作,充实了基础科学的藏书。采购科学图书复本量以 5 本为限,教学用书则据学生所需教科书数量来决定。大多数馆实行开架借阅制。

大学图书馆成为全国科学情报系统的分支。许多大学在图书馆之下建立了科技情报部,与馆内其他部门为师生提供教学服务、科研情报,或者建立了包括图书馆在内的情报中心,例如,莫斯科门捷列夫化工学院建立了书刊资料的收集、分析、存储与检索的自动化系统,同时与其他化工学院、科技情报中心挂钩,建立定期业务往来关系。

苏联高等院校一贯强调大学生的思想教育工作,其主要方式之一为鼓励与组织大学生参加各种社会活动与担任社会工作。为此,大学图书馆还承担以下业务:筹备社会活动的选题展览,编制推荐书目索引,为到中小学担任讲演员或担任其他文教工作的大学生进行辅导。与此同时,图书馆还通过举办图书展览、学术讨论会、读者座谈会、科学家与文化工作者座谈会等方式加强与社会的广泛联系。

苏联大学图书馆也存在若干需要改进的问题,如陈旧的非专业性图书充塞书库,新书不能及时利用等等,而建立自动化系统尤为迫切。

第四节 专业图书馆和情报中心

【专业图书馆网络】

十月革命前,专业图书馆约有 475 所。30 年代增为 6000 余所。80 年代,科学、技术及其他专业图书馆共 5.3 万所,藏书共达 20.31 亿余册。

专业图书馆的地位随着情报工作的开展而日益重要。根据 1966 年 11 月苏联部长会议作出的《关于全国科技情报系统》的决议,在国家科学技术委员会统一领导下,形成了由许多科技情报机构、专业图书馆和科技图书馆共同结合的网络。

【全苏科技情报研究所】

为苏联科技情报系统的主导机构。原为 1952 年创建的科学情报研究所,1955 年改为现名,由国家科委、科学院共同领导。主要任务是负责加工处理文献资料,编制出版各种情报刊物。工作人员有 2500 多人,并拥有一个阵容强大的为数达 2.3 万多人的编外专业工作者,其中包括科学院院士、通讯院士、博士、副博士、专家、工程师。该所图书馆收藏文献资料 72.7 万册。每年收集 130 个国家用 66 种文字出版的 3 万多种书刊、16 万多种专利说明书。出版成套的《文摘杂志》,1953 年创刊时仅有 3 种分册,1980 年增至 204 种分册,形成庞大健全的文摘体系。此外还出版快报、述评、信息情报通报、目录与文摘卡片、《科学技术情报》月刊、《情报学》文摘杂志等刊物,形成一个完备的情报系统。

【社会科学情报研究所】

根据苏共中央1967年通过的《关于进一步发展社会科学并提高它在共产主义建设中的作用的措施》的决议,1969年在莫斯科成立了苏联科学院社会科学情报研究所,成为苏联社会科学情报系统的主导机构。其业务范围为哲学、历史、经济学、科学共产主义理论、法学、科学学、语言学及文学理论。工作人员近1000人,编外专业工作者1100多人。收藏资料749.1万册。负责编辑出版社会科学情报出版物,协调社科情报工作。

以上述两个所为中心,结合各部委、各地区、各大企业包括图书馆在内的情报单位形成一个庞大的全国情报网络。现就中央级单位再列举数例。

【其他中央级图书情报机构】

主要有下列几个。

1. 全苏图书局。1917年由俄国图书局改建,1925年改名为俄国中央图书局,1936年改为现名。为苏联的国家书目中心,享有缴送本权。每年对收到的逾150万件的印刷品进行登记、统计,除分配给国家图书馆和情报机构外,留下一份入库收藏,现馆藏为4100万册。该局对收到的出版物编制书目,出版现期国家书目、目录总索引,进行书目咨询服务,每年收到咨询达10万多项。目前正在建立情报收集与加工自动化系统。

2. 苏联国立公共科技图书馆。1958年建于莫斯科,属国家科委领导,为全国性的科技图书馆。馆藏总计1000万件,包括图书740万册,外国期刊7000余种,并收有大批未出版的资料。采用电子计算机管理采访、流通等业务;出版检索性刊物《全苏外文书刊联合目录》以及《国外科技杂志》;对其他科技与专业图书馆进行指导;就图书馆工作及其自动化、机械化进行研究;提供书目咨询与情报定题服务；与国外 2285 个机构建立交换关系。

3.设在列宁格勒的苏联科学院图书馆。读者对象除科学院人员外，还扩及到大学教师。1983 年获缴送本权。现藏书为 1278 万余册，手稿约 1.6 万多件，收有科学院从创建时起出版的文献资料、18 世纪俄国出版的书刊。每年入藏外文现刊及连续出版物 1 万余件。它是科学院系统 136 个所级图书馆网络的咨询、外借与参考中心，与世界上 100 多个国家的 3100 多个机构建立了交换关系。令人震惊的是，1988 年 2 月 14 至 15 日该馆发生一场大火，损失图书将近 50 万册，内含许多 16 至 18 世纪的珍本。

第五节　图书馆学教育和图书馆学研究

【图书馆学教育发展过程】

十月革命至今 70 多年来，苏联图书馆学教育的进程大致可以分为以下三个阶段。

1.1918 年至 20 年代。1918 年，正当国内战争的战火炽烈之际，经列宁夫人克鲁普斯卡娅倡议，在莫斯科建立了图书馆学研究所，同年 12 月在彼得格勒建立校外教育学院（先后改称政治教育学院、列宁格勒图书馆学院，现名国立列宁格勒克鲁普斯卡娅文化学院），设有目录学系与图书馆学系，同时举办短期讲习班。从此开始走上正规教育与业余教育并举的道路。

20 年代中期，若干高等师范院校设置了图书馆学系。由于新经济政策的胜利，第一个五年计划开始实施，各类图书馆随之增多，培养更多的经过专业训练的图书馆人员日益迫切。为此，联共（布）中央于 1929 年 10 月作出"关于改进图书馆工作"的决议，其中，提出有计划培养图书馆干部，增加工农比例的任务。同年，开始建立一批图书馆中等专业学校。截至1941年,这些中专毕业生约有数千人。

这个时期图书馆教育的特点是以举办短训班、中专为主,培养初、中级图书馆工作人员以应急需。

2. 30年代至卫国战争前夕。苏联在这个时期通过第二、第三个五年计划(后者因1941年德国入侵而中断)的实施,建成为社会主义工业强国。全国基本上扫除了文盲,实行了初等普及义务教育,人民文化水平显著提高,阅读书籍蔚然成风。到1941年,已有各种类型的图书馆27.7万所,形成初具规模的图书馆网络。

1934年3月,联共(布)中央在《关于苏联图书馆工作》的决议中,提出修改图书馆学院系教学计划与大纲、充实干部与物质力量的任务,进一步推动图书馆学教育工作的开展。以根据克鲁普斯卡娅提议而建立的莫斯科图书馆学院(1930)为榜样,1934、1941年,哈尔科夫、列宁格勒的政治教育学院先后均改为图书馆学院。这些学院一般设有图书馆学、目录学与儿童图书馆学三个系。制定了有关课程及教学大纲。在教师中,有为苏联图书馆事业作出相当大贡献的人物,如曾主持总政治教育机关图书学部门的特罗波夫斯基(Leva Naumovich Tropovsky,1885—1944),在莫斯科图书馆学院主讲图书馆学,并最先开设自然科学方面的图书学课程。

可以看出,这个时期的特点是:第一,图书馆学教育的重心已转移到培养专门人才上来。其结果是,培养了一批馆长与业务骨干。仅莫斯科图书馆学院截止到1940年即向社会输送图书编目专门人才达1000多人。第二,开始着手培训情报工作干部。1931年,中央技术经济情报所的建立,标志着苏联科技情报机构正式产生。紧接下来,1932年在莫斯科外语学院附设技术情报部,开始培训技术干部,为苏联情报学教育的开展迈出了第一步。

3. "二战"以后至今。卫国战争期间,一部分高等院校陷于停顿,图书馆院校也不例外。战后恢复很快,列宁格勒、哈尔科夫图书馆学院于 1947 年复课,莫斯科图书馆学院扩大招生。另在乌兰乌德、克拉斯诺达尔等地新建了图书馆学院。1964 年,全部图书馆学院改为文化学院。设置图书馆学系的,除文化学院外,还有一些高等师范或艺术院校及个别的综合大学。

【人才培养与课程改革】

50 年代以来,苏联图书馆学教育不断加强,而且与情报学教育的关系日趋密切。围绕这个基本特征,可以看出以下几点变化。

1. 情报机构和情报学教育的增长。1955 年建立的全苏科技情报研究所,也承担培养专业人员的任务。方式之一为开办研究生班,凡通过学位论文答辩者,授予情报学博士或副博士学位。方式之二为举办短期进修班。随后以此为基础,于 1971 年建立情报工作者进修学院,对象为理工科大学毕业生及在职情报工作人员。从 60 年代起,情报机构大为发展,出现了一系列的中央及地方级的科技、社科专业情报中心,从而要求加速培养情报人才。1972 年苏联建立了文化艺术情报中心(现为国立列宁图书馆分析和总结文化艺术问题科学研究部),设有专门出版书目索引、综述文摘性情报的机构。高等院校也纷纷在情报机械化与自动化方面开设专业课程。一些科技机构则对理工科大学毕业生施以情报技能的训练。

2. 高等院校图书馆学系的课程进行了改革。除传统课程(分为人文及社会科学、图书馆学、目录学三大类)及外语外,增设了两类课程:(1)情报学课程,如情报学研究、情报学检索系统、图书馆和情报工作的技术设备等。这些课程与外语被视为重点课。(2)按图书的学科类型设置课程,即按社会政治、自然科学、技术、农业、文艺、儿童等门类开设课程。上述课程的开设,反映了图书馆学与情报学一体化的趋势,同时也是为了使毕业生能适应专业部门及若干专门文献工作的需要。

3.图书馆学高等、中等教育的增长。苏联图书馆学教育层次有四种:(1)初级的,主要由大型图书馆举办短期讲习班进行培训。(2)中级的,中等图书馆学校和文化教育学校的图书馆学系科,招收初中毕业生,学制三年。(3)高级的,高等院校招收高中毕业生或图书馆学中专毕业生,学制五年。(4)最高级的,大学毕业生继续深造,在论文答辩通过后,获得副博士进而获得博士学位,成为高级馆员、研究人员或高校教师。

现在苏联全国培养图书馆专业人员的图书馆学校包括:17所文化学院(四年制),7所大学(五年制),130所中专(三年制)及43所教师学院。莫斯科、列宁格勒等地的文化学院还设有研究生课程。每年可培养约2万多人才。从比例上看,中专毕业生较多。以1975年为例,中专毕业的为14700人,高校毕业的为6300人。但近年来,高校入学者人数上升,在第10个五年计划期间(1976—1980),高校与中专培养图书馆人员9.2万人,其中,作为全国图书馆学教育的研究辅导中心的莫斯科文化学院培养5000人。至于在各类高等院校攻读情报学专业的每年也达4000人之多。同一期间(1979—1980)在"目录学与图书馆学"、"图书馆学"专业方向提交答辩的博士论文有12篇,候补博士论文149篇。这种现象说明专业人员的素质正在进一步提高。

【图书馆学教育发展的原因与存在的问题】

苏联图书馆学教育之所以有长足的发展,究其原因,最主要是由于共产党和政府对图书馆事业的高度重视。如前所述,苏维埃政权建立初期,列宁和布尔什维克党即曾多次下达指示或作出决定,为图书馆事业的发展奠定了牢固的思想基础。"二战"以前及战后迄今,党和政府又分别相继发布决议或制定法令,采取一系列措施作出保证。例如,1975年苏联文化部通过的《关于改善高级图书馆专业干部培养》的决议,即曾对培养目标等方面提出明确要求:既要具有广博的知识,又要掌握主要的专业知识。又如1984年最高苏维埃批准的《苏联图书馆业务条例》也包括"干部培养"部分。其次是整个教育事业的兴旺发达。教育,尤其是技术培训工作得到政府与社会的大力支持,高等教育被置于优先地位。以这种雄厚的实力为背景,图书馆学园地才能出现硕果累累的景象。

苏联图书馆学高等、中等教育如何按比例有计划地发展;农村图书馆专业工作人员来源如何保证;部分教材陈旧,图书馆学、目录学与情报学教学内容不必要的重复;学生课业负担过重;教学方法落后以及如何提高大学毕业生及研究生水平等问题,已经引起了苏联学者们的关注,有待解决。

【图书馆学研究】

十月革命胜利后,列宁的许多论述为苏联图书馆学研究指明了方向。从1924年列宁去世至今的六十多年期间,苏联图书馆学始终注重理论研究。"二战"后至今,主要研究内容有图书馆事业(原理、布局、管理及趋势)、图书馆与社会、图书馆与其他学科的关系、图书馆工作(藏书建设、目录、读者服务)等课题。1976至1980年,在图书馆书目基本学科方面发表的学术专著约100部,教科书13部。图书馆学研究的特色可从以下两本论著中窥见一斑。

1. 丘巴梁著《普通图书馆学》。丘巴梁(Ogan Stepanovich chubarian,1918—1976),图书馆学家、教授。在苏联图书馆学界率先用马克思主义观点研究图书馆学。所著《普通图书馆学》于1960、1968、1976年三次出版,为苏联高等院校图书馆学专业的通用教科书。

丘巴梁在著作中提出了"社会主义图书馆学"的概念,旨在与西方的"资产阶级图书馆学"划清界限。其含义包括:(1)阶级分析。认为社会主义图书馆学的基本特征与优越性在于"一贯地坚持从社会的、经济的和文化的各个角度,对图书馆事业进行阶级分析"。(2)研究对象与任务。以包括图书流通和图书馆过程的各种复杂课题为研究对象,着重从社会学的角度进行研究。因此,图书馆学以研究在社会主义社会条件下图书流通的规律性为主要任务。丘巴梁认为,提出"社会主义图书馆学"的理论基础是"社会主义社会中,图书为人民服务这个列宁主义的纲领和有创新意义的图书馆工作经验"。强调图书馆学研究的核心问题是如何有效地组织图书财富为全体居民服务。换言之,苏联图书馆的根本任务是引导人民阅读优秀的图书。

关于图书馆学的性质,丘巴梁主张属于社会科学范畴。他认为,"人类与图书"和"图书馆与社会"这两个综合性的概念,在苏联构成一个整体的社会现象。它与经济、文化等各方面社会生活有机地联系在一起,只有从这个高度去理解上述两个概念之间的相互联系及其本质,才有助于把图书馆学上升到一门社会科学的水平。

2.科尔舒洛夫主编的《目录学普通教程》。科尔舒洛夫(O. B. Korsunov)为莫斯科文化学院教授,所编《目录学普通教程》是苏联高等院校图书馆学系通用教科书,1982年在苏联获奖。该书强调在阶级社会中,书目所具有的"目的明确的、主观确定的阶级性"是一种社会现象,认为苏联书目是世界上唯一的新型社会主义书目,是其他社会主义国家制定书目的榜样。在肯定资本主义国家书目工作机械化和自动化成就的同时,指出其为资产阶级利益服务、从属于并反映腐朽的社会制度是资产阶级书目的总倾向。应当不断地揭发其"反动性、反民主性、伪善态度和伪科学性"。

两书概述了苏联图书馆学、目录学的沿革、现状,结构谨严,在理论上对若干问题作了探讨,提出了许多有益的见解。从上述内容可以看出两书都具有十分强烈的政治倾向，这在苏联图书馆学研究中成为普遍性的特征。

苏联图书馆学当前研究课题包括：在科技进步的条件下发挥作为思想与情报机构的图书馆的职能；提高图书馆工作效率的标准与工作质量；加强各阶层居民的阅读活动；加强各种类型图书馆的协作及其资源的合理使用等等。以上载于由列宁图书馆制订并经苏联文化部国家跨部门委员会同意的规划《1981—1985 年以及1990 年以前全国图书馆事业发展的基本方针》之中，足见苏联的图书馆学研究具有在集中领导下有计划开展的优点。

第十八章　美　国

第一节　图书馆事业在世界上领先的原因

经过两次世界大战,美国经济不断发展,成为资本主义世界实力最为雄厚的国家。多数州实行十年制义务教育。在此基础上,图书馆事业蓬勃发展。据 1984 年资料,除中、小学图书馆及最小型公共图书馆外,美国本土共有主要图书馆 29465 所。图书馆自动化应用广泛。

美国图书馆事业在世界上名列前茅,这固然与它的图书馆具有悠久、良好的传统有关,而"二战"后所采取的各种积极措施则进一步推动了它的发展。早在大战初期,美国鉴于图书馆所藏有关苏联、日本等国的书刊残缺不全,不利于对盟国与敌国情况的了解与研究,于是把采购范围扩大到这些国家。1942 年,美国科学图书馆协会为此而举行专门会议,制订藏书补充合作方案,大力搜购以军事为主题的苏联出版物。在国会图书馆的推动与支持下,此项采购计划成绩显著,到战后初期已从国外购入近 100 万册书刊及战时出版物,充实了 100 多所图书馆馆藏。

大战也刺激了美国的科学技术的发展。1945 年底,世界上第一台电子计算机在美国研制成功。1957 年苏联人造地球卫星发射成功,又引起美国朝野巨大的震惊。此后联邦政府即积极采取各项措施,力争在科技上保持优势,科技图书馆的地位随之提高。

1958 年通过的"国防教育法"和基金资助,向许多大学图书馆提出了广泛收集世界各国、各地区文献资料的要求。以后随着苏、美争斗的加剧,美国对外联系的加强与国内高等教育和科学研究的进一步发展,美国图书馆采购范围也不断扩大。1970 年,联邦政府建立了图书馆与情报科学委员会。1976 年,美国总统卡特召开全国图书馆与情报会议。形势的督促与政府的重视成为美国图书馆事业发展的有力因素。

美国图书馆立法晚于许多国家,直到 1956 年国会才通过了"图书馆服务法",它适用于各种类型图书馆,并要求将公共图书馆服务工作扩大到乡村地区。到 60 年代,又先后通过了"图书馆服务和建筑法"(1964)、"初等和中等教育法"、"高等教育法"及"医学图书馆援助法"(均为 1965)。这些法案对图书馆服务、馆际合作、图书馆资金来源及分配、图书资料的供应等方面分别作了规定,有利于图书馆事业的成长。

第二节　国家图书馆

【国会图书馆】

1. 改革与进展。1940 至 1947 年为美国国会图书馆的一个重要改革时期。有两位才干出色的馆长先后推动了馆务的开展:(1)麦克利什(Archibald Macleish),1939 至 1944 年任馆长,任内增加经费与充实人员;调整机构,建立参考等部门;制订图书采购准则,进一步明确该馆对国会应尽的义务;与美国图书馆协会等单位合作出版该馆编制的印刷卡片目录(1898—1942)。(2)伊文思(Luther Evans),于 1945 至 1953 年任内,整顿立法参考服务工作,扩大该馆的立法和国家职能;出版《图书馆编目条例》(1949),成立科学服务部(1949);使该馆大量参与国际活动并发挥重要的作用。

伊文思还积极倡导采购外国图书资料。他对战争期间由于藏有或由于缺乏外国资料而带来的积极后果或教训而深有感触,指出:因为"图书馆收藏的有关喜马拉雅山脉的气候资料曾帮助美国空军飞越这个'世界屋脊',但由于没有收藏令人满意的欧洲城市平面图,致使一些宏伟壮观的文化纪念碑遭到战火的破坏"。从而发出扩大收藏世界各国图书资料的呼吁。

广泛采购国外图书的计划到芒福德(Lewis Mumford)任馆长(1954—1974)初期,由于战后不久开始的"冷战"及此后美国对外扩张活动的需要而更为扩大,国会图书馆先后经国会及总统批准获得资金,在新德里及开罗设立图书采购办公室,取得了丰硕的成果。

2. 机构与职能。国会图书馆现设有8个部门:图书馆馆长办公室、管理部、全国计划、研究服务部、国会研究服务部、图书加工服务部、法律图书馆及版权部。

为国会服务,是国会图书馆的重点,这是与英、法等国国家图书馆相比较一个显著不同之处。国会研究服务部专为参、众两院议员、两院的各个委员会及下属工作人员服务。每年预算为2300万美元。工作人员800人,内有专家500人。该部工作量浩大,1984财政年度收到涉及立法、监督及向国会陈述问题所需的检索及参考咨询达44.22万件。该部的工作内容还包括为议员翻译资料,起草声明与讲话,为听证会推荐适当的证人、分析证词、分析外界对国会提案的评估,编写议题简报,汇编法案与决议的文摘(半月出版一次)等等。

在对其他国内外图书馆服务方面,内容有:图书分类科学设计(国会图书馆分类法与杜威分类法)、主题标目、印本编目、印刷目录卡片、机读磁带、印本书目、1956年以前出版物全国联合目录

（已出版 755 册）、馆际互借、复本交换、图书保存与修复的技术建议等。其中,《美国全国联合目录》从 1948 年开始编纂出版,为该馆一大贡献。该目录内容丰富,包括该馆及北美近 800 个图书馆从古至今的藏书。

在对公众服务方面,内容包括:为有创见性的著作注册版权;开放 5 个普通的与 18 个专门的阅览室(1984 财政年度使用阅览室的读者超过 100 万人);参考咨询与书目服务;在科技上的研究与咨询服务;对不属于版权或有其他限制的馆藏进行收费照相复制;举办室内乐演奏及文学书目;为全国 70 多万盲人及残疾人投寄盲文材料和录音磁带。

国会图书馆拥有庞大的财力和人力。1984 财政年度经费为 2.36 亿余元。1984 年 10 月拥有工作人员 5319 人。每年加工新资料 150 多万件,馆藏已达饱和状态,现总数在 8400 万件以上,包括图书、小册子约 2200 多万册。内含中文图书近 60 万册,以线装书、地方志为主,计 4000 多种,其中有在中国绝版的图书 100 多种。

3.技术革新。为了对庞大的馆藏进行高效率的书目管理,20世纪 60 年代中期起,国会图书馆对图书馆技术进行了卓有成效的革新,开始研制使用机读目录并向国内外广泛发行。经过 20 多年来的摸索与实践,全部业务活动业已纳入计算机管理之下。该馆在实现自动化方面具有两个特点:(1)组织健全。除建立自动化规划委员会外,其下建有自动化系统、自动化规划与联络、网络开发 3 个办公室。(2)设备完善。拥有多种自动化设备。1983 年开始进行以下两项试验:第一项是从 1984 年 6 月起,读者开始使用模拟录像盘。如将 6 个模拟录像盘全部投入使用,可观察与研究将近 4 万张照片、画片、建筑图纸等资料;第二项是光学数字磁盘系统,每年将提供 50 万页期刊及其他各种印刷资料的图像。这些新技术大大改进了储存资料的检索与保管,使查阅的灵活性明显增加。同时,从 1984 年开始制订图书保护工作计划,采取措施,防止大量书籍酸化。

【国家农业图书馆和国家医学图书馆】

国家农业图书馆设在马里兰州的贝尔茨维尔,由 1862 年建立的农业部图书馆发展而来。从开放时起即履行国家图书馆的职能,但一直到 1962 年建馆 100 周年之际才被确定为国家农业图书馆。它为农业各部门及其他相关部门提供科技情报服务,为最先采用电子计算机的图书馆之一。现藏书 190 万册,出版《农业图书馆情报记录》(月刊)及农业方面的书目、索引。1984 年该馆完成检索本馆书目数据库的第一个受控词表。同时扩大了用户服务,协调与加强全国农业图书馆网络。现该馆计算机数据库"农业文献索引"提供农业书刊论文 250 万个记录单位。它作为国际农业情报系统的中心,仅 1984 年即为联合国粮农组织农业情报系统数据库编制了约 5 万条新的引文资料。在对外交换活动中,加强了与苏联、中国的联系。

国家医学图书馆设在马里兰州的贝塞斯达,原为 1836 年建立的陆军军医总署图书馆。1956 年即该馆创建 120 年时,国会通过一项法案,进一步扩大了该馆职能,并命名为国家医学图书馆。1964 年 7 月建立"医学文献分析和检索系统",利用电子计算机储存与检索医学资料,并出版最新的医学文献索引。1984 年,采用"医学文献分析和检索联机系统数据库"子库,它是一个新的适于用户应用的医疗数据咨询文档。同时,发展综合性高等院校情报管理系统,以便在高校医疗机构进行系统的情报检索。现馆藏各种载体为数达 324 万件,内含书刊及缩微复制本 180 万册,手稿120 万件,图片、照片 8 万件。

以上 3 所国家图书馆于 1967 年 6 月建立美国国家图书馆自动化与其他合作项目特别工作委员会,在业务上进行密切协作,从而在美国图书馆事业中发挥更大的作用。但在里根总统任内，1985 年通过的格莱姆·鲁德曼·霍凌斯平衡预算法案，对图书馆经费作了削减，也波及到国会图书馆。

第三节　政府图书馆

政府图书馆据 1984 年资料所载为 1551 所，大致上可分为以下几种类型。

【中央级部门所属】

主要有：

1. 国家档案与文件局。它也是一所发挥图书馆职能的国家机构。设于华盛顿特区。1934 年国会通过"国家档案法"，决定建立国家档案局，1949 年改置于总统管辖的总务署之下，改名为国家档案与文件局。现有工作人员 3000 人，每年财政预算约 7000 万美元。它设有下列机构：国家档案馆管理处、计划支援管理处、联邦文件中心管理处、公共设计与展览管理处、联邦登录处、总统图书馆管理处。该局现共收藏文件 140 万立方英尺（内有 30 亿页原稿），影片 9100 万英尺，图片 500 万张，地图 160 万幅，录像与录音带 12.2 万盘。历史文献中包括：大陆会议记录 550 卷，开国以来全部签订的条约及颁布的法律，尤其是原由国会图书馆保存的三大历史文献《独立宣言》、《美国宪法》与《人权法案》，于 1952 年底在军警严密保卫下移交给国家档案与文件局，这几份书写在羊皮纸上的手稿在该馆展览厅里长期展出，为该馆大为增色。现在该馆除为政府提供服务外，史学工作者及需要查阅资料的一般读者均可使用该馆文件资料。仅据一项调查报告，美国有 6570 处发现有保存价值的政府历史文献，加上现在联邦政府每年签发文件又多达约 220 亿页。因此,如何不断收集与妥善管理浩如烟海的文献资料,是该馆的一大课题。

2. 总统图书馆。依靠私人及公共部门捐赠建立,均归国家档案与文件局管辖,收藏内容为有关某个总统一生的各种书籍、手稿、照片、录像与录音资料、总统个人收到的礼物、个人收集的货币、邮票、艺术品等资料。国会鉴于总统的档案文件一部分颇具政治价值,足资政府部门、学术界稽考与研究,遂于 1978 年通过法案,决定从 1981 年 1 月 20 日起,总统档案文件列为国家财产;此后,每个总统卸职时须将其文件资料移交国家档案与文件局。到 1986 年,已建成和正在筹建的总统图书馆共有 10 所:(1)富兰克林·罗斯福总统图书馆,为第一所总统图书馆。经罗斯福提出建议后,于 1941 年在纽约海德公园建立。现有图书 4 万册,其他印刷品 8.4 万件,照片 12.7 万张。(2)杜鲁门总统图书馆,设在密苏里州独立城,现有图书 4.4 万余册,其他印刷品 8.2 万件。(3)艾森豪威尔总统图书馆,设在堪萨斯州阿比林,1962 年开放。现有图书 3.6 万册。(4)胡佛总统图书馆,设在伊阿华州西布兰奇,1962 年开放。(5)肯尼迪总统图书馆,设在马萨诸塞州波士顿,藏书 3.5 万册。(6)约翰逊总统图书馆,设在得克萨斯奥斯汀,1971 年开放。(7)福特总统图书馆,设在密执安州安阿伯。1981 年开放,藏书 7500 册,档案纪录长度达 800 万英尺,照片 30 万幅。(8)卡特总统图书馆,设在佐治亚州亚特兰大,1986 年 10 月落成,在所有总统图书馆中面积最大,占地 12 万平方英尺,藏书及档案文献 2700 万册。不对外开放。(9)尼克松总统图书馆,集资 2000 万美元筹建。设在加利福尼亚州约巴林达市。1990 年 7 月 19 日开馆。该馆的档案库收有尼克松生平的详尽材料,定于 1991 年对学者开放。(10)里根总统图书馆,在斯坦福大学校内筹建。里根于 1986 年签署一项法令,规定自他以后,总统图书馆的规模与费用应有所限制。

3. 国务院图书馆。1789 年,在乔治·华盛顿总统任内,由国务院创设。现藏书 6.5 万册,以外国经济、政治、社会、国际关系与外交史方面内容为主。

【美国新闻处图书馆】

美国新闻总署所辖的新闻处遍布资本主义世界各国及美国势力触及地区。到 1986 年,已在 128 个国家设有 211 个新闻处,这些处在 83 个国家建有 135 所图书馆和阅览室,通过图书借阅及其他活动,介绍美国政府政策、美国国情、鼓吹美式文明,是美国对外宣传的一个有力工具。

【军事部门及院校所属】

美国武装力量所辖图书馆有 524 所,包括陆军 211 所,海军 177 所,空军 136 所。其中如驰名世界的西点军校,其图书馆藏书 22.9 万册。"二战"期间及战后以来,美军对图书馆服务相当重视,凡是军人驻地几乎都设置图书馆(室),图书少则十本,多则数千本,形成一个广泛的军用图书馆系统。

第四节　公共图书馆和专业图书馆

【"二战"前后的公共图书馆】

1929 至 1933 年最先在美国爆发的经济危机,造成数百万人失业,其中一部分人为就业谋生而利用图书馆进行自修,致使图书流通量激增。但与此同时,经济的大萧条也使图书馆人员及购书的经费遭到削减。为此,在图书馆界呼吁下,联邦政府对地方图书馆给予援助,其措施包括增聘图书馆员,为各馆添置新书,设立流通图书车等项,并建立图书馆服务处统一领导。当时,仅田纳西河流域管理局(TVA)在所辖的 7 个州的地区就普遍建立了公共图书馆服务网。到 1939 年,全国约 2/3 的人可享受图书馆服务。

"二战"以后,尤其是 60 年代中期,在中央及地方政府的资助下,加上大量迁居郊区的城市居民对图书的需要,公共图书馆的数量进一步上升。1966 年,政府设置全国图书馆咨询委员会。同年,美国图书馆协会公布的"公共图书馆系统最低标准"提出:在一个多种图书馆系统中,中心图书馆最低藏书应为 10 万册,该系统藏书总数与地区人口比例应为人均 2 至 4 册。

1984 年,美国公共图书馆及其分馆共有 15056 所,其中藏书 50 万册以上的约有 50 所。1987 年公共图书馆流通量为 11.54 亿多册。公共图书馆在组织上形成中心馆与分馆相结合的体系。历史悠久而且具有优良传统的如纽约公共图书馆,现藏书 900 万册,报刊 3 万种。它的 80 多所分馆藏书为 344.8 万余册,非书资料 341.6 万余件。1985 年该馆动用 4500 万美元修复专款的一部分用来装饰中心馆;并将 1000 万张卡片目录改为书本式目录与联机形式目录。波士顿公共图书馆及东部马萨诸塞州地区公共图书馆系统现共藏书 500 万余册。洛杉矶公共图书馆在公共图书馆中首创图书馆技术自动化服务系统,现藏书 538.8 万余册,有分馆 62 所。但 1986 年 4 月及 9 月,该馆中心馆两次蒙受火灾,损失 2000 万美元,损坏图书约近 150 万册。

【公共图书馆服务的特色】

美国公共图书馆在服务上历来成绩斐然。70 年代的通货膨胀以及联邦政府削减对公共图书馆的财政支持,使图书馆面临财政困难,为此,公共图书馆积极争取社会团体或个人的资助,同时努力提高服务水平,扩大自身在社会上的影响。其服务特点是:

1. 服务范围广泛。例如,纽约公共图书馆让所有市民领取阅览证与外借证,甚至持有外地图书馆借书证的读者也可入馆阅览。公共图书馆服务范围已扩大到残废人、少数民族、退休中心、地段医院、监狱等处,80 年代晚期,有的馆还在超级市场开设分馆,或对艾滋病情报工作者进行协调,或为社区争端作出调解。

2. 注重为儿童服务。纽约、波士顿、克利夫兰等公共图书馆的儿童工作开展良好。在纽约公共图书馆,只要能在登记册上签名的儿童即可享受借书优待。根据 1986 年美国教育部长提出的"每一个孩子都应有一张借书证,并且要使用它"的号召,各公共图书馆积极行动,制订儿童读书计划,开展讲故事等项活动。

3. 注重咨询服务。很多图书馆已应用计算机解答读者咨询,一般在几分钟内即可为读者提供所需的书目等资料。芝加哥公共图书馆还为家庭读者及办公室提供电传资料服务,使效率大为提高。

4. 出借内容丰富,出借方式便于读者。随着居民生活水平及其对文化需要的不断提高,公共图书馆出借内容除了仍然以图书为主之外,也出借音乐资料、录音磁带、电影录像带、名画摹本、小型电子计算机等等,尤其以录像带出借率最高。至于图书出借方式,则普遍采用了开架式。

【专业图书馆】

1984 年美国各种类型专业图书馆(包括法律、医学、宗教)共有 8574 所。若干专业图书馆以其富有特色的馆藏为科研单位及学术界服务。例如,国家卫生研究所图书馆,1903 年建于贝塞斯达,为该部门的专门研究项目服务,现馆藏图书 8.5 万册,期刊合订本 16 万册,缩微复制品 1.7 万件。设在斯坦福大学的胡佛战争、革命与和平研究所,1919 年由胡佛总统私人捐款 5 万美元建立,为本世纪国际与美国国内政治、社会、经济的文献中心,现藏书逾 150 万册,档案单位约近 4000 个。该所附设的东方图书馆所藏

中文图书以当代中国政治、政治制度、意识形态等方面文献资料为
重点。

第五节　大学图书馆

【大学图书馆的兴旺】

美国大学视图书馆为进行教学、科研的一个十分重要的阵地。
卡特(Allan M. Carter)在1966年写给美国教育委员会的以《大学
毕业生教育质量评估》为题的报告中强调指出:"图书馆是大学的
心脏。它与大学毕业生的质量密切相关。"1965年,联邦政府通过
的"高等教育法"中,内容就颇多涉及图书馆业务的改善与发展,
对图书馆资源、业务培训和研究等方面都提出了要求,有力地促进
了高等院校图书馆工作的开展。大学图书馆工作人员具有良好的
素质是提高工作效率的一项重要保证。在美国大学图书馆业务工
作者中,取得图书馆学硕士学位以及取得另一门专业学位的人为
数颇多,他们在改革馆务,开展咨询服务等重点工作中发挥了骨干
作用。

1984年,高校图书馆共4989所,其中哈佛大学图书馆是美国
及世界上规模最大的大学图书馆,拥有较为充裕的经费。80年代
以来,年度经费在1000万美元以上。现该校共有90所图书馆,藏
书1100万余册。1986年又建成了自动化的图书存贮馆。全国总
计藏书在200万册以上的大学图书馆达62所之多。

【大学图书馆的特点】

美国大学图书馆的特点主要是:

1. 管理体制为分散型与集中型。哥伦比亚等大型的老牌大学

图书馆采取分散型。设在奥尔巴尼的纽约州立大学图书馆实行高度集中,不设分馆。布朗大学图书馆体制介于上述二者之间,适当地实行分散,它的 5 个单位之中有 3 个在组织上结合一起。究竟采取哪种体制为好? 这是一个仍在争论的问题。

2. 收藏范围广泛,尤其注意收集外国文献。1942 年在康涅狄格州法明顿举行的美国国会图书馆专家委员会上通过的"法明顿计划"(1947 至 1972 年实施),以及取而代之的国会修订的"公共法第 480 号",大大加强了大学图书馆外国文献的收藏。各大学图书馆都注意收集各种可资教学、科研参考的资料,即如人口调查、总统选举、证券市场行情等均不放过。

3. 为读者着想,方便读者。大多数馆采取开架阅览制度,使读者能直接接触大部分馆藏,事后由雇用的勤工俭学的学生处理上架,以弥补工作人员的不足。设有防窃设备的阅览室,读者可以携包入内。在建筑设计方面也作了改进,由功能固定型转变为功能灵活型,一般将书库与阅览室合为一室,室内取消了承重的内部墙壁,由一定间隔的圆柱支撑楼层,留出更多的空间以便随时调整结构,室内还配备新式的家具、地毯和空调设备,给读者提供舒适的环境。开馆时间每天多达 16 小时,有几所主要大学图书馆到深夜零时才闭馆,利用率很高。大学图书馆一般都对校外学者开放。

4. 充分发挥促进教学与科研的积极作用。如哈佛大学图书馆于 1973 年实行改革,将全馆工作分为资源、服务、技术支援三个部分,并采取了如下措施:(1)运用各种专业资料为师生服务。除大型的社会科学和人文科学科研图书馆外,还有神学、植物学、生物实验所、化学、医学、比较动物学博物馆、地球科学、物理学研究、心理学研究、社会关系与社会学、美国妇女史、美术、罗布音乐、哈佛—燕京等多种专业图书馆,后者收藏东亚图书之丰富在美国首屈一指,共约 53.8 万册,内有中文书 34.6 万册,包括善本、手抄本、地方志、类书、丛书,其中有一些是世所罕见的版本。(2)重视

174

咨询服务,对学生进行辅导活动。1948年起哈佛大学图书馆专辟3所为大学本科生使用的图书馆,备有为之服务的文献目录及参考咨询业务,并且有为本科生举办查阅专业资料的现场讨论会,如何使用主要工具书的报告会,以至对高年级学生和研究生进行撰写论文的指导。显然,馆员要完成这项任务必须具有渊博的学识。

5. 重视现代化手段的运用与网络服务。为了迅速掌握与提供情报资料,各类图书馆纷纷采用电子计算机,并开展协作活动。设于哥伦布市的俄亥俄学院图书馆中心(OCLC—Ohio College Library Center,1981年更名为图书馆计算机联机中心:OCLC—Online Computer Library Center)尤其取得了令人称羡的成果。这个中心于1967年起由俄亥俄州各大学图书馆联合筹建,不仅与俄亥俄州的图书馆的协作网联络,并且与国内外6000个以上的图书馆、3500个情报中心、5000多个计算机终端联接,加上它拥有世界上内容最为丰富、经计算机处理的1000万多条图书馆书目记录以及1亿多件记录资料,因而为一个规模宏大的信息交流中心。它既为国内政府、工商企业、法律部门、国会图书馆所利用,也为世界各国所利用。平均每秒钟收到国外问询50多条,而且能以最快速度回答。1979年起在6年内传递馆际互借申请逾700万件。这个中心的建立与发展,为现代图书馆的发展指出了一个新方向,即借助高级电信系统建立图书馆网络,达到高效率的跨地区、跨国度的图书馆资源共享。

第六节　私人图书馆

【大型私人图书馆】

私人图书馆历来是美国图书馆系统中一个重要的组成部分。

大型私人图书馆共有 14 所。它们具有财力雄厚的优势。由于创办者多为大资本家,巨额的购书经费源源不断,而且以优厚的待遇吸引了一些素质上乘的图书馆员。这些馆的藏书各具特色。这固然与建馆者个人的兴趣与爱好有关,还因为这些馆常常是建馆者对另一个经济解体的图书馆整个购进,或对一批图书一次性购进所导致的。主要的大型私人图书馆如下。

1. 福尔杰的莎士比亚图书馆。它是世界上莎士比亚图书资料收藏最多的图书馆。1932 年在华盛顿特区开放。富商福尔杰(Henry Clay Folger,1857—1930)及其妻终生着力搜集所有关于莎士比亚的资料及伊丽莎白时代的戏剧史料。后来采集范围扩大到 16、17 世纪文化各个领域。按福尔杰的遗愿,该馆交由马萨诸塞州的阿默斯特学院董事会管理。1948 年 7 月起由史学家、图书馆学家赖特(Louis Rooker Wright,1899—?)担任馆长,他在任内大力采购图书;聘请美英学者、藏书家组成咨询委员会;定期举办学术会议,设置鼓励研究的奖金,使馆务大为发展。现该馆藏书 25 万余册,手稿约 5 万件,缩微胶卷 4800 件。

2. 纽伯里图书馆。1887 年以富商纽伯里(Walter L. Newberry,1804—1868)遗赠的 210 万美元作为建馆基金,在芝加哥创办,现有图书 140 万册,手抄本 500 万页。藏书基本内容为人文科学,尤以西方文明史书籍最多。特藏为美洲印第安人资料,印刷史,音乐,英美历史及文学,探险与早期制图学,欧洲文艺复兴资料,从文艺复兴到 1815 年的欧洲史,菲律宾群岛资料,殖民地时期拉丁美洲历史与文学等。该馆图书概不外借。每年约有 8000 名来自世界各地的学者来馆查阅资料或进行研究。

3. 纽约的摩根图书馆。为金融家摩根(John Pierpont Morgan,1837—1913)创办。他生前从欧洲各地搜购艺术品及书籍,曾于 1899 年将英国书商詹姆斯·图维的全部藏书一次购进。在他去世后,其子于 1924 年将该馆开放,当时有图书 2.5 万册以上。现以收有中世纪及文艺复兴时期的手稿等特藏著称。

4. 亨廷顿图书馆。设在加利福尼亚州圣·马尼诺。为铁路巨头亨廷顿（Henry Edwards Huntington, 1850—1927）于 1919 年创建。他早年曾整批收购美国早期印刷本及美国文献, 构成馆藏的重要部分。现馆藏包括善本书 33643 册, 手稿数百万件。

第七节　图书馆学研究

现代美国图书馆界涌现出了一些优秀的图书馆学家和学者。其中在图书馆学研究上有所突破的, 以巴特勒与谢拉为代表。他们都注重从科学与社会的高度对图书馆学进行探究, 这与长期在图书馆界占优势地位的以梅·杜威为代表的专注于实际技术的研究方向大相径庭, 可以说是异军突起, 引人瞩目。

【巴特勒】

巴特勒（Pierce Butler, 1886—1953）为图书馆学家。早年曾任纽伯里图书馆采购部主任等职, 后在芝加哥大学图书馆学研究院执教。1928 至 1952 年著《图书馆学导论》一书, 阐述了他的图书馆学思想。我们知道, 在此以前, 美国图书馆学界盛行以杜威（Melvil Dewey）为代表的实用论, 在图书馆学教育领域内则存在着教材与课程千篇一律、教师资历偏低等问题。图书馆学教育内容究竟以技术还是以理论为重点, 意见分歧。1923 年, 受聘于美国图书馆学院协会的威廉森（Charles C. Williamson）提出的研究报告中, 认为课程至为重要, 但课程不应过分重视技术以至于忽略基本原理和理论。这一看法实际上已经触及美国图书馆学教育的核心问题, 但他未作理论上的阐述。这一课题后来由巴特勒开始着手进行探讨。

巴特勒批评图书馆界偏重技术而忽视理论的思想。当时图书馆界有些人片面地认为社会只需要有效的图书馆服务,而对社会也需要图书馆学理论的必要性却缺乏认识,把自己束缚在"实用主义的框框里",乃至对图书馆学是一门科学也产生怀疑。巴特勒有鉴于此,强调"图书馆学在本质上遵循近代人气质所具有的思考习惯才能成为科学。以知识的综合为目标的道路应全部以客观的现象出发。而现象是通过严密的观察推敲出来的";"图书馆的全部工作理应受到理论分析的指导,这种分析将揭示规律的原则"。换言之,他要求只有从科学的角度说明大量的复杂的图书馆现象,以理论指导实际,图书馆员才能胜任本身的工作。

巴特勒对图书馆学的性质及地位作了论述。他从社会学、心理学、历史学等方面进行分析,认为图书馆是对图书的分析、收集保管资料的新的社会机构;必须分析阅读带给读者的心理上的影响;认为图书馆在继承和传播文化知识上起着决定性的作用,从而得出结论:"图书馆是将书籍内容传播到人们意识之中的一种社会机构(social apparatus)。"图书馆学研究的对象是图书与读书现象。并指出图书馆学"在一切社会科学所论述的社会现象中占有一席之地"。

由于巴特勒从历史学角度来考察图书馆学,因而强调图书馆工作者了解图书馆历史的必要性。他指出:图书馆工作者"只有通过对历史起源的了解,才能充分认识图书馆事业。很明显,图书馆员的一部分实践取决于他对历史的理解。一个图书馆员如果没有清醒的历史认识,就难以胜任为其所在的社区服务的职责"。在这里,他指出了研究图书馆学必须与历史结合,达到鉴古知今的目的。

巴特勒的功绩在于把图书馆学从单纯实用的层次提高到理论研究的高层次,第一试验图从宏观的角度考察图书馆学,打破了以往图书馆学研究中就事论事的旧框框,为以后的研究开拓了宽广的道路。

【谢拉】

谢拉(Jesse Hauk Shera, 1903—1982)为图书馆学家、教授。曾就读于芝加哥大学图书馆学研究生院,与巴特勒有过业务交往并对其倍加推崇。1944年起在该校图书馆工作并执教,迄于1952年。谢拉的学术著述颇丰。晚年所作《图书馆学的社会学基础》(1970)及《图书馆学引论》(1976)是其代表作。这些论著比巴勒特《导论》晚了40年左右,因而不仅继承与发扬了巴勒特的图书馆学思想,也吸收了其他若干学者的学术成果。例如,美国学者博登(Arnold Borden)曾在《图书馆季刊》第1卷上发表的论文《美国图书馆运动的社会学开端》一文,指出"从历史的角度以及现在的情况来看,图书馆学需要应用社会学、经济学以及其他人类知识的分支学科来加以研究。"谢拉在其所著《美国图书馆史文献》(1973)中,承认博登此书中阐述的思想对他有所影响。又如印度阮冈纳赞(S. R. Ranganathan)对图书馆学原理的见解和德国卡尔施泰特(Peter Karstedt, 1909—)从社会学角度研究图书馆的思想也都为谢拉所重视或吸收。同时,谢拉著述之时,具有吸收当代最新科学成就与技术成果的有利条件,这为他的图书馆学理论注入了新的血液。

谢拉提出社会认识论(social epistemology)作为图书馆学理论知识的基础。在他看来,图书馆是一种受着社会环境影响与制约的社会机构。社会认识论的研究对象为知识的发展、扩大、交流与协调,着重于知识与社会的相互关系与相互作用。他认为,图书馆工作的实质即对人的知识的管理,因而主张图书馆工作的90%应为组织管理各学科的实际知识,另10%为专业技术。

谢拉高度评价图书馆在社会生活中的重要作用。他认为图书馆在文化交流体系中曾作出保存和传播文化遗产的传统贡献,而在今天,图书馆则对社会负有进行教育和传递情报的重任。

随着现代技术的发展,学科之间互相渗透,图书馆服务手段的自动化趋向也日益迫切,图书馆学科的性质愈来愈多地为人们所争论。谢拉认为,就图书馆学的根基与实质来看它仍然属于人文科学。

谢拉长期研究图书馆学教育,并积累了丰富的实践经验。他认为图书馆学教育由下列6项因素构成:基础知识、专门知识、运用知识的能力、对服务对象的了解、对社会环境与信息环境的认识、评价研究成果的技能。他特别重视运用知识的能力,把它作为培养大学图书馆学专业学生的中心目标。这对于提高学生质量无疑是颇为精彩的见解。

尽管谢拉的"社会认识论"还不能对图书馆与各种社会关系的相互影响及相互作用等问题作出深刻的理论分析和总结,但他在认识论、方法论方面作出了新的跨越,提出了不少发人思考的新颖见解。由于谢拉与巴特勒的观点一脉相承,都力图使图书馆学摆脱梅·杜威实用观点的束缚,因而受到当代一些图书馆学者的重视。

应当指出,时至今日,美国图书馆界中的理论水平仍较落后。表现在研究内容方面,尽管范围广泛,但论题狭窄,罗列现象、充斥术语的文章较多,缺乏深入的理论剖析与科学结论,科研不能充分适应图书情报服务领域的实际发展,因而不能有效地发挥理论指导实践的作用。在图书馆学领域中占优势的仍是实用研究,这一方面的课题在60至70年代竟占全部图书馆学论文的90%,而理论研究文章仅占4.3%。

第八节　图书馆学情报学教育

【院系的设置与培养目标】

从 1887 年梅·杜威在哥伦比亚大学创立的第一所图书馆学院以来,美国图书馆学教育已有 100 多年的历史。

在"二战"后技术革命及教育改革浪潮的推动下,60 年代,美国约有 500 所院校设有图书馆学专业课程,设院系的有 90 所,其中为图书馆协会认可的约 60 所。自 1964 年匹兹堡大学最先将所属的图书馆学院改为图书馆学情报学院以来,截止 1984 年 10 月,由美国图书馆协会公布的经该会认可的美国图书馆学院或图书馆学情报学院校达 60 所,加拿大为 7 所。

美国图书馆学情报学院系的培养目标以美国纽约州立大学奥尔巴尼分校图书馆学情报学学院为例,其教学计划所规定的培养目标为:(1)获得情报资源与服务的知识,以便从事普通高等教育。(2)研究知识的组织、贮存与传播的方法,着重研究知识各个领域的相互关系。(3)了解各门专业的事实情报体系的需要,尤其要了解公共计划与政策制订的事实情报。(4)研究作为其未来职业的图书馆学与情报学。

美国大学培养图书馆学与情报学专门人才,有学士、硕士、博士三个层次,主要是通过硕士课程进行。根据美国图书馆协会鉴定委员会所制定的图书馆学硕士课程,内容必须包括对作为教育和情报机构的图书馆的作用的理解;图书资料保管与运用的理论;咨询及查找情报源的知识与能力;情报管理与组织等 4 个方面。

【课程设置与特色】

70年代以来,课程设置一扫以往墨守陈规的习气,以便于适应社会的发展、新学科的涌现以及美国图协1972年修订的图书馆学课程新标准的需要,同时也有利于学生的就业。

具体课程的名目繁多,一般具有如下的特点:(1)课程设置由于自动化程序的广泛应用,而发生了很大的变化,与传统课程已不可同日而语。(2)课程门类分得较细,注意实用性,多数课程供选修,便于学生毕业后到不同性质的机构服务。(3)注意引进情报学课程,80年代初,美国67所院校中仅有一所未设置情报学课程。这种现象反映了情报学在这些院校教育中日益受到重视,其课程内容尤其注意对包括图书馆在内的情报系统进行分析及评价能力的训练。(4)重视图书馆管理。许多院校纷纷增设图书馆管理课、图书馆行政课,或者将这两门课并为一门课处理。(5)重视学术研讨、实习及硕士论文,有利于学生智能的发展和理论及实践水平的提高。

一般说来,各校硕士课程中,必修课为1至5门或多达9门,选修课为9至20门左右不等。至于硕士学位以后的高级证书学位课程则包括:图书馆学和情报学的专题讨论、图书馆学和情报学的指导阅读、图书馆学和情报学的高级实习、主修研究课题的讨论。

【教学改革与毕业生就业】

从70年代晚期起,美国图书馆学教育更加重视教学改革。美国图书馆资源委员会和国家人文科学捐赠基金组织,在对其所赞助的36个大学中,主要内容之一即为研究改革,加强馆系之间的联系。1981年12月,图书资源委员会在洛杉矶加州大学主办了大学图书馆尖端问题会议,就大学图书馆的主要问题与解决办法、未来决策、如何培养新的图书馆员等问题进行了讨论。至于被图书馆资源委员会及国家人文科学捐赠基金组织赞助的一些学校则采取了下列措施加强师生的实践能力:到图书馆咨询台服务,调查藏书,重新设计课程,举办讲座,安排展览、电影等文化活动,并围绕上述活动组织研讨会、专题课、研究性实习等。图书馆员还被吸引到院系参与课程设计,以授课或个别辅导方式进行书目指导。

但是,从 80 年代中期起,在上述 67 所图书馆学情报学院之中,已有 8 所关闭或正式关闭,另有几所也陷入困境。其他还在开办的院校的新生入学率、毕业生率也有所下降。这种现象显然是与美国经济波动、里根政府削减图书馆经费、书价上涨、图书馆财政紧张以及就业竞争加剧有关,因此给图书馆学教育造成更大的压力,要求采取有效的对策。为此,一些图书馆情报学院把工作重点放在提高教员、教学质量上,同时对在校生进行求职与书写个人履历的指导,积极向社会用人单位推荐毕业生。

1983 年各图书馆学情报学院毕业生总数为 3061 人,其中女 2355 人,男 600 人。女性远远多于男性。就业去向为:64%受雇于专业或与专业有关的单位,即 1845 人找到专业工作(内有 401 人即 22%的人返回原工作单位),就业时间为 3 至 6 月不等。其薪金待遇,1983 年男女毕业生平均年薪为 1.77 万美元,男子略高于女子;具有图书馆工作经验者略高于无工作经验者。1984 年资料表明,图书馆馆长最高平均年薪为 3.75 万美元。

第九节　图书馆协会

【图协的成立】

美国图书馆协会不仅在美国图书馆界发挥重要的作用,其影响也扩及到国外。1876年10月,乘费城博览会举行之际,103位美国及国外对图书馆有兴趣的人士在该市集会,经梅·杜威建议,成立该会,有会员69人,共推波士顿公共图书馆监督人温泽(Justin Winsor)为会长,美国国会图书馆的斯波福德(Ainsworth Rand Spofford)、芝加哥公共图书馆的普尔(William Frederick Poole)、纽约州立图书馆的霍姆斯三人为副会长,梅·杜威任秘书。次年2月开始发行会刊《美国图书馆》。协会经费主要来源为私人捐款,以卡内基财团最多。会员发展很快,1902年为1152个,到1985年已逾4.2万个,包括团体会员及个人会员。个人入会资格要求严格,必须是在被认可的图书馆学研究院毕业后取得硕士学位的专职图书馆员。协会总部设在芝加哥,1945年起在华盛顿设立办公室,以加强与国会、政府的联系。1985年,总部、华盛顿办公室、《选目》编辑部三处的职员共逾230人。同年,该会总收入逾1200万美元。

【图协的活动】

美国图协通过总部下属的各个委员会、办事处以及同美国图书出版商协会等组织共同建立的联合委员会等一些机构一起开展活动。这些活动围绕促进图书馆服务与图书馆事业的总宗旨而进行,主要为以下几点:

1.制订图书馆及其服务标准。如公共图书馆系统最低标准,公共图书馆服务标准,图书馆学院认可标准,社区大学图书馆标准,中小学图书馆规划标准,医院图书馆标准,小型图书馆标准以及为儿童、青少年、盲人服务等项标准。这些文件虽非国家颁布,但具有一定的权威性,可以作为上述标准所要求对象在馆藏数量与服务质量上的衡量尺度,也可以作为它们的奋斗目标,因而对图书馆工作的进展是一个有力的刺激因素。

2.推动立法,维护图书馆权益。图协驻华盛顿办事处努力推动国会通过有利于图书馆的有关立法,向议员游说,提供资料与证人,联合各地,形成舆论声势。例如,1956年"图书馆服务法案"的通过与图协的活动和争取是分不开的。

3. 督促图书馆学教育。图协不仅制订图书馆研究学院认可标准,而且对各院教学大纲、教学工作进行鉴定与评价,同时联合地方图书馆协会及政府机构对图书馆人员教育计划作出鉴定,为图书馆人员的进修创造各种条件。1966年建立了图书馆教育处,提供专业服务。同年出版专著《图书馆教育与人员利用》。此外,图协下辖鉴定委员会,主要负责鉴定图书馆专业第一级学位,督促"1972年修订鉴定标准"的实施。

4. 维护公民阅读权利。美国图协于1939年通过了一项"美国图书馆权利宣言",经1948年、1953年两次修订,最后到1967年进一步充实。它宣布各个公民均有使用图书馆的权利,不因种族、国籍、宗教或政治观点而予否认,借以"保障读书权利,培养判断能力",并申明图书馆应当抵制官方或私人的审查。我们知道,美国政府在"二战"时期曾对新闻及出版物进行审查。50年代初,参议员麦卡锡(Joseph R. McCarthy,1908—1957)一度大刮反共风浪,进步书籍也在攻击之列。因而维护公民阅读权利的要求的提出有着一定的背景和原因。但事实上,书刊审查在不同阶级执政的国家看来还是维护各自国家利益的不可缺少的措施。

5. 扩展图书馆服务,提供资料与设备。早在第一次世界大战期间,在普特南负责的图书馆战争服务处领导下,图协即对国内外美军供应图书资料,协助建立驻地图书馆。战后迄今扩大了这个方面的工作。

6. 举办学术活动。每年有两次大的活动,一次在年初举行,由图协各组织负责人、各图书馆馆长参加。另一次在6至7月,一般会员均参加。1987年6至7月在旧金山召开了第106届年会,会上就图书馆面临的形势和任务,图书馆的公共关系,如何提高服务效益并加强为儿童服务等问题作了讨论。

7. 出版各种书刊。图协及下属各组织出版的期刊主要有:《美国图书馆》(年刊)、《选目》(每年出版 11 期)、《图书馆自动化服务杂志》(季刊)、《参考与问题》(季刊)、《图书馆资料与技术服务》(季刊)、《图书馆技术服务》(双月刊)。工具书主要有:(1)《美国图书馆协会年鉴》,1976 年开始发行。对美国图书馆与情报事业作出回顾与述评。(2)《ALA 世界图书馆与情报服务百科全书》,1 卷本,1980 年初版,1986 年再版。(3)《工具书指南》,1902年初版。1917 年第 3 版至 1936 年第 6 版由马奇(Isadore Gilbert Mudge)编辑,嗣后由马奇的门生温切尔(Constance Mabel Winchell)续编。1976 年第 9 版由马奇的再传弟子希伊(Eugene Paul sheehy)编辑,是一本众口皆碑的综合性工具书指南。1986 年出版第 10 版。

第十九章　加拿大

第一节　国家图书馆和政府图书馆

【国家图书馆】

1953 年建立，至今仅有 35 年的历史。之所以如此，显然与加拿大的历史情况有关。"二战"前后，加拿大与美国在政治、经济上交往密切，影响所及，人们在利用图书方面，习惯于依赖美国的国会图书馆及各个大学图书馆，缺乏建立本国国家图书馆的迫切感。同时也缺乏全国图书馆协会之类的组织进行督促。

为了改善图书馆馆藏及服务状况，建立一个全国性机构以保证对重要的印刷资料的书目检索势在必行。经过图书馆界有识之士不断呼吁，在图书馆协会（1946）与其他组织共同努力下，1950年建立了加拿大书目中心，为建立国家图书馆做了准备。1952 年国家图书馆法案通过后，国家图书馆于翌年在渥太华正式成立，原书目中心的工作即移交该馆。1967 年国家图书馆与公共档案馆一起迁入新建的现代化馆舍之内。1968 年 6 月与公共档案馆在行政管理上分开。1969 年 9 月，联邦政府颁布新的国家图书馆法，规定该馆馆长地位相当于副部长级，受总督的指导；该馆负责协调政府各部门、各机构的图书馆业务，包括图书的采购与编目，提供专业指导和监督以及提供专业人员，开展现代化情报贮存与检索服务等项。国家图书馆成为法定的版本图书馆和全国书目中心。现在该馆在组织上分为公共服务部、图书馆系统中心部、藏书发展部、编目部、网络发展办公室等 5 个部门,年度采购预算为 180 万加元。藏书逾 100 万册,内容以人文科学、社会科学为主,但除个别专业外,藏书内容还不够丰富,这与经费不多有关。从 1980 年起,该馆采用自动输送系统和计算机检索。并出版了《加拿大国家书目》、《加拿大论文集》、《加拿大图书馆新闻》等。

【加拿大科学技术情报研究所】

其前身为 1924 年在渥太华建立的加拿大国家研究委员会的图书馆。1974 年 10 月改为现名,是加拿大全国科技情报系统的核心。其年度采购预算为 600 万加元,远远高出国家图书馆之上。该所馆藏书籍逾 100 万册,期刊 2.3 万种,缩微胶卷 80 万件,科学与工业资料的收集尤为完备。编印加拿大图书馆收藏的科学期刊联合目录等出版物。这个所的活动多种多样,包括文献查找,发挥原卫生科学资源中心的作用,开展馆际互借、照相复制,向有关大学与工业机构提供情报等。1983 至 1984 年该所馆藏能满足约 24 万件馆际互借需求的 75% 左右,其中 6.2 万件通过联机检索解决。

【议会图书馆】

1815 年建于渥太华。在国家图书馆成立后,其职能有所改变,不再接收缴送本,也不承担交换中心的职能,而成为立法参考图书馆,并将大约 25 万册不常用的图书移交给国家图书馆。

议会图书馆现在为议会参、众两院服务,馆藏包括书籍约 65 万册、缩微资料 2.4 万余件、缩微胶片 2.8 万多件,内容侧重法学方面。

【魁北克国立图书馆】

设于蒙特利尔。前身为圣·萨尔皮斯图书馆（1845）。1968年魁北克省政府制订一项法案将该馆改为现名。原计划是建立一个国家图书馆，因而其业务活动范围超出一个省立图书馆之外。它采购有关魁北克及法属加拿大的所有资料，获得魁北克出版物的缴送本权，拥有本省各馆馆藏的联合目录，出版《魁北克书目》等刊物，提供书目及参考咨询服务，开展馆际互借，并与法国国家图书馆等馆广泛进行国际交换。现藏书36.8万余册。

第二节　公共图书馆

【"二战"前后的公共图书馆】

20世纪20年代，若干所大型公共图书馆开始聘用专业图书馆员，并设置分馆，如温哥华公共图书馆于1921年有了第一位受过专业训练的馆员，1822年创设第一所分馆。20至30年代，蒙特利尔公共图书馆也建立了一些分馆。30年代在卡内基基金会的资助下，曾分别在不列颠哥伦比亚的弗雷沙河流域以及爱德华王子岛两处成功地做出图书馆服务的试验。当时，全国以安大略、不列颠哥伦比亚两省公共图书馆最为发达，前者几乎拥有全国公共图书馆一半以上，为大约60%的居民服务，但其他各地区则相当落后，出现了极不平衡的现象。

"二战"结束后，随着经济、文化的发达，公共图书馆受到人们的关注，不列颠哥伦比亚省公共图书馆委员会等机构对发展公共图书馆发挥了促进作用。由于一些中小城市人口及税收有限，开始进行图书馆协调。在多伦多、温尼伯、温哥华等大城市，在一些政府的图书馆之间建立协作。60 年代，仅安大略省即建立 14 所公共图书馆地区系统，对所属各馆的图书采购、编目等项工作实行了统一安排。

【公共图书馆的现状】

1965 年，加拿大共有公共图书馆 884 所，80 年代中期增至 1000 所。按全国人口计算，平均 24300 余人可以摊上一所公共图书馆。在每个省、市均设有由当地议会批准成立的图书馆董事会作为统一管理机构。魁北克省政府当局对公共图书馆尤为关注，致使公共图书馆为居民的服务比例由 1959 年的 20% 上升为 1974 年的 60%。

多伦多公共图书馆是加拿大规模最大的公共图书馆。1930 年中心馆迁入新址，设有分馆 16 所。现在，分馆增至 30 所，并在 7 个医院和其他若干公共机构设有服务点，藏书 155.3 万余册。

加拿大实行联邦制，各省有相当大的行政权。图书馆由各省自行管理，包括公共图书馆在内的各类图书馆分别向省级有关部门汇报工作。这种体系一方面能使地方放手进行工作，便于形成各自的特色；但另一方面却由于缺乏集中统一领导，给形成全国性图书馆网络与协作活动带来诸多不便。

第三节 大学图书馆

【"二战"后的变化】

20 世纪 20 年代，在加拿大大学图书馆中，除多伦多大学及女王大学外，一般规模较小，藏书数万册左右，它们相互之间缺乏必要的联系。但有些馆与美国联系频繁。

"二战"结束以来,大学及学院图书馆的数量迅增,1959 至 1960 年为 31 所,1985 年大学图书馆约为 110 所,学院图书馆为 140 所。加拿大学院与大学图书馆协会对入会各馆之间的馆际合作进行了协调。但由于各省有较大的独立性,要实现全国大学图书资源共享还存在不少困难。至于大学图书馆管理方式,则与美国相似,采取集中管理体制,有统一的经费预算。为了充分为教学与科研服务,采购图书范围相当广泛,不仅有书刊,也罗致地方文献、口述历史纪录、社会名流的个人档案等项资料。

　　【主要的大学图书馆】

　　有以下 5 所:

　　1. 多伦多大学图书馆。包括 50 多所图书馆,由中心图书馆馆长办公室负责整个图书馆系统的业务计划及管理。馆藏量总计有图书 676.6 万余册。该馆还建立了自动化系统数据库。

　　2. 麦吉尔大学图书馆。设在蒙特利尔。各个图书馆按主题组织为人文与社会科学、法学、生命科学、物理学与工程学、大学本科生五个领域,借以促进与协调未来馆务的发展。现整个系统的图书馆为 19 所,藏书达 239 万余册。

　　3. 不列颠哥伦比亚大学图书馆。1912 年建于温哥华。现有 15 所分馆,馆藏图书 263.9 万册。

　　4. 亚伯达大学图书馆。1909 年建立,馆藏 301.4 万册。

　　3. 蒙特利尔大学图书馆。1928 年建立。收有图书 229.5 万册。

　　以上大学都设有专门培养图书馆学、情报学或档案学人才的研究生院。

　　除大学图书馆外,加拿大还设有学院图书馆及社区学院图书馆,但为数远远不及美国之多。

　　加拿大大学图书馆面临的主要问题是,如何想方设法适应迅猛发展的图书馆技术和如何在财政收入减少的情况下继续提高服务水平。

第四节　专业图书馆

【"二战"后的勃兴】

加拿大专业图书馆在近几十年来才得到发展。贝里尔·L·安德森在其著名的论文《加拿大专业图书馆》（载于 1977 年《变革中的加拿大图书馆》一书）中指出,75% 的专业图书馆均建于"二战"之后,如同美国一样,当时许多专业图书馆从开始即得到中央及地方政府的资助。

1968 至 1978 年的十年期间,若干居民居住区实行合并;同时由于工业化的开展、经济上的国家化以及地方事业的发展,导致前所未有的对专业图书馆的需求。专业图书馆数量剧增,截止 1985 年,已约有 1600 所。但馆舍面积、经费、工作人员都不能满足需要。

【三种类型】

加拿大科技情报研究所在全国专业图书馆系统中起着核心作用。就全国来说,专业图书馆大体上有以下几种类型并分别有其不同的服务对象。

1. 法学、医学方面的。以历史悠久见长。如蒙特利尔律师图书馆（1849）、曼尼托巴立法图书馆（1870）及医学会在温哥华所设的图书馆（1906）等。其中,曼尼托巴立法图书馆馆藏现为 134.5 万余件,特藏有加拿大、西部加拿大和曼尼托巴历史、经济、政治、社会科学、城乡及少数民族语言、当地报纸、政府出版物。

2.全国性协会举办的。如设在多伦多的皇家天文学会、制造业者协会、成人教育协会等机构所设的专业图书馆。

3.工商业部门的。如设在渥太华的加拿大能源、矿业资源公司总部的图书馆,1958 年建立,收藏书籍及合订本期刊共 6.5 万册。

第二十章　英　　国

第一节　国家图书馆

英国有 3 所国家图书馆。

【不列颠图书馆】

又译英国图书馆。它曾在 200 多年期间一直是不列颠博物馆的一部分。1972 年议会通过图书馆法案,把若干国家系统领导的图书馆合并,实行统一领导,于 1973 年 7 月 2 日组建为不列颠图书馆,英国图书馆系统的核心至此形成。新成立的该馆系由原不列颠博物馆图书馆、国家中央图书馆、国家科学与技术外借图书馆、国家科学与发明参考图书馆、国家书目出版社、专利局图书馆等六大单位合并而成。出版物有:《英国图书馆杂志》(半年刊)、《英国图书馆新闻》(月刊)及《年报》。馆藏分散于各部,现有图书、手稿、报刊、地图共 1550 万册。全馆共有工作人员 2400 多人。1985 至 1986 年度经费收入(包括政府拨款及本馆有偿服务等收入)共计 6189 多万英镑。

这个馆包括以下 4 个主要机构:

1. 人文科学和社会科学部。设在伦敦原不列颠博物馆内。下辖图书部、特藏部、读者服务部等机构。为该馆规模最大、地位最重要的部门,大部分馆藏集中于此,以原不列颠博物馆图书馆为主体。每年新收书刊报纸等文献约 60 万件。现藏印本逾 1030 万册,西方手稿约 8353 部,东方手稿约 3733 部,希腊及拉丁文纸草书 3000 件,最佳的埃及纸草书、印章及证书 1.8 万件。每年图书使用量约为 100 万册次,所有图书资料概不外借。

2. 科学技术和工业服务部,下辖两个部门:(1)科学参考与情报服务部。由原国家科学与发明参考图书馆改制而来,现分设在霍尔本与贝斯沃特两处,实行开架阅览。该部提供现代科学技术、商业、专利、商标等方面的情报服务。1970 年以后出版的图书已被制成机读目录。该部备有联机检索的终端设备与国内外情报资料中心进行检索,从 1982 年 7 月起,可以利用联机检索 1701 至 1800 年国内外的英文出版物。(2)文献供应中心,原名外借部。设在西约克郡波士顿·斯巴,为全国图书馆外借中心。由原国家中央图书馆、原国家科技外借图书馆合并而成。1985 年 12 月改为现名,有工作人员 800 余人。现有图书约 450 万册,期刊 17.2万种(其中现期期刊 5.6 万种),缩微文献约 350 万件。馆藏中科技内容占有很大的比例。该中心面向国内外进行有偿服务。向它索取资料的,国内以大学图书馆居多,专业图书馆其次;国外以法国、丹麦、苏联、美国、西德为主。该中心于 1987 至 1988 年处理用户申请 325 万件(其中 80% 为科技方面内容),每日平均为 1.3 万件,共创营业额 2100 万英镑。供应文献的效率很高,一般能在收到国内用户申请后当日或数日内将所需资料或复制件交付,对国外用户的交付时间最多也不超过 10 天。

3. 目录服务部。设在伦敦。1950 年开始出版《英国国家书目》。这个书目具有报道及时、累积索引体系完备的优点,在书目工具书中质量堪称上乘。1973 年,原国家书目出版社并入英国图书馆,成为目录服务部的主要部门。70 至 80 年代,又相继出版了《英国图书馆连续出版物目录》、《英国音乐书目》、《英文图书》、《英国教育索引》。该部现提供 2 个联机检索的数据库(BLAISE –

LINE 和 BLAISE—LINK）服务。

4. 研究与发展部。它对于有利于图书馆与情报服务工作发展的各种研究项目进行支持与资助。这些项目包括情报文献的分类、编目、索引、贮存、检索与翻译等等。

不列颠图书馆存在许多稀世的善本，如盎格鲁—撒克逊诸王时期的宪章，梵文及希伯来文抄本，1455 年出版的圣经，1476 年出版的《坎特伯雷故事集》，1623 年问世的莎士比亚作品，属于 1800 年以前出版的 85 万册书刊等等。如何维护这些珍品以及约 40% 须待修补的书籍，同时解决日益不敷需求的馆舍问题，成为该馆面临的重大任务。为此，该馆曾于 1986 年专门讨论了这个问题，随后建立了图书保护办公室。同时，耗资 10 亿英镑以上总面积为 20 万平方米的新大楼定于 1991 年建成。

【其他国家图书馆】

1. 苏格兰国家图书馆，1682 年在爱丁堡建立，原为法学院图书馆，1709 年成为版本图书馆，1925 年改为国家图书馆，现有图书及小册子约 500 万册及大量手稿，以苏格兰图书及手稿为特色。该馆根据版权法可索取联合王国及爱尔兰出版的任何图书。

2. 威尔士国家图书馆，1907 年建于阿伯里斯威思，现有印本约 250 万册，手稿 3 万件，以威尔士语著作及有关威尔士的作品为主。

第二节　公共图书馆

【公共图书馆分布广泛】

1915 年由亚当斯（W. G. S. Abams）提出的报告以及 1927 年

由凯尼恩(Frederic G. Kenyon)提出的《部属委员会关于公共图书馆的报告》,分别就公共图书馆的重要性、公共图书馆在社区的价值和地位作了阐述。1919 年制订的公共图书馆法促使公共图书馆向农村发展。由于上述原因,到 20 世纪 30 年代,公共图书馆已在英国全国普遍建立。

按照 1964 年公共图书馆法的规定,公共图书馆及中小学图书馆受教育部及科学部的管理,地方当局有义务向居民提供图书馆服务,并保证中小学图书馆的发展。1965 年颁布的"公共图书馆服务标准",规定凡不符合标准者概由上一级图书馆负责提供服务。上述法令使图书馆置于国家监督与管理之下,为有效提高服务质量提供了保证。

公共图书馆以在一些大城市、工业中心的规模最大,构成图书馆群。利物浦图书馆群,现藏有 200 万册图书、小册子及手稿。曼彻斯特中心图书馆,是英国最早的免费公共图书馆之一,藏书233.4 万册,有 27 所地段图书馆。爱丁堡中心图书馆,收藏图书资料 119.7 万余件,有 21 所分馆。

有的公共图书馆的藏书具有浓郁的地方色彩,如造船业中心利物浦公共图书馆,除收存当地历史文献外,还注意搜集造船业及与国际船舶联运业有关的资料。

【公共图书馆的成效】

公共图书馆在以下几个方面颇具成效。

1. 图书馆利用率高。英国公共图书馆多如繁星,布局合理。现全国有 2500 所以上的公共图书馆网络。1984 至 1985 年度公共图书馆总流通量为 6.2 亿册次,平均每人年借书量约 10 册次,数额之高在世界上仅次于丹麦。为了便利读者,伦敦公共图书馆所颁发的全市通用借书证,在各馆均可借书。现在公共图书馆已有 1/3 以上实现自动化管理,进一步提高了服务效率。

2. 服务对象广泛。对专门团体、学校、医院、监狱、侨民地区、闲居在家的人,尤其是老人和残疾人,通过就地设置图书点或派出流动图书车送书上门。大多数公共图书馆都十分重视为儿童及学校服务。如伦敦附近的克罗伊登,人口不及 20 万,但该地公共图书馆建立了完整的儿童图书馆系统。至于英国的学校图书馆,则因财政拮据,经费遭到削减,馆员工资微薄,以至全国合格图书馆员仅有 2% 从事学校图书馆工作。幸赖公共图书馆积极与学校配合,供给书刊、唱片,使学校得益匪浅。

3. 开展多样化活动,有些图书馆聘请专业人员组织阅读、讲演、摄影、诗歌朗诵、艺术展览、音乐会等丰富多彩的活动,从而对于传播科学文化知识、丰富广大群众精神生活产生了积极的影响。

英国近年来经济衰退,地方政府拨给公共图书馆的经费不断减少,而图书价格却日见上升。公共图书馆为摆脱困境,不得不裁减人员或缩短开放时间,增加了有偿服务(主要是借用声像资料、复印、联机检索等项),同时还通过为社区开展文体方面的服务,参与商业活动等途径增加收入。原来免费为公众服务的传统实际上仅限于外借图书和使用参考资料了。

第三节　大学图书馆

【大学图书馆的地位】

在英国,大学图书馆被视为是衡量大学教学水平的一个重要标准。1921 年英国大学基金委员会的一项报告中曾指出:"一所大学的特点与效率可以由它的中心机构即图书馆来加以衡量。我们认为一所馆藏丰富的图书馆是办好大学基本的和极其重要的条件。"这段话对图书馆在大学的地位和作用作了正确的估价。目前,除牛津、剑桥两校图书馆外,约有46所大学图书馆或研究所接受大学基金委员会的财政支持。但令人遗憾的是,80年代初因经济下降,许多大学图书馆购书费用竟被压缩了40%之多。

英国的大学图书馆中历史悠久的较多,但藏书数量远不及美国。牛津大学图书馆于1946年扩建了馆舍,其中心馆为博德利图书馆。现藏印本500万册,手稿13.4万件,以东方手稿、英国文学、地方史等为特色。该校还辖有各学院、研究所的图书馆20多所。剑桥大学图书馆新馆于1934年开放,现藏印本约420万册,手稿逾8.5万件,地图90万幅。特藏包括阿克顿图书馆收存的中世纪的基督教和近代史图书,W. G. 阿斯顿的日本图书,C. 达尔文的手稿等文献资料。

地位仅次于牛津、剑桥的伦敦大学图书馆于1937年新建馆舍。设有中心图书馆1所,藏书120万册,分馆44所,馆藏合计约为600万册。

【馆藏更新与技术设备】

1976年,大学基金委员会的阿特金森(Atkinson)报告中提出"限制图书增长的图书馆自我更新"原则,意为一旦某个大学图书馆藏书达到所需的规模时,即应保持原有水平而不再发展。换言之,馆藏达到极限时,新购图书必须与剔旧图书在数量上保持相等。这个报告发表后,犹如一石击水,引起图书馆界的一番波动,颇有异议,但仍作为官方政策加以推行。

大学图书馆对于物质设备的更新与现代化技术手段的运用,以60年代开始新建的院校为先进。如1962年兴办的约克大学,图书馆现藏书37万册,建有开架式书库,并借助闭路电视将教学资料输往教室及办公室。泰恩河畔的纽卡斯尔大学图书馆于1982年开放,书库内书架全部为活动式,借书还书手续由计算机管理。借书一般在10分钟内即可完毕。

第四节　专业图书馆

　　第二次世界大战促进了对各种专业图书馆的需求。战后，皇家学会于 1948 年发起科学情报会议；专业图书馆和情报机构协会所出版的《专业图书馆管理业务手册》数次出版，都对专业图书馆的发展产生了积极的影响。80 年代中期英国情报技术与工业的发展进一步促使专业图书馆兴盛。

　　伦敦为各种专业图书馆集中之地。英国图书馆、伦敦等大学、各种皇家学会分别有其专业图书馆。最著名的是不列颠政治经济学院图书馆。1895 年伦敦经济学院创办，次年兴办该图书馆。1902 年藏书为 1 万册。现在它可能是世界上收藏社会科学书最多的图书馆之一，拥有非官方出版的期刊单行本 1.3 万种，各类报告的单行本、手稿、印刷品的合订本逾 83 万册以及大量连续出版物、小册子等资料，内容以经济、政治、贸易、商业管理、公共管理、运输为主。藏书除供本院师生利用外，院外研究人员也可借阅。馆内专辟法律图书室，以国际法为重点。

　　历史悠久而且馆藏富有地区色彩的是印度司图书馆和档案馆，其前身为 1801 年创建的东印度公司的印本、手稿的图书及档案库，1867 年开始作为印度出版物的缴送本图书馆后，有关印度的书籍骤增，此项特权直到 1947 年印度及巴基斯坦独立后才告结束。该馆藏书 30 万册以上，手稿 4.2 万件，期刊 3700 种。现也划归英国图书馆建制之内。

　　其他各个行业均有专业图书馆，许多馆应用计算机编制索引，并对用户进行调查研究，以期提供优质服务。

第五节 图书馆协会

【图书馆协会】

1877 年在伦敦举行第一次国际图书馆员会议之际,英国图书馆协会建立,仅比美国图协成立晚一年。首任主席为不列颠博物馆馆长和图书馆馆长琼斯(John Winter Jones)。1977 年成立 100 周年时,全员超过 2.4 万人。现有个人会员 2.13 万人,团体会员 1000 个。入会资格原要求为通过图书馆学专业考试并被承认为专职图书馆员者,现在扩大到被认可的图书馆学系毕业生。

英国图协在其存在的前 90 年期间,为英国唯一关心图书馆教育的团体。从成立初起即为渴求学习的图书馆工作者组织课程,制订教学大纲。1885 年举行首次考试,而且至今仍对专业人员进行注册;鼓励图书馆学校的建立,以培养适应实际需要的人才。70 至 80 年代,图协在敦促教育部加强对公共图书馆的领导,促进图书馆网络的形成、开展学术交流、鼓励图书馆学与目录研究等方面都发挥了积极的作用。

英国图协出版以下刊物:《图书馆协会纪事》(月刊),《图书馆学杂志》(季刊),《图书馆学及情报学文摘》(双月刊),《学生手册》(年刊),《英国技术索引》(月刊)以及《图书馆协会年鉴》。还出版众多的书籍,其中畅销书包括《英美编目条例》(其中英国部分由该会负责出版)。另有沃尔福德(Albert John Walford)所编的 3 卷本《参考资料指南》,该书为英国著名的工具书指南,1980 年出至第 4 版。

【专业图书馆与情报机构协会】

1926 年创建于伦敦。目前其会员遍及 70 个国家达 2000 人。其活动内容主要是组织会员对有关提高情报服务问题进行调查研究;组织协调全国科技情报和图书馆工作;培训情报与图书馆工作人员;出版情报和图书馆业务的刊物。该会附设的图书馆,收有图书馆学、情报学书籍 60 万册,期刊 300 种。该会出版的期刊除报道图书馆所收的情报资料外,还发表文摘与书评。主要刊物有会刊、书目、情报通讯、文献工作杂志等。

第六节　图书馆学教育和图书馆学研究

【图书馆学教育】

英国图书馆学教育发展历程可分以下几个阶段:

1. 1883 至 1918 年。基本上由英国图协负责。如前所述,图协建立后即将图书馆员培训与教育问题作为本身的工作重点之一。1883 年建立了助理图书馆员培训委员会。两年之后,按考试大纲在伦敦和诺丁汉举行了首次考试。通过考试者可成为图书馆员。此外,图协还通过短期讲习班、函授等方式进行培训。

2. 1919 至 1946 年。1919 年大学学院(伦敦)兴办图书馆学与档案学学院,开始了由高等学府设置专业培养图书馆员的新阶段。截止 1946 年,该院是英国唯一的一所高等图书馆学校,而且开设研究生课程。

3. "二战"以来。"二战"时期,为非大学毕业生设置的全日制图书馆学院校兴起。但是大踏步前进还是在 60 至 70 年代。50 年代后期,美国大学蒸蒸日上,英国及其他欧洲国家称羡不已。英国政府决心急起直追,大举投资教育,1970年教育费用在国民生产总值中所占比例为6.5%,比1954年的3.2%超过1倍,这在英国历史上第一次创造了教育费用超过国防费用的记录。在教育勃兴的浪潮下,新建了苏塞克斯、肯特、兰开斯特等8所大学。一批技术学院也于1966年升格为大学,如拉夫伯勤大学等。1967年经过改组,建立了30所新工科学院。图书馆学院系也随之增长,由50年代的9所增至1976年的17所。1976年由于都柏林的大学学院图书馆学情报学系加入英国图书馆情报学院协会,使该协会成员上升为18所。在此期间,谢菲尔德大学的图书馆学研究生院于1960年接受了第一批学生。设在阿伯里斯威斯的威尔士图书馆学院(1964)成为英国唯一的一所独立的专门从事图书馆学教育与研究的学府。

在60至70年代大扩展阶段,图书馆学情报学教育的主要特点是:(1)正规教育与非正规教育并举。图书馆专业资格前景调查委员会要求未来的图书馆员都应具备大学毕业的资格,从而激励图书馆学教育的增长。全日制院校为学生提供各级学位的课程。同时从1973年起,利兹大学等校图书馆学院相继开办非全日制学位课程。威尔士图书馆学院培养硕士的学位课程,全日制为1年,非全日制为2年。报考条件为具有1年正规的图书馆学情报学学历,或在其他学科具有同等学力并获得图书馆管理员证书者。该校及谢菲尔德大学等图书馆学院还招收哲学博士,学习时限一般全日制为3年,非全日制为5年。此外,图书馆协会曾于1977年制订短期课程大纲,于1978至1990年三年期间,通过短期课程培训学员2253人。许多图书馆学学院还在图协支持下举办"英美编目规则第2版"、"杜威十进分类法第19版"的短期课程。(2)课程内容的改革。国家学术授奖委员会(1964)所辖图书馆学分会要求编制具有革新精神的教学大纲。60年代初期,图协曾编制新的教学大纲。1977年7月,在威尔士图书馆学院举行了有关图书馆学情报学课程发展的专题讨论会,会上强调了将用户需求及图书馆和情报工作环境两项作为硕士学位课程改革的主要课题。在随之而来的改革中,首先是对核心课程作了规定,总的趋向是增加了情报学课程。利兹大学的核心课中除原有的情报检索、图书馆管理和目录学三门之外,还增加"社区和交流"课。其次是增加计算机课程,1972 年威尔士图书馆学院安排了联机目录检索。1975 年英国图书馆支持 10 所图书馆学院在教学中使用联机目录检索计划。1979 年举办的英国图书馆研究班对此作了进一步推动。

进入 80 年代,英国图书馆经费缩减,导致图书馆学院毕业生就业困难。因此,是否应当减少图书馆学情报学学院数额的问题曾引起了讨论。为了适应形势,力求生存,一些学院积极采取对策。主要是:改革学制,大学本科生学习 3 年,毕业后可获图书馆学士学位。威尔士图书馆学院另设置 4 个月的研究班课程,毕业生也可获图书馆学学士学位;1 年制的高级课程则可获图书馆学硕士学位。其次是继续改革课程内容,增设有关情报学课及图书馆管理课。再次是改进教学方法,补充现代技术设备,加强专题研究报告、课堂讨论等内容。

【图书馆学研究】

20 世纪 20 年代以来,英国图书馆学论著为数不少。其中如麦科尔文的(Lionel R. Mc Colvin)《公共图书馆图书选择原理》(1925),明托(John Minto)的《参考书》(1929),欧文(Raymonol Ir-win)的《伦敦的图书馆群》(1949、1961)及《图书馆学》(1949)都是值得推荐的作品。70 年代以来,以凯利(Thomas Kelley)的《英国公共图书馆史》(1977 年修订再版本)比较重要。

从 60 年代中期以后,英国图书馆学研究具有两个特点。

1. 研究重点从传统课题逐渐转移到改进工作、提高效率的轨道上来,课题多属情报系统设计、电子计算机等技术应用、管理和服务等新领域。但对基础理论的研究则不够重视。

2.研究工作由分散型开始转向集中型,即由原来以零散方式为主,转为统一领导为主的方式。1973年英国图书馆建立后,在图书馆学研究活动中成为主导力量。该馆附设的研究与发展部,就读者需求、读者使用图书馆的训练等问题制定研究课题,在一定程度上推动了研究工作的开展。

第二十一章 法　　国

第一节　国家图书馆

1945 年法国成立图书馆出版物管理局,对国家图书馆及其他各类公立图书馆实行统一协调。1975 年将国家图书馆改置于高等教育部管辖之下。1977 年 11 月被规定为研究图书馆,此后将兵工厂图书馆、录音资料馆、音乐图书馆、歌剧院图书馆均划归国家图书馆的管辖范围之内。1981 年起,国家图书馆划归文化部领导,但财政自主。

国家图书馆辖有行政部、印本部、专业部(专收手稿、地图等资料)。现全馆共有图书 1200 万册,期刊 45 万种。特藏丰富,包括 1871 年巴黎公社的一部分公告的原件或校样、清样,罕为人知的中国太平天国革命文献,还有法国汉学家伯希和(Paul Pelliot,1878—1945)于 1907 年劫走的敦煌文献。1986 年全馆预算为 1.26 多亿法郎,工作人员 1276 人,内含专业馆员 291 人,助理馆员 257 人,其他为书库服务员 345 人,技术员 131 人,行政人员 137人。出版《法国图书目录》。1987 年该馆建立了新的联机书目数据库,对公众开放。

国家图书馆藏有很多古籍珍本,但一部分已濒临毁灭。馆方于 1979 年决定将这些文献资料除制成缩微胶卷外,同时修复原本,将全部文献装订成册。1987 年又针对珍藏的 1860 年以来出版的大量书刊因受酸严重行将损坏的情况,馆方与外单位合作研制了一台机器,使甲醇碳酸镁溶液渗入书页,半小时可使 300 册书刊脱酸。

第二节　公共图书馆

【"二战"前后】

从 30 年代起,公共图书馆按藏书规模划分为三种类型:数量最多而且含有珍本的,由国家图书馆处管辖;其次的,规定至少由一个专业图书馆员管理;最少的,由国家图书馆处定期派员巡视。

"二战"时期,法国抗战不久即告投降,图书馆因此损失不大,但纳粹曾没收进步书籍,并掠夺了一些珍贵的手稿。

1945 年起在图书馆管理局领导下,全国各种类型图书馆实行全面协调,市、县两级的主要外借图书馆也包括在内。1971 年起,城市的外借图书馆已就技术集中服务形成网络。70 年代,新的公共图书馆纷纷出现,仅 1977 年即有 10 所新的市立图书馆开放。80 年代,由地方行政单位兴办的市立图书馆逾 1000 所。一般分为参考图书馆与普通流通图书馆两种类型,藏书总额 1980 年为4500 万册,其中有 10 所藏书在 50 万册以上。从人口分布来看,有 2 万居民以上的 99％ 的城市及有 1 万以上居民的 93％ 的城市都设有图书馆。

城市的公共图书馆逐渐发展为文化活动中心,以巴黎边缘新建的一些城市为例,图书馆与其他文化设施融为一体,并与戏剧、展览会、音乐会的组织者密切合作,邀请当代作家到馆介绍其作品并与听众一起公开讨论。

【巴黎的公共图书馆】

分为两种。1. 研究图书馆。如巴黎城市历史图书馆(1871)，馆藏着眼于巴黎城市历史，现藏书 65 万册，手稿 1.5 万件。又如福尔内图书馆(1886)，现藏书 13.5 万册，以艺术及工艺技术为特色。2. 标准的公共图书馆。1969 年第 18 区建成第一所大型公共图书馆(附设 4 所地段图书馆)，随后在其他地区也陆续增设。现全市有 6 所中心公共图书馆及 34 所地段图书馆，另有 9 所儿童图书馆及 25 所分馆。图书馆分布较密，居民出门不须走多远即可进入一所图书馆，入馆阅览也不要任何证件。

1976 年建立、翌年开放的巴黎"蓬皮杜国立艺术与文化中心"的公共情报图书馆，以其崭新的服务方式为公众提供开架图书 40 万册、报纸 2200 种，以及大量的声像资料等文献，一律按国际十进分类法排列。读者通过浏览或借助由计算机处理过的各种目录即可进行检索。该馆辟有最新书刊、声像资料的阅览室，设有 1300 个座位，另设有儿童图书馆。任何读者不需持有证件即可自由进出，随意接触所需资料，用毕后无须放回原处，但不外借。平均每天接待读者约 1.4 万人。

第三节　大学图书馆

【工作的改进】

"二战"后经过教育改革，法国高等学校大体上分为综合大学、工程学院、高等技术学校、若干承担教育任务的科研教育机构 4 种。1984 年全国共有大学图书馆 61 所。1982 年全部藏书为 1800 万册(学位论文与期刊除外)。

在典型的大学图书馆中,通常包括人文学科、法律、科学、医学4个部门。具有专业素养的图书馆馆长主管馆务,其工作从1970年起还由各系教师、学生、图书馆职员的代表所组成的委员会协助进行。1985年7月的新法令规定将大学图书馆与大学研究所的图书馆实现一体化,借以加强大学的文献资源建设。

1962年以前,大学图书馆借阅制度全部采取闭架方式。此后作了改进,即按两类处理,第一类,按国际十进分类法分类的最新的书籍,可在阅览室内开架取阅;第二类,对稍旧的书籍实行闭架借阅。这些图书馆还把藏书分为两级,一种书借一、二年级大学生用,主要为教科书;另一种书供研究人员、高年级学生及各系教师用。

【巴黎第一至第十三大学图书馆】

根据1968年高等教育改革法,1970年组建巴黎十三所大学取代老牌的巴黎大学。现全校有教授600多人,学生20万人。这一批大学设有13所大学图书馆,8所中心图书馆和其他附设于各个大学的研究所及研究中心的图书馆。8所中心图书馆之中以以下2所最为著名:

1.索邦学院图书馆。法国大革命时期,该馆解体,1762年重建。现藏书300余万册,期刊7000种,内有14至18世纪巴黎大学档案等项特藏。

2.圣·热纳维埃夫图书馆。滥觞于12世纪的圣—热纳维埃夫修道院图书馆。1710年以现名命名。1790年收归国有,命名为万神殿图书馆,1815年恢复旧名。1930年划归巴黎大学系统,但仍保留公共图书馆的职能,现藏书250万册。

第四节　专业图书馆

法国专业图书馆集中于巴黎,除附属大学系统的以外,主要有以下几所。(1)法兰西研究院图书馆,1795年建立,现有图书150万册。(2)马萨林图书馆,现藏书40万册,手稿4600件,古版书2500卷。(3)国立自然史博物馆图书馆(1635),现藏书80万册。(4)人类博物馆图书馆(1878),原为人种志博物馆。1937年改为现名,藏书26万册。(5)国立语言与东方文化研究院图书馆(1795),现有图书50万册。特藏包括6.8万册俄文书刊及俄国革命时期的报纸、苏联各种地方语言的著作以及重要的阿拉伯文、朝鲜文书籍。

专业图书馆与科学情报关系的密切,可以法国科学研究中心(1939)附设的科技文献中心为例说明。该中心为研究中心的科研人员提供情报资料。出版《文摘通报》,1947年创刊,有3个分册,1982年增至51个分册,内容丰富,检索齐备,为世界上著名综合性检索工具书之一。该中心建有图书馆,负责收集期刊、论文、报告、会议录及有关图书,并通过"文献自动编辑与检索应用程序"系统进行处理。该馆收有原文文献近1000万件。

第二十二章　德意志民主共和国

第一节　国家图书馆

民主德国有 2 所国家图书馆,均属大学与学院部领导。

1. 设在莱比锡的德国图书馆。由德国书商协会于 1912 年建立,1912 至 1945 年为参考缴送本图书馆,"二战"期间略有损失,1945 年 11 月重新开放。次年开始重新出版《德国国家目录》,提供东德、西德以及国外用德语出版的图书联合目录。1968 年起分别把书店发售的新书、不能从书店购到的新书、学术论文与学位论文等,以周刊、双周刊、月刊三种形式报道。另出版各种专题汇编。1960 及 1970 年两次立法使该馆获得缴送本权。每年进书 13 万册,现藏图书 833.6 万册,为政府出版物的国际交换中心与全国馆际交换中心。

2. 设在东柏林的德国国家图书馆。原为普鲁士国家图书馆。其馆舍在"二战"后期受到严重的破坏。德国分裂为二之后,该馆图书一部分划给了西德。东柏林的该馆则在苏联军事占领当局的鼓励与贷款支持下,于 1946 年 10 月重新开放,称为"国立公共科学图书馆",享有缴送本权。1954 年 11 月改为现名,成为民主德国图书流通交换中心与高等院校图书馆中心。

该馆设有采访、编目、读者服务、手稿、东方书籍、古籍、音乐、图表、儿童文学、善本、复印等部和中心编目研究所以及电子计算机中心。现藏书 680.3 万册(其中 180 万册寄存于西柏林的德国国家图书馆),期刊 1 万余种。特藏中包括 5 世纪的手稿、马克思参与创办的《德法年鉴》(1844)等珍本。该馆出版物中,古版书的联合目录占着重要的位置。

第二节　公共图书馆

东德全部公共图书馆均归文化部管辖。可分为以下几种类型:(1)专区图书馆。在普通公共图书馆与大学图书馆网络之间进行联络。(2)公共研究图书馆。为所在地区提供专业服务,也是所在地区的文化中心。(3)市、县图书馆。为所在行政区首府的居民服务,是藏书中心,并对所在行政区的其他公共图书馆提供资料与工作上的建议。(4)农村中心图书馆。为农村地区图书馆的中心。(5)社区图书馆。规模最小,为村民或新住宅区居民服务。各个公共图书馆均备有儿童书籍,大城市还设有专门的儿童图书馆。

最大规模的公共图书馆之一为柏林市立图书馆,现藏书 80 万册。莱比锡为书店、出版社、图书馆辐辏之地,素有"书城"之称。从 1914 年起每年举行一次国际书籍印刷展览会。现有书店近 100 家、出版社 38 家,每年出版图书 1500 至 1600 种,约 2000 万册。图书馆有 270 多所,数目惊人。规模大的,如莱比锡市立与州立图书馆(1914),藏书 142.5 万册。专业性强的,如莱比锡中央盲人图书馆,不仅为本国盲人读者提供盲文图书及磁带,还为 30 多个国家的盲人读者提供服务。

第三节　大学图书馆和专业图书馆

【大学图书馆】

1980年9月,民主德国第5次高等院校工作会议曾强调情报、文献中心和科学图书馆的工作在提高高等院校教学和科研效能方面的重大意义。大学图书馆成为文献情报服务的中心,承担图书情报业务的研究、探索改进图书馆职能、培训图书馆在职人员等项任务。现在每所大学均设有中心图书馆及系、所分馆,在组织上实行一元化。主要大学图书馆如下:

1.柏林洪堡大学图书馆。在纳粹执政时期,该馆成千上万的图书被列为禁书并被化为灰烬。"二战"时损失较小。1945年以后,该校再次命名为柏林洪堡大学,其图书馆于1946年重新开放,因归并了其他图书馆,规模进一步扩大。其中心图书馆藏书为240多万册,各个分馆共有图书1900万册。该校还设有图书馆学与科学情报研究所,负责制订图书馆研究计划并协调各个研究单位的活动。

2.哈雷大学图书馆。"二战"中幸免于难。1969年起与马丁·路德大学图书馆系统实行集中化管理,现藏书385万册。

3.莱比锡卡尔·马克思大学图书馆。现有馆藏330万册。

【专业图书馆】

在民主德国专业图书馆当中,很多馆与情报、文献系统息息相关。在政府科技部与科学院全面负责之下,1963年成立的中央科技情报所具体负责情报协调工作。该所与本国两所国家图书馆和德国图书馆协会建立密切往来。1973年,科学院又成立科学情报中心,其图书馆藏书32万册。

教育、农业、医学、军事科学的图书馆都建立了图书馆网络。大多数网络设有一所中心图书馆,负责协调业务与集中藏书。

第二十三章　德意志联邦共和国

第一节　国家图书馆

联邦德国有 3 所国家图书馆。

1. 设在法兰克福的德国图书馆。"二战"结束后,由当地学者发起,经德国书商协会、英美军事占领当局与市民的协助,于 1946年建立。当时的职能为向西德各图书馆提供书目资料。1969 年 3月,该馆由西德联邦政府管理,被确定为联邦政府直辖的独立的法定机构,并因正式获得缴送本权而就所得书籍应用电子计算机编制《德国书目》,该馆是世界上最先采用电子计算机编制全国书目的图书馆。现馆藏图书 398 万册,期刊(1945 年后出版)8.3 万余种。特藏之中包括 1933 至 1945 年德国流亡者的文献。该馆具有中心储藏图书馆的职能,对外代表国家。在西德图书馆系统中占着突出的地位。工作人员 340 多人,每年经费 2430 万马克。

2. 设在西柏林的国立普鲁士文化遗产图书馆。其前身为普鲁士国家图书馆。1939 年该馆拥有图书近 300 万册、手抄本 7 万册,其规模在欧洲各国中名列前茅。"二战"期间,该馆图书撤到比较安全的地方,其中约 170 万册存于西部乡间。战后分别存放于马尔堡与蒂宾根,先以马尔堡藏书为建馆基础。1946 至 1968年先后更名为黑森图书馆、西德图书馆、普鲁士文化基金会国立图书馆。1967 至 1968 年又获得存于蒂宾根的手稿及手抄本。1968

年改为现名,由联邦政府与各州共同筹措资金。该馆具有政府出版物交换中心的职能,建立了丛刊数据库;为国际标准书号处的成员。现藏书386.4万册,现刊3.1万余种。

3. 设在慕尼黑的巴伐利亚州立图书馆。"二战"时损失图书50万册,1946至1970年重建。现藏图书500万册,手稿约6万件,古版书约1.9万册。它是巴伐利亚缴送本图书馆,也是西德规模最大的综合性图书馆。该馆名义上为地方性的,实际上所起的作用与另两所国家图书馆相近。

第二节　公共图书馆

联邦德国公共图书馆约有1.5万所,藏书共约300万册。在联邦体制下,各州在立法与行政上具有很大的独立性,不利于全国性图书馆协作,这一点和加拿大有相似之处。

公共图书馆的类型为:(1)公共流通图书馆系统。每个州设有一所中心图书馆,协调本系统图书馆工作。(2)民众图书馆。藏书内容一般为通俗读物,但规模大的馆也收藏学术性著作。(3)教会图书馆。天主教与新教会为教区居民设立,藏书较少。

各大城市均设有大型公共图书馆及若干所分馆。慕尼黑市立图书馆(1843)藏书量最多,有图书200万册。汉堡市公共图书馆服务范围广泛,它包括1所中心图书馆、1所音乐图书馆、3所流动图书馆、52所区图书馆,另在学校、俱乐部、老年之家、监狱等处都设有图书点。读者经过付费后在该馆所领取的借书证可在全市公共图书馆通用。

第三节　大学图书馆

【数量与结构的变化】

"二战"后,西德大学图书馆面临着两项主要任务:(1)医治战争创伤。例如,法兰克福市立和大学图书馆战后几乎荡然无存。重建后发展很快,现有藏书 243.1 万册。(2)增添图书。尤其是补充纳粹执政时期未曾采购的外国书刊,为此进行了合作采购。此外,培训新的图书馆员也取得成效。

随着联邦德国经济的迅速发展,60、70 年代大学及学院数目激增。80 年代,高等院校图书馆已有 166 所。不仅在数量上,而且在结构上也发生了变化。老牌大学图书馆系统的特点是实行二元制,即由一所中心图书馆及一系列的独立的院系与研究所图书馆共同构成,而 60 年代开始新建的大学则一般采取一元制,即由大学图书馆馆长统一管理各个院系图书馆的方式。因此,分散管理与一体化管理的两种类型同时并存,各有利弊。但随着电子计算机等新技术的采用,一体化体制已成为大势所趋。

【职能与新技术应用】

大学图书馆职能的特点是不少具有双重性,即既为大学师生服务,又为当地居民服务。例如,早在 18 世纪即已著称于世的格丁根大学图书馆,是该大学的中心图书馆,同时履行下萨克森州立图书馆的职能。现藏书 3318 万册,手稿 1.1 万多件,古版书约 4500 册,期刊 1.4 万种。其他如科隆大学和市立图书馆、法兰克福市立和大学图书馆也都在名称上表现出了双重职能的特色。

大学图书馆对现代化技术的利用,以 60、70 年代新建大学最为先进。如1969年创设的比勒费尔德大学图书馆,在采编、文摘、分类、编目、流通与阅览、图书出借与注销、馆际互借、提供文献资料各个领域均已采用电子计算机处理。就一般来说,各大学图书馆由于采用自动化技术,注意向读者宣传与指导对图书馆的利用,普遍实行开架借阅(仅古籍、善本例外),为学生提供多种常用的教科书,提高参考咨询质量,因而工作效率大为提高,从而使大学图书馆在联邦德国图书馆界中起着举足轻重的作用。其读者数量之多,仅次于公共图书馆。

第四节　专业图书馆

【联邦政府的重视】

联邦德国专业图书馆林立,较为重要的约在1500所以上,许多馆的藏书内容广泛。除政府等部门外,大型工厂企业和商业协会都设有专业性图书馆,并对所有读者开放。天主教及新教教会也设有研究图书馆。

60年代,联邦政府注重发展文献与情报系统,专门制定了规划。为调查与促进政府各机关、大学、民间企业、学会的科技情报活动,1961年在法兰克福创建了情报与文献工作研究所,由联邦政府与州政府共同赞助,将全国各个文献中心联系起来,这些研究机构与文献中心的图书馆均以其本身的专业资料为用户服务。

1973年,联邦政府内务部发表了《1974—1977年西德情报文献工作推进政策》的规划,这是一项推动情报与文献资料的详尽方案,以科技情报为重点,也包括社会科学若干领域,内容就促进中心图书馆的规划、资助科学图书馆、充分发挥专业图书馆及大学图书馆、公共图书馆对收集与提供情报的积极作用等方面提出了明确的要求。这个计划的问世,说明情报文献工作与图书馆活动的重大意义及二者的密切关系,业已受到联邦德国当局的高度重视。

【主要的专业图书馆】

(1)设在柏林的联邦议会图书馆。建于 1949 年,现藏书 75 万册,法律和经济方面的藏书占主要部分。(2)汉诺威大学图书馆与技术情报图书馆。两馆合为一体,但有不同的预算与计划。大学图书馆以世界科技文献为采购重点,为高年级学生提供自动化文献检索服务。技术情报图书馆采购范围包括专业化很强的资料,外文文献、非官方资料等。两馆共同成为全国科技中心图书馆及翻译中心,与设在荷兰代尔夫特的国际翻译中心协作。现藏图书及缩微复制品 200 万册(件),期刊 2 万种以上。其他重要的专业图书馆有:设在科隆的医学中心图书馆,设在波恩的农业中心图书馆,设在基尔的经济学中心图书馆。此外,慕尼黑的国际青年图书馆,是世界上唯一一所专收儿童与青少年读物的图书馆,为耶拉·莱普曼于 1948 年创立,1982 年藏有包括 20 多个语种在内的图书约 38 万册。

第二十四章　北欧国家

第一节　丹麦的图书馆

【国家图书馆】

设在哥本哈根的皇家图书馆履行国家图书馆的职能。从1927 年丹麦当局再次制订缴送本法案以来，该馆在人文科学、社会科学、神学图书方面为研究图书馆网络及哥本哈根大学提供服务。该馆是斯堪的那维亚最大规模的图书馆。它的组织形式在世界图书馆中，是具有代表性的模式之一。全馆划分为 16 个部门，其中 10 个按工作形式组织，6 个按服务方式组织。其丹麦语部收有最完整的丹麦语印本以及国外有关丹麦的著作和丹麦著作的外文译本。1982 年全部馆藏 250 万册，对公众开放。

【公共图书馆】

20 世纪早期，丹麦公共图书馆已经达到较高的水平。1920 年通过了以国家资助和馆际互借为重点内容的公共图书馆法，政府还委派图书馆视导员负责分配资助款项并督促各馆馆务的开展。与此同时，开始生产印刷卡片，这项工作因 1939 年图书馆局倡议并由政府加以组织而加快了步伐，从而为各个图书馆使用统一的编目与分类标准提供了有利的条件。

根据 1964 年公共图书馆法(1975 年略有修订)的规定,每个城市或社区均应设置一个包括儿童服务部在内的公共图书馆。1968 年又设置为公共图书馆服务的"保管图书馆",以便对珍本或使用率低的书刊资料集中处理。1975 年,在 275 个市中,设有 251 所公共图书馆单位。丹麦人口本世纪 60 年代末不及 500 万人,当时公共图书馆全部藏书约为 2000 万册,而出借量则高达 4500 万册,平均每个居民每年借书 9 册以上。1989 年经过行政合并,全国免费公共图书馆为 247 所,其中 14 所发挥核心作用。

丹麦公共图书馆利用率之高,超过英国,在世界上名列榜首。究其原因,除前述的国家立法的保障与推进外,还在于:(1)经费充足。1977 年按人均计算,每人摊在公共图书馆上的费用为 184 克朗(合 30 美元)。这个数字远远超过世界其他国家。(2)文化教育发达。1980 年全国 15 岁以上识字人口接近 100%,居民普遍有读书的要求。(3)图书馆有着良好的历史传统,图书馆工作者为数较多。公共图书馆 1974 年共有工作人员 4218 人,平均每 10 万人中有 83 人,这项数字不仅高出欧洲其他国家,而且使同一时期的美国(1974 年平均 10 万人中有 21 个公共图书馆员)也相形见绌。

主要的公共图书馆如哥本哈根公共图书馆,现有 4 所分馆,以及 1 所音乐图书馆,馆藏共 40 万册。奥尔胡斯公共图书馆(1934),现有 160 万册图书。

【大学图书馆和专业图书馆】

哥本哈根大学图书馆根据版权法,可以要求国内出版商及书商提供书籍。从 20 世纪 30 年代起,该馆分为两部分,分别收藏人文科学、自然科学及医学图书,现共有藏书 180 万册。奥尔胡斯的州立及大学图书馆,藏书 174 万册,为国内馆际互借系统的中心,并帮助各地小型图书馆开展工作。该馆和其他一些大学图书馆都开设专课对学生进行使用图书馆的教育。

主要专业图书馆如国立技术图书馆(1942),为应用科学部门服务(医学及农业除外),藏书56万册。国立教育图书馆(1887),藏书32.5万册。

第二节　瑞典的图书馆

【国家图书馆】

1978年,设在斯德哥尔摩的皇家图书馆被确定为国家图书馆,负责保存档案文献缴送本,现藏书200万册。出版《国家书目》及国外书刊联合编目,二者均纳入计算机网络。80年代中期,对皇家图书馆承担职责的图书馆情报系统的数据库已有100万以上的书目单位,可供终端装置检索。

1978年,隆德大学图书馆也被确定为国家图书馆,负责保存版权著作复本。该馆与皇家图书馆均享有缴送本权。其规模在瑞典最大,中心馆收藏人文及社会科学书籍210万册,手稿约1.3万件。其他分馆分别收藏自然科学等方面书籍报纸、印刷品达110万册以上。该校的文献中心为高等院校及工业用户提供计算机化的定题资料选报服务和联机检索服务。

1929年议会通过的图书馆法规定:"按美国县级图书馆的规模或重组省图书馆的计划和服务",并由政府资助建立省图书馆。同时各社区也为公共图书馆提供经费。目前公共图书馆遍及全国,服务质量优良。主要的公共图书馆如:哥德堡市与省公共图书馆(1861),现藏书150万册;斯德哥尔摩市公共图书馆(1927),设有47所分馆,现藏书188.2万册,为全市64.9万居民服务,全馆工作人员620人,内有合格的图书馆员227人。

【大学图书馆和专业图书馆】

瑞典大学图书馆藏书相当丰富。除隆德大学外,著名的有:马普萨那大学图书馆,藏书逾 250 万册。哥德堡大学图书馆,藏书约 200 万册。20 世纪 60 年代起新建的大学图书馆如于默奥大学图书馆(1964),藏书 25 万册,斯德哥尔摩大学图书馆(1971)及皇家科学院图书馆两馆合计藏书 200 万册。

专业图书馆方面,设在斯德哥尔摩的主要有以下 3 所:1. 议会图书馆(1851),为议会及中央政府服务,负责编制政府出版物的现行书目,1983 年起使用电子计算机编制,现藏书 50 万册。2. 瑞典科学院诺贝尔图书馆(1901),为科学院成员及诺贝尔文学奖委员会提供有关获奖候选人的背景资料的服务,现藏书 17.5 万册。3. 皇家工学院图书馆,是工业技术中心,为情报和文献工作提供计算机服务,其藏书书架长达 1.2 万公尺,另有期刊 3500 种。

第三节　挪威的图书馆

【国家图书馆和公共图书馆】

奥斯陆皇家大学图书馆承担国家图书馆的职责,为挪威主要的参考和外借图书馆,藏书 199 万册,收有全国约 40% 的研究文献。出版《挪威国家书目》等刊物。

1947 年以后,图书馆立法规定每个市或社区都应组织一个图书馆,并通过流动图书车辆及船只为交通不便地区的居民及渔民服务。1971 年图书馆立法又规定市政当局应对图书馆给予资助。到 1984 年,全国公共图书馆达 1373 个单位。最大的公共图书馆为设在奥斯陆的德切曼图书馆,现藏书 132.7 万册。

【大学图书馆和专业图书馆】

　　大学图书馆中,除奥斯陆皇家大学图书馆外,主要有:卑尔根大学图书馆,其前身为 1825 年建立的卑尔根博物院图书馆,现藏书 120 万册。历史较短、规模较小的为特隆赫姆工业大学图书馆,建于 1910 年,60 年代后期藏书约 30 万册。这些大学的图书馆重视图书馆使用的教育,开设了书目利用、专利利用及应用电子计算机进行情报检索等项课程。

　　设在奥斯陆的专业图书馆中,主要有议会图书馆(1871),现藏书 13.8 万册,公众须经申请方可阅览。又如中央统计局图书馆(1876),现藏书 14.6 万册,以收藏经济、人口统计学、统计文献居多。其他专业图书馆大多属于公立或私立机构,藏书数量约由 5000 册至 5 万册不等。

第四节　芬兰的图书馆

【国家图书馆和公共图书馆】

　　赫尔辛基大学图书馆为芬兰最古老和规模最大的图书馆,承担国家图书馆的职责。近 50 年来,一直出版芬兰大型科学图书馆的国外文献联合目录。1983 年藏书约近 238 万册,手稿藏书书架约为 1200 公尺。出版《芬兰国家书目》等刊物。

　　芬兰在 1917 年 12 月独立前仅有几所公共图书馆。独立后,国家着手开展公共图书馆运动。1921 年建立国家图书馆局,并选派图书馆视导员指导图书馆工作。同年,图书馆开始得到政府资助。1928 年的第一个图书馆法将全国划为 7 个行政区,分别由图书馆视导员进行指导。1962 年新的图书馆法对农村自治地区的图书馆进行大力资助;建立省图书馆作为所在地区的中心图书馆;开始建立全国图书馆网络。许多小型公共图书馆为流动图书馆所取代,因而公共图书馆总数在 1960 至 1970 年间下降,但借书数字却有所上升。到 1983 年,共有公共图书馆 1541 所。赫尔辛基市立图书馆(1860)成为全国公共图书馆馆际互借及业务活动中心,辖有 26 所分馆,藏书 87.3 万余册。

【大学图书馆和专业图书馆】

芬兰人口不到 500 万,但大学图书馆有 23 所。除赫尔辛基大学图书馆外,主要有赫尔辛基技术大学(前身为 1849 年建立的赫尔辛基技术学校)图书馆,现藏书 100 万册。该馆在馆际互借活动中,80% 为提供照相复制品,交件迅速,但收费也很高。图尔库大学图书馆,1922 年建立,1983 年藏书 136 万册。

专业图书馆中,以设在赫尔辛基的两所较为重要:议会图书馆(1872),对公众开放,现藏书 46.7 万册;中央医学图书馆(1966),既是国立医学图书馆,又是赫尔辛基大学中央医院医学图书馆,现藏书约 30 万册。

第五节　冰岛的图书馆

【国家图书馆和公共图书馆】

自 1940 年冰岛大学图书馆建立及 1944 年冰岛实现共和后,冰岛国家图书馆改为负责搜集人文科学图书馆,而冰岛大学图书馆则负责搜集国外科学书籍。国家图书馆现藏印刷品 37.2 万册,手稿 13500 件。出版《冰岛国家书目》等刊物。

1955、1963 年冰岛两次制订公共图书馆法,使公共图书馆形成完整的网络。全国分为 31 个图书馆区,每个区设置一个城市或地区图书馆。1982 年全国按人口计算,每人从公共图书馆的借阅数近 9.5 件。公共图书馆中最著名的为首都雷克雅米克市公共图书馆,于 1923 年开放。1971 年该市人口约 82 万余人,该馆藏书计 191700 册,但同年流通量竟高达 812750 册,即每个居民借书数为 9.8 册,每本书平均流通量为 4.6 次,足见居民对阅读书籍兴趣的浓厚。这与该馆服务方式多样化是分不开的。该馆除总馆外,在市内设有 3 所分馆和众多的阅览点,并出动流动图书车,向社会各方面广泛提供书籍,效率很高。现藏书为 25.5 万余册。

【大学图书馆和专业图书馆】

设在首都的冰岛大学(1911)为全国唯一的一所大学,大学图书馆迟至 1940 年 11 月始告建成并开放。当时馆藏约为 3 万册,现增至 23.5 万册,以外文书为主。

若干小型专业图书馆为研究中心(如隶属国家能源局、海洋研究所的)及专门训练学校(如海洋工程学校、卫生职业学校)提供服务。在首都还有两所外国经营的专业图书馆:其一为北欧国家所支持的文化中心即"北欧之家"附设有图书馆。其二为美国新闻处主办的图书馆。

第二十五章　东欧其他国家

第一节　匈牙利的图书馆

【国家图书馆和公共图书馆】

设在布达佩斯的国家图书馆全称为国立塞柴尼图书馆。第一次世界大战后因财政困难而发展缓慢。1949 年在行政上与国立博物馆分开,单独建制,现有书刊 256.6 万余册。其特藏包括匈牙利优秀的文学家、科学家的著作的各种版本以及匈牙利古籍。国家图书馆出版《匈牙利国家书目》及《期刊论文题录通报》。读者如通过该馆索取国内图书馆网络的文献,只需一、二个小时,如要索取外国图书馆的文献复制品,也只需几天的时间。国家图书馆还辖有一个图书馆学和方法论研究中心,为图书馆学研究及图书馆人员培训进修的机构。

"二战"后匈牙利按苏联模式发展公共图书馆,1952 年在农村建立图书馆 3000 所。同年制订图书馆法,建立图书馆网络,将大多数教会图书馆改成公共图书馆。到 1977 年全国有公共图书馆 10494 所,现增为 16618 所。

国立塞柴尼图书馆为全国公共图书馆的协调中心。设在布达佩斯的高尔基州立图书馆(1956)负责全国各图书馆外文文献的编目,也是本国各民族研究的中心,藏书 27.6 万册。

规模最大的公共图书馆如布达佩斯的市立埃尔文·绍博图书馆,辖有分馆 106 所,馆藏共达 416.3 万余册。

【大学图书馆和专业图书馆】

大学图书馆建设因 1965 年颁布的图书馆法而加快了进程。每个大学的中心图书馆在业务上对所在地区的图书馆网络发挥作用,大部分大学图书馆对公众开放。设在布达佩斯的洛兰德·厄特沃什大学图书馆系统包括 130 所图书馆,藏书 250 万单位,拥有丰富的人文科学古文献资料。

20 世纪 70 年代,匈牙利已拥有 1300 所以上的专业与研究图书馆和情报中心,分别属于若干个全国性的专业与研究图书馆系统。设在布达佩斯的科学院图书馆,现为科学院与其他国家交换出版物的中心和计算机化数据库训练中心,馆藏图书 90.5 万册。

第二节　波兰的图书馆

【国家图书馆和公共图书馆】

国家图书馆于 1927 年获得法定缴送本权。1928 年 2 月在华沙正式开放,藏书以苏联归还的原札卢斯基图书馆藏书为核心。1939 年藏书约为 77 万册。"二战"时,华沙沦陷,该馆除将一部分珍贵的手稿送往加拿大保存外,图书损失约 80%,财产清单及图书目录荡然无存。但一部分被德军掠夺的图书后为苏军发现,战后归还波兰。战争时,该馆图书馆工作人员也难逃厄运,或被迫转业做工或被送进集中营。

国家图书馆在战后重建,1946 年 4 月开放临时阅览室。1981 年新馆落成,设有 1000 个座位,书库可容纳图书 500 万册,附设有讲演厅,图书博物馆。现馆藏书刊、手稿、地图等共计406.9万册,出版《书目指南》等刊物。国家图书馆之下设有"图书与读者研究所",着重研究波兰大型公共图书馆的读者的读书习惯及组织等问题,这种在国家图书馆内建立中心机构推动公共图书馆工作的做法,与匈牙利如出一辙。

第二共和国时期(1818—1939),政府曾对所有州立的图书馆提供资助。"二战"前在华沙已建立公共图书馆系统,其中包括16所儿童图书馆。战后,1946年的图书馆法为重建全国公共图书馆作出设计。到1980年,公共图书馆及分馆已达9315所,并成为全国图书馆网络的一部分。

大型公共图书馆有:华沙公共图书馆(1907),有分馆187所,馆藏共为404万余册;克拉科夫市立公共图书馆(1946),其中心图书馆馆藏24万册,分馆馆藏108.8万册。

【大学图书馆和专业图书馆】

第二共和国时期曾设置3所大学图书馆,若干所中学图书馆及政府机关的图书馆。大学图书馆得到缴送本权。"二战"以后,为弥补战争带来的巨大损失,致力于收集书籍。现全国有高等院校中心图书馆及分馆共为90所。主要有:1.设在克拉科夫的伽格仑大学图书馆,已有600多年历史。1932年获得法定缴送本权,收有1800年以前的波兰文著作和大量波兰古籍。"二战"时德军占领波兰时,该馆一度关闭。德军溃逃时劫走大量珍本,战后多数已被收回。现该馆既是大学图书馆,又承担公共研究图书馆的职责,同时对华沙的国家图书馆给予支援。馆藏书刊及印刷品、手稿等共236.3万多单位。2.华沙大学图书馆,馆舍在1939年华沙沦陷及1944年反德起义中遭受创伤之重不亚于国家图书馆,丧失手稿95%,版画60%,现藏书200.9万余册。

"二战"前,波兰科技与学术图书馆藏书共达700万册,毁于战火的过半。现有科技、经济情报等方面专业图书馆中心约8000所。设在华沙的波兰科学院图书馆(1908)藏书33.6万余册。设在克拉科夫的波兰科学院图书馆(1856)藏书56.7万余册。

第三节 捷克斯洛伐克的图书馆

【国家图书馆】

有2所国家图书馆:

1. 捷克斯洛伐克国家图书馆。1958年建于布拉格,由下列图书馆与机构共同组成:(1)布拉格大学图书馆。在其存在的600年间,积累图书约200万册,收有许多古代希腊纸草书和东方手稿。(2)国立图书馆(1925),原为布拉格大学图书馆的一部分,迟至1935年才由政府拨给经费。1949年为独立的图书馆,获缴送本权。(3)斯拉夫语图书馆(1924),原属外交部。1988年改属教育部。纳粹占领期间成为布拉格大学图书馆的一个斯拉夫语部。1948年开始独立建馆。(4)中央经济图书馆。1951年建立时为国立社会科学图书馆。1958年成为经济专业图书馆并改为现名。(5)中央图书馆科学方法研究所。任务为开发图书馆设备,促进图书馆工作效率的提高,改进分类与联合编目工作,规划图书馆教育,并与斯洛伐克国家图书馆共同制订全捷图书馆事业发展的长远计划。国家图书馆现藏书共达500万册。它是全国图书馆的中心,主要任务为:满足科研机构、科学与专业工作者、学生、一般读者对情报资源的需求,协调全国图书馆系统的书目工作。

2. 设在马丁的斯洛伐克国家图书馆。1954年斯洛伐克国家议会通过立法,确定它为国家图书馆和斯洛伐克书目研究中心,负责管理与保护历史文献。它还是书目、图书馆方法、教育、理论与研究的中心。1977 年开始采用电子计算机技术,藏书 450 万册。

【公共图书馆、大学图书馆及专业图书馆】

根据 1959 年图书馆法,地区公共图书馆是所在地区图书馆技术、书目、情报及馆际互借服务的中心。此后曾大量设立公共图书馆或图书借阅站。1982 年有公共图书馆 1.17 万所,为 70% 以上的城市居民及 50% 的农村居民服务。主要的如布拉格市图书馆,在 1918 年国家独立并颁布公共图书馆法后,馆务始见起色。现辖 10 个区馆、61 所分馆,藏书 260.7 万册。

大学及研究图书馆:设在布拉格的如国立博物院图书馆 (1918),现藏书约 240 万册。捷克斯洛伐克科学院科学情报中心总馆(1952),现藏书 88 万册,与 74 个国家的 1200 个机构建立交换关系。设在布拉迪斯拉发的斯洛伐克大学的图书馆(1919),由该市原来的几所大学的图书馆演变而来,为最重要的研究图书馆,现藏书 190 万册。斯洛伐克技术图书馆(1938),为斯洛伐克技术图书馆与情报中心,藏书 260 万册。斯洛伐克科学院中心图书馆 (1942),藏书 46 万册。

第四节　罗马尼亚的图书馆

【国家图书馆和公共图书馆】

设在布加勒斯特的国家中央图书馆(1955)继承了原国家中央图书馆的传统,具有大型公共图书馆性质,也是国家书目情报中心。馆藏书刊 780 万册。设有业务中心对全国公共图书馆提供具体帮助。另一所国家图书馆是罗马尼亚科学院图书馆,由旧科学院图书馆发展而来。1948 年起该馆承担为科研人员服务的职责,藏书范围不再限于人文及社会科学,而扩大到自然科学及技术领域。该馆享有法定缴送本权,馆藏 879.4 万余件。除备有少量缩微阅读机外,基本上为手工操作,在使用现代手段方面显得落后。

以上两馆在编制国家书目、建立国家联合目录系统、开展图书馆学与情报学科研活动及出版三方面进行合作。

公共图书馆有 3 种类型:(1)地方政府主办的公共图书馆。1968 年起国立公共图书馆改由所在地(县、市、乡)的行政机构主办。(2)工会图书馆。由当地工会、工业或其他经济部门的工会委员会主办,为会员及其家属服务。(3)手工业者合作社图书馆,为社员及其家属服务。1981 年全国共有公共图书馆 6303 所,藏书总计 6100 万册。

【大学图书馆和专业图书馆】

80 年代早期,有高等院校图书馆 43 所。在大学图书馆中,下列 3 所是直属教育部的大学中心图书馆:(1)布加勒斯特大学中心图书馆,1948 年改组为全国高等学校图书馆网络中心,备有完善的目录体系。辖有分馆、研究所及学生宿舍图书馆 24 所,藏书共 270 万册。(2)克卢日—纳波卡大学中心图书馆(1872),自"二战"以来藏书迅增,共有 230 万册,检索系统完善。(3)雅西大学中心图书馆,藏书 145 万册。

设在布加勒斯特的专业图书馆有:中央教学图书馆(1880),藏书以教学方面书籍为特色,学校行政人员、教授、各级学校教师均可利用。它还是全国 40 个县的教学图书馆与各个学校图书馆的中心,藏书 34.5 万册。中央医学图书馆(1951),馆藏约 26 万册。国立情报文献研究所图书馆(1949),有图书 15.5 万册。

第五节　保加利亚的图书馆

【国家图书馆和公共图书馆】

设在索菲亚的西里尔与梅索迪乌斯国家图书馆在"二战"时，馆舍化为乌有，图书仅残存 20 万册，战后新建馆舍，于 1953 年 12 月开放。现在保加利亚最大的公共科学图书馆，为全国图书馆系统协调中心和社会管理、科学与文化的国家情报中心。藏书 213.1 万余册。出版 17 种情报刊物，包括 4 种现行国家书目的通报。该馆还是图书馆学、目录学、图书学的研究机构，1985 年拥有这些学科的专职研究人员约 40 人。

读书会在保加利亚社会生活中占有重要的一席。1927 年图书馆法使读书会成为固定的机构并得到财政上的支持。该法案要求每个社区支持或创建一个读书会，致使读书会数字激增，10 年内增加 2 倍，1973 年达 2980 个。

1982 年，全国公共图书馆有 5731 所，其中包括读书会约 3800 个，其余的属于政府、企业及其他部门。其中，索菲亚市图书馆 (1930) 馆藏 66.3 万余册。

【大学图书馆和专业图书馆】

1982 年，全国有 27 所高等院校图书馆，共有图书 500 万册。其中，索菲亚大学图书馆拥有 16 所附属馆，藏书 122.3 万余册，大多为外文书籍。

保加利亚科学院中心图书馆辖有 45 个研究所图书馆，备有这些馆藏书的总目录，监督它们的采购等活动，共有图书 143.9 万余册。设在索菲亚的还有：中央医学图书馆 (1919)，1957 年起成为全国医学图书馆协调与管理中心，有 47 所附属馆，藏书 62.2 万余册；中央农业图书馆（1961），对所辖 56 所附属馆实行管理与协调，藏书 42.7 万册。

第六节　南斯拉夫的图书馆

【国家图书馆】

南斯拉夫为多民族的国家，1946 年宪法规定实行联邦制，由 6 个共和国、2 个自治省组成，分别设置下列国家图书馆：

1. 塞尔维亚社会主义共和国国家图书馆，设在首都贝尔格莱德。1918 年重建，1925 年对公众开放。1928 年开始接受本国出版物的缴送本，同年就该馆工作人员的职务评定制定了专业考试要求。1941 年 4 月 6 日因德国飞机轰炸，损失图书 50 万册以上，嗣后重建，1947 年开放。建有本地区各馆及外国期刊的电子计算机联合编目系统，藏有图书 72.9 万册。

2. 伏依伏丁那的"马蒂卡·斯尔普斯卡"国家图书馆（1826），设在诺维萨德，藏有罕见的手稿、古版本、早期印刷的塞尔维亚著作。

3. 科索沃国家与大学图书馆（1949），设在普里什蒂纳。现有藏书约 60 万册。

4. 斯洛文尼亚社会主义共和国国家与大学图书馆，原为设在卢布尔雅那的大学图书馆，1918 年南斯拉夫建国后，改为国立图书馆。斯洛文尼亚大学建立后，它承担该校图书馆的职责。1947 年改为现名。现藏书 115 万册。

5. 波斯尼亚—黑塞哥维那社会主义共和国国家与大学图书馆（1945），设在萨拉热窝。现藏书 67 万册。

6. 克罗地亚社会主义共和国国家与大学图书馆,设在萨格勒布,由 1606 年当地的耶稣会学院演变而来。现藏书 106 万余册。

7. 门的内哥罗(又译黑山)社会主义共和国国家中心图书馆(1946),设在采蒂湟。现藏书约为 37 万册。

8. 马其顿社会主义共和国"克里门特·奥赫雷德斯"国家与大学图书馆(1944),设在斯科普里。现藏书 110 万册。

以上各馆除塞尔维亚、伏依伏丁那·门的内哥罗三馆外,都具有国家图书馆与大学图书馆双重职能。上述各馆都享有缴送本权,承担以下任务:着重搜集本共和国或本自治省的出版物;搜集其他共和国或自治省与外国图书馆所藏的有关本共和国或本自治省的图书资料;采购外国佳作及科技文献资料;编制书目与出版回溯性国家书目。

【公共图书馆】

公共图书馆起源于读书会以及 19 世纪前后的教会图书馆,它们在"二战"前发展缓慢。以贝尔格莱德市立图书馆为例,1929 年建立,1931 年开放,藏书仅 7000 册,到 1930 年有书 2.3 万册,战时损失 4000 册。战后发展很快,现有藏书 40 万册,为该市的中心图书馆,与设在该市的国家图书馆、大学图书馆、塞尔维亚科学与技术院图书馆在经济、文化生活中共同发挥重要作用,并为塞尔维亚境内其他公共图书馆作出示范。

公共图书馆在 1961 年逾 3000 所。以后作了调整,削减小型的与作用有限的各馆,加强社区公共图书馆的积极作用。因而 1980 年公共图书馆数目减为 2101 所。

1976 年对公共图书馆的有关调查材料表明:(1)公共图书馆的读者一般以中小学生为多。(2)读者对期刊报纸的需求量超过图书。(3)图书使用率的高低与下列因素有关:其一为藏书内容是否丰富,以科索沃与克罗地亚公共图书馆为例,因藏有各种情报、科技、科普书籍,所以出借率最高。其二为能否提供完善的书目以利于读者查找。

【大学图书馆和专业图书馆】

南斯拉夫的国立大学图书馆是所在共和国及自治省的中心图书馆,除为大学服务外,也向社会开放。著名的大学图书馆为:(1)设在贝尔格莱德的斯韦托扎尔·马尔科维奇大学图书馆。"二战"时遭到破坏。1946年为纪念塞尔维亚政论文作家、南斯拉夫社会主义运动先驱斯韦托扎尔·马尔科维奇(1846—1875)诞生100周年,该馆改为现名。藏书约120万册,收有塞尔维亚出版的科学出版物版本。(2)卢布尔雅那大学中心技术图书馆(1949),为该大学与斯洛文尼亚工业的中心技术图书馆,也是土木工程专业情报、科技参考与咨询服务和外借的中心,现藏书14.1万余册。

专业图书馆附属于工业、社会、科学、文化等各种机构与政府部门,1980年有1072所。设在萨拉热窝的加日·H·贝格图书馆久负盛名,为波斯尼亚与黑塞哥维那素丹的总督加日·H·贝格所建。1867至1950年期间,馆藏不断充实,现为南斯拉夫最重要的收藏东方著作的图书馆,以土耳其文、阿拉伯文、波斯文著作居多。馆藏图书约5万册、伊斯兰手稿1.1万件。

第二十六章　中南欧、西欧其他国家

第一节　意大利的图书馆

【国家图书馆】

根据 1814 至 1815 年维也纳会议决定,在意大利建立八个国家,政治上处于分散状态。尽管 1870 年形成统一,但由于这种历史的影响,曾先后建立了多个国家图书馆。

1. 设在罗马的国家中心图书馆。以维托里奥·埃马努埃莱二世命名,1975 年在新址开放。藏书 280 万册。出版《意大利国家书目》。

2. 设在佛罗伦萨的国家中心图书馆(1747)。1966 年 11 月 5 日该馆遭洪水侵害,被水淹没的书籍包括善本书 10 万册、卡片目录 800 万张、巨额的报纸以及电子计算机等设备。经过全馆工作人员以及几千名志愿人员的努力,加上国际有关组织的援助,到 1969 年,受损图书文献资料大都已整修完毕。现藏书 400 万册。与罗马的国家中心图书馆共同出版国家书目。

3. 设在米兰的国家图书馆。于 1763 年由伯爵佩尔图萨蒂的私人图书馆改组而来,藏书中以戏剧及历史书籍较丰,现共有 104 万册。

4. 设在威尼斯的国家图书馆。于 1468 年以枢机主教比萨林捐赠的图书为基础建馆。藏书 121 万册,珍贵手稿 1.3 万册。

5. 设在都灵的国家和大学图书馆(1723)。原为一个大学图书馆。藏书 85 万册。

6. 设在那不勒斯的国家图书馆(1804)。藏书 153 万余册。

7. 设在巴里的国家图书馆(1865)。藏书 25 万册。

8. 设在巴勒莫的国家图书馆(1782)。藏书 46 万余册。

在以上 8 所图书馆中,前二所最为重要,为国家中心图书馆,负责收集与保存法定缴送本,协调与组织书目服务,后六所仅享有本地区出版物的缴送本权,负责收集本地区的文献资料,促进书目编制工作。

【公共图书馆】

分为以下五种类型:国家的,大学的,具有专业任务的,附有音乐部的(设在罗马及帕马),附属于国家纪念馆的。

就全国来说,公共图书馆发展不够理想,主要阻碍是缺乏经费和统一的组织与协调。比较出色的为米兰公共图书馆,设有 1 所中心图书馆及 33 所分馆。全市居民 170 万人中的 42%能享受该馆服务。博洛尼亚省俱乐部拥有图书馆 23 所,阅览室 21 个,为该省 85 万人中的 50%服务。俱乐部图书馆的职能为文化资源中心,提供传统性服务如借阅书籍,提供阅读与参考的房间,举办音乐会、美术展览、讲座、表演,以及举办历史及当代各种问题的讨论。

【大学图书馆和专业图书馆】

在墨索里尼统治时期,大学教育及图书馆均置于法西斯控制之下。“二战”后期,图书馆遭到较大损失,仅那不勒斯图书馆于 1943 年即损失图书约 20 万册。60 年代起大学生激增,致使大学图书馆供不应求。

在多数大学里面,建校很久以后才建立中心图书馆,有些大学则一直不设,而以院图书馆为主。设有中心馆的,担负为教学与科研服务的任务,同时协调系、所图书馆工作,尤其着重协调编制联合目录。在城市里,由于缺乏令人满意的公共图书馆,因此,有些大学图书馆也肩负省立图书馆的职责,除为大学服务外,也对民众开放。在古老的大学图书馆中,规模最大的为佛罗伦萨大学图书馆,由 10 所院图书馆组成,藏书达 130 万册,1966 年水灾时曾蒙受重大损失。

专业图书馆多数附属于大学或科技机构。驰名世界的专业图书馆由政府管理,如设在佛罗伦萨的美弟奇—罗伦佐图书馆,现收藏图书 10 万册及 5 至 19 世纪手稿 1.3 万件。有些专业图书馆也是情报中心,如菲亚特图书馆情报中心网络,包括约 10 所图书馆,使用菲亚特情报存储、检索和传递的计算机系统。

第二节　希腊的图书馆

【国家图书馆和公共图书馆】

1943 年,国家图书馆的法定缴送本权得到确认。主要馆藏为手稿、希腊文学、地理、历史和善本书,另有 1812 年独立战争等历史档案资料,现藏书 200 万册,手稿 4500 件。

议会图书馆也享有缴送本权。由于它隶属于立法机构,经费比较充裕,在购买外国图书以及对公众服务的效率方面都在国家图书馆之上。现分为两部分:中心图书馆与贝纳尔图书馆。后者因伊曼纽尔·贝纳卡的捐赠图书而得名。议会图书馆现藏书 150 万册,拥有最完整的希腊报刊和许多法学书籍。

希腊的公共图书馆不够发达,在小城市及农村为数寥寥。这种现象与古希腊辉煌的文化面貌相比较是极不相称的。从历史角度进行分析,可以看出,这是因为希腊长期饱受外国势力蹂躏,国内争斗不息所致。现代公共图书馆观念直到"二战"后才见流行,一批公共图书馆在各省建立。目前在大城市均设有一所中心图书馆,属市政当局管辖,一般不设分馆。但萨洛尼卡的中心图书馆设有 2 所分馆,备有流动图书车。

公共图书馆存在的共同缺陷是利用率不高。原因在于教育不发达;图书馆工作人员素质较低,不安心工作,流动率很高;对专业人员的培训仅仅依靠短期训练班方式,缺乏大学一级的专业教育。

【大学图书馆和专业图书馆】

在大学图书馆中,历史最早的是雅典的卡博季斯特利亚斯大学图书馆(1838),规模最大的是萨洛尼卡的亚里士多德大学图书馆(1926),现藏书 100 万册。大学图书馆一般使用率较低,主要原因为大学教学方式呆板,成绩优劣以死啃教科书为标准,导致学生对课外阅读缺乏兴趣。

专业图书馆可举格拉底斯图书馆为例,该馆为著名学者、原希腊驻英公使齐安尼斯·格拉底斯(1844—1932)私人所有,为研究性图书馆。由于拥有较多的善本、手泽本,版本学家对该馆也颇为重视。现藏书为 7 万册,以收有关于东方问题的著述、希腊旅行报道、现代希腊史、古老的希腊学校课本以及古希腊作家著作的善本而见长。

第三节 西班牙、葡萄牙的图书馆

【西班牙的图书馆】

设在马德里的国家图书馆为欧洲主要图书馆之一,也是拉丁语世界的最重要的图书馆。西班牙内战时期(1936—1939),馆务陷于停顿。现藏书在 300 万册以上,手稿有 2.6 万余卷。收有 1500 年前出版的古籍、善本,每年接待读者逾 50 万人,外借图书 13 万册以上,为读者制作照相复制品 130 万件,缩微胶卷 40 万件。

1931 年西班牙共和国建立后,曾制订一项由中央管理全国图书馆的计划,后因内战而未执行。内战前夕,已有市立图书馆 300 所,内战期间许多馆遭到破坏。1947 年 7 月的法案要求兴建图书馆,并在全国范围内普及图书。由此导致全国阅读服务中心的建立,它于 1957 年开始工作,负责推动建立图书馆,促进公众阅读。这种活动是通过全省协调图书馆中心,即包括省会的中心图书馆与其他城市的分馆组成的系统来进行的。例如,巴塞罗那公共图书馆即省公共图书馆系统的中心,其中心图书馆藏书逾 50 万册,组成包罗 75 所分馆的网络,为省会附近地区及本省其他城市服务。

西班牙内战期间,马德里的保卫战历时甚久,康普鲁托大学图书馆遭受重创,现藏书 82.1 万余册。1986 年,在全国高等院校图书馆中,30 所大学图书馆占有显著地位。在技术手段及服务方面比较好的为塞拉托加大学图书馆等 22 所。每个大学图书馆在形式上为由一个馆长领导的中心单位,但实际上分成若干院系图书馆。它们主要为教授及其他教师服务,对大学生的学习与阅读则供不应求,甚至连阅读的地方也不能满足。

专业图书馆中首要的为最高科学研究理事会(1939)的图书馆,共有图书150万册,辖有50所为科技、人文科学专业中心服务的分馆,其中心图书馆(1946)除负责统一采购、技术服务、组织书目参考咨询及专利交换等工作外,从1940至1960年之间还是培训西班牙图书馆工作人员的基地。

在人文科学方面,主要是两所皇室兴建的图书馆:(1)马德里的国立皇宫图书馆(1760),内战期间曾对藏书作了疏散。现有印本30多万册,另有15世纪的手稿、古籍、精装本及图画。(2)设在马德里近郊的埃尔·埃斯科里亚尔修道院图书馆。现藏书6万册以上。由于藏有罕见的土耳其语、波斯语的古代经典手稿本等特藏而成为西班牙著名的图书馆之一。

【葡萄牙的图书馆】

国家图书馆设在里斯本,1969年迁至现代化的馆舍。现藏书200万册,另有手稿1.2万件。

公共图书馆中规模最大的为波尔图市立图书馆(1833),藏书132.5万册;埃武拉公共图书馆与地区档案馆(1811),藏书47万余册;里斯本市立中心图书馆(1931),藏书12.8万余册。其他地方的公共图书馆在数量、质量方面都不够理想。

大学图书馆以科英布拉大学图书馆为主,它的馆舍建筑古朴而美观。其中心图书馆藏书100万册,另有6所院、系图书馆,藏书64.6万册。波尔图大学及里斯本大学的图书馆管理分散,仅有院、系图书馆。

专业图书馆主要为设在里斯本的科学院图书馆(1779),藏书36万册。此外有波尔图的医学院图书馆等。

第四节　荷兰的图书馆

【国家图书馆和公共图书馆】

设在海牙的皇家图书馆发挥国家图书馆的作用,为全国图书馆的中心,享有荷兰语出版物的缴送本权。出版荷兰文书目。对80所以上的图书馆的图书及大约250所图书馆的期刊实行联合编目。该馆于1982年迁入新址,其闭架式书库可容纳图书500万册。现实有图书150万册。

荷兰公共图书馆原有以下类型:普通图书馆、天主教图书馆及新教图书馆。后两种图书馆墨守陈规,挑选图书远不如普通图书馆广泛。1972年创建的荷兰公共图书馆与文献中心,将各种图书馆联合起来并予以援助,它提供服务中心以便提高图书馆工作效率和质量,并促成1975年图书馆法案的颁布。该法案指出,公共图书馆必须备有大众性图书以利于社区各类型居民阅读,同时规定中央政府付给图书馆工作人员薪金及其他开支的20%,另80%由省或地方当局付给。但从1983年起,支付公共图书馆经费的权力完全归省或省以下的地方当局。

主要的公共图书馆在200所以上,其中如鹿特丹市立图书馆(1604),藏书133.5万册,内有伊拉斯谟藏书4500册;乌特勒支公共图书馆(1892),藏书67万册,辖有10所分馆及1所音乐图书馆。

【大学图书馆和专业图书馆】

主要的大学图书馆与皇家图书馆建立了协作关系,共同编制书目,并就图书采购及收藏专业图书保持合作。著名的大学图书馆如国立莱登大学图书馆,馆藏220万册。国立乌特勒支大学图书馆,馆藏175万册。

专业图书馆大都隶属于学术团体,科学研究所或省、市图书馆与职业学院。其中,设在阿姆斯特丹的数学与计算机学中心(1946)为非基础数学及其应用与计算机学的专业科学图书馆,有图书2.9万册。皇家荷兰科学院图书馆(1808),收藏45万册图书及1.8万种期刊。

第五节　比利时的图书馆

【国家图书馆和公共图书馆】

在欧洲各国中,比利时是长期没有对缴送本权作出法律规定的少数国家之一,也是唯一的国家图书馆没有获得缴送本权的国家。这个棘手的问题迟至1965年4月8日始经议会制订法案才加以解决,并于次年1月1日开始实施,设在布鲁塞尔的皇家图书馆遂能有效地发挥国家图书馆的职能。1969年新馆建成开放,为纪念曾于第一次世界大战期间抵抗德国入侵的国王亚尔培得一世(1875—1934),而以他的名字命名。现藏书336.2万册,现刊2.6万种。出版《比利时书目》。

1921年,由科学与艺术部长德斯提里提出了公共图书馆法案,规定由政府资助每一个社区设置图书馆。尽管该法案对于设置公共图书馆的职权、组织及经费等问题未予有效解决,但在它的推动下,社区图书馆到1926年增至2000所以上。

1898年起比利时规定以法语、荷语为官方语言。因此公共图书馆往往按语种分为法语图书馆与荷语图书馆两种。

1965至1975年间,荷语图书馆由1377所增至1389所,法语图书馆由 2729 所下降为 2591 所。但以上两种语种的图书馆的藏书总数却由 14648389 册上升为 21199750 册。同时,读者数字增加 50%(全国人口仅增加 3%),流通量增加 65%。上述统计数字表明,这一阶段图书馆数目略减,读者人数迅增;从比例上看,讲荷语的读者多于讲法语的读者。

1978 年,荷语文化委员会及法语文化委员会分别通过决议,要求建立合理的结构以满足地方公共图书馆的迫切需要,地方公共图书馆与工作应由中心图书馆进行协调。设在佛兰德及沃洛尼的国立公共图书馆中心负责研究公共图书馆有关问题,提供若干具体的服务。这些措施为改进公共图书馆工作提供了切实的保证。

【大学图书馆和专业图书馆】

布鲁塞尔自由大学图书馆(1834),现有书刊及论文共 149.1 万余册。根特大学及列日大学的图书馆均为州立,前者现藏书 200 万册,后者的中心馆现藏图书及手稿 170 万册。两校图书馆均对社会开放。卢万天主教大学(1425),两次世界大战时先后遭到破坏,两次重建,现藏书 200 万册,中心图书馆及院系图书馆各占其半。

专业图书馆方面,议会图书馆收有法律、政治、社会等科书籍 150 万册。设在布鲁塞尔的图书博物馆,专门收藏图书史方面的书刊资料。经济事务部图书馆藏书 63 万册,其自动化的程度在比利时名列榜首。

第六节　奥地利的图书馆

【国家图书馆】

第一次世界大战后,奥地利建立第一共和国,维也纳的皇家图书馆收归国有,改组为现代的研究性图书馆。从 1945 年起,改称奥地利国家图书馆。50 至 60 年代,国家图书馆作了一些重要的改革与研究,主要是:(1)对于 1501 至 1929 年编制的 130 万张大型卡片改用国际通行的卡片式样重新抄写,对大部分予以订正,并对原有的款目加以增补。这项耗力巨大的工作对读者服务极有价值。尤其是在人力很少的条件下全部完成,实为难能可贵。(2)该馆进行了一项有趣的研究,即从藏书中抽出一些书名与三所世界著名图书馆的同名图书进行数量上的比较(1930 年后出版的不计其内)。经过这种抽样式的调查发现,与该馆比较,不列颠博物馆图书馆多出 100%,法国国家图书馆多出 40%,美国国会图书馆则少了 12%。此外,还发现在该馆目录中,有 40% 的书名为上述国外三所图书馆所不见,这些书多数是斯拉夫、匈牙利、东方的书籍以及奥匈帝国时期的原本与缴送本。由此可见这些书籍正是该馆藏书的特色之一。

该馆设有 9 个馆藏及技术部门。最主要的是印本部和手稿部,收藏的古版书将近 8000 卷。音乐部收有海顿、莫扎特、贝多芬、布鲁克纳、斯特劳斯的作品。现全馆藏书共 244.5 万余册。

【公共图书馆和大学图书馆】

20 世纪 30 年代,大多数城市建立了公共图书馆,但服务效率欠佳。60 及 70 年代,在维也纳等地建筑了一批现代化的公共图书馆馆舍。80年代初,全国有公共图书馆2000多所,其类型包括市立图书馆、工会图书馆、教会图书馆及读书会等。维也纳市立图书馆系统包括中心图书馆1所、分馆57所,藏书在40万册以上。

主要的大学图书馆为维也纳大学图书馆。两次世界大战时都遭到损失,1951年恢复。1965年曾庆祝建馆600周年。其中心馆藏书为194.2万余册,其他部门为228.4万余册。

【专业图书馆、修道院图书馆】

奥地利科学院图书馆(1847),藏书51万册。奥地利议会、政府若干部门如国防部,科学、研究与教育部以及设在维也纳的国立医学会、地理学会等机构都设有专业图书馆。国际原子能机构设有一所现代化的图书馆,藏书10万册。

数以百计的修道院和大教堂的图书馆藏有专门的书目资料及珍本。这些图书馆大多建于11或12世纪,拥有华丽的巴罗克式建筑,藏书数量由2.5万册至18万册不等。其重要性在于藏书内容包括古登堡改革印刷术以前的手稿、古版书以及16、17世纪的图书。

第七节　瑞士的图书馆

【国家图书馆和公共图书馆】

设在伯尔尼的国家图书馆1934年迁至新址时,藏书逾50万册。现收藏通行于瑞士的四种语言(德语、法语、意大利语、拉丁—罗马语)的国内出版物以及国外有关瑞士的出版物。该馆为全国图书馆交换中心,外地读者只需交纳极为低廉的费用,一周内即可收到所索图书。该馆藏书150万册,手稿1.6万件,缩微胶卷

12 万件,地图 13 万幅。编有全国总书目。

瑞士公共图书馆多如繁星,将近 2000 所。工作效率很高,具有以下特点:(1)针对不同语言安排藏书。由于全国通行语言复杂,因此各地的图书馆以当地的主要语种的图书为收藏重点。(2)组织体系完善。在州、县、社区分别设置中心图书馆、分馆和借阅站。(3)建立网络、协作密切。除日内瓦、苏黎世等地建立了公共图书馆网络外,各地公共图书馆与全国的专业图书馆、200 个学会及协会的图书馆建立了合作关系。各公共图书馆的图书均纳入全国总书目,有利于开展馆际互借。

【大学图书馆和专业图书馆】

瑞士的一些大学图书馆也为当地居民提供科学文献服务。具有代表性的日内瓦公共与大学图书馆,现藏图书与小册子 160 万册,手稿 1.5 万件。该馆编目体系十分完善,包括以下 8 种目录:主题目录、著者姓名总目、定期出版物目录、分类目录 3 种(分别按人名、地名及民族名、文学作品的语种编制)、用斯拉夫语编制的图书著者姓名及主题目录、日内瓦州所辖各个图书馆藏书总目。

专业图书馆约近 1300 所。设在苏黎世的瑞士社会档案馆,免费向公众开放。其图书部藏书逾 6 万册,其中包括罕见的图书,如法国小资产阶级社会主义者路易·勃朗的《劳动组织》(1839—1840),德国早期工人运动活动家威廉·魏特林的《穷苦罪人的福音》(1845)以及意大利法西斯党魁墨索里尼的著作。文献部收有小型印刷品 30 万件,其中工人运动史文献约占 1/5 以上,弥足珍贵。

【国际机构的图书馆】

日内瓦为国际机构云集之地,不少国际机构设有图书馆,主要为:(1)联合国图书馆分馆。"二战"后建立,为联合国图书馆欧洲分馆,由原国际联盟图书馆(1930)演变而来。现藏书70万册,期刊1.2万册。(2)国际劳工署图书馆(1919)。现藏图书及小册子30万册,期刊1万种,向特别咨询的读者开放。出版《国际劳工文献》月刊。(3)国际教育署图书馆。隶属于联合国教科文组织,现藏书6万册,期刊800种。

第二十七章　日　本

第一节　国立国会图书馆

【国会图书馆的建立及其活动】

"二战"后日本国会在新宪法精神指导下重新建立。1948年2月国会制订国立国会图书馆法,同年6月新的国立国会图书馆正式开放。该馆由国会参、众两院图书馆及原帝国图书馆合并而成,以美国国会图书馆为榜样,并在美国图书馆专家的规划与指导下建立,由罗伯特·B·唐斯任顾问。

国会图书馆设有一处六部,即研究与立法参考处,行政、采访、图书、期刊、专藏、图书馆协调六部。辖有1所中心图书馆、35所分馆,包括设于国会内直接为议员服务的图书馆、上野图书馆、东方图书馆以及分属于政府行政及司法部门的图书馆,全馆人员近900人。其任务主要是为国会议员及政府部门服务,同时也为公众服务。其业务活动包括:(1)提供情报咨询服务。1981年为国会议员提供回答约12851件。同时也对行政、司法部门及一般读者服务,1981年一般咨询回答为158071件。(2)收藏国内各种发表的文献资料。该馆享有缴送本权。所藏国会会议录、立法背景等档案资料是其特色。(3)充分发挥优势力量,协调政府各个部门所属图书馆的工作。(4)编制各种书目资料。主要有《日本国家目录》、《日本期刊索引》、《外国图书馆联合目录》及《国立国会图书馆日报》。1982 年开始出版第 1 部《全国录音、盲人图书联合目录》。(5)进行图书资料的国际交换。它是日本馆际互借中心，与 101 个国家的 636 个机构建立了图书资料交换关系。

【新技术与馆藏】

1970 年起，该馆开始采用电子计算机及汉字处理系统。20 年来，卓有成效地实现了机械化与自动化，其范围包括对国会会议录、西文及日文杂志、外国图书的处理；编辑国外科学技术资料月报；编辑期刊索引以及机读目录；计算本馆员工的薪金等项。图书资料的搬运则利用传送带与升降机。读者借阅图书时，借阅单利用风管传送，节约了人力物力。1983、1984 年该馆还专门建立机构，对纸张型文献及非书文献采取保护措施。

该馆正式建立时，藏书仅 215 万册，由于获得缴送本权以及广泛采购，现已达 832 万册以上。该馆每日 9 至 20 时开放，禁止未满 20 岁者入内。每年接待读者超过 49 万人次。为解决书库不敷需求的问题，1982 年开始建筑拟容纳图书 750 万册的新馆，1986 年 9 月一部分落成开馆。新馆不仅可以容纳今后约 30 年入库的图书资料，而且能通过大型电子计算机检索情报，并与国内各图书馆通过传真方式交换情报。新馆与旧馆的书库预计共可容纳图书 1200 万册，设阅览座位 1900 个。

第二节 公共图书馆

【"二战"期间及战后】

1933 年法西斯军人上台后，图书报刊成为钳制人民思想、进行军国主义教育的工具。这一期间,公共图书馆的发展困难重重。1930 至 1945 年总共增设 80 所图书馆,平均每年仅 5 所,而在此以前的 1900 至 1929 年则总共添设约 320 所,平均每年为 10 所。到战败前夕,图书馆已处于摇摇欲坠的地步,东京等地居民在美机频繁的轰炸下,人心惶惶,公共图书馆读者寥寥无几,仅 1944 年即有 13 所关闭。

战后,为了重建公共图书馆,从 1947 年起,文部省及帝国图书馆分别举办讲习所培训图书馆员。1950 年 4 月政府颁布了图书馆法。到 1977 年,在公共图书馆工作的合格的图书馆员已占 47%。

1977 年日本有公共图书馆 1133 所,1987 年增至 1743 所。同年图书馆流通量为 2.37 亿册。藏书量最多的为东京、大阪等县立图书馆,分别逾 100 万册。对儿童的服务已逐渐为公共图书馆所重视。1955 年,全国公共图书馆设有儿童阅览室的仅有 30%,1983 年上升到 83%,这与广大儿童家长特别是母亲们的呼吁是分不开的。

【成绩与问题】

70 年代以来,日本公共图书馆在实现网络化与技术现代化方面取得了相当大的成效,但与美国比较还存在着较大的差距。(1)在数量方面,如与美国比较,日本人口为美国的 1/2,但 1980 年公共图书馆数额,美国为 14653 所,日本仅为 1320 所。(2)布局与财政状况也逊于美国。美国公共图书馆星罗棋布,经费上虽遇到困难,基本上可以维持局面。日本图书馆比较集中在大城市,1984 年在 2668 个村镇中仅有 15% 设有公共图书馆。城市公共图书馆一般经费困难,以致委托民间机构或财团代管之风盛行一时。(3)现代化技术应用面不广。1985 年日本公共图书馆配备电子计算机的仅近 1/6,远远不如美国普及。但到 1989 年,采用计算机技术的公共图书馆已增至 1/4 左右。

第三节　大学图书馆

【"二战"后的重建】

"二战"后,日本经济拮据,加上缺乏全盘规划及统一领导等原因,致使大学图书馆经历了大约 20 年的恢复时期。从 60 年代中期开始,进入现代化阶段。伴随日本经济的跃进,70 年代中期至 80 年代中期出现了大学图书馆欣欣向荣的局面。到 1982 年,日本各类大学图书馆中心馆已有 891 所,连同分馆及分室共为1331 所,藏书共达 1.28 亿余册。主要的大学图书馆十分注意收集外文图书,如东京大学、京都大学、庆应大学的图书馆每年入馆外文书几乎和日文书的数量相等。外文期刊在各大学图书馆期刊总数中约占 35% 左右,而且有加无减。但如何做到外文文献的资源共享,还是一个有待解决的问题。

日本大学图书馆不像公共图书馆与普通学校图书馆那样,受立法的支配,因此其结构与职能各异。就类型划分,有国立、公立、私立、短期大学和高等专科学校五种。国立大学图书馆拥有较多的藏书和较高的技术设备,平均每馆为 30 万册。到 1982 年约近40% 的馆使用了计算机。其中,广岛大学的计算机系统于 1977 年投入使用,具有数据管理、定题服务等多种功能。

【管理体制】

日本大学图书馆内部采取分散型的建制。各院、系、研究所均有其独立地位、预算、职员和阅览室。但是,由于越来越多广泛地采用计算机等先进技术,若干大学图书馆之间已实行协作,共享目录资源。60 年代起，文部省加强了对大学图书馆的领导，1966 年颁布了《大学图书馆设施计划要点》，建立了总的体制，在 80 年代早期又着手建立学术情报系统，从而把大学图书馆管理体制推向集中领导与统一规划的道路。至于大学图书馆馆长职务则规定一般须由教授担任，为期两年，通常由临近退休的教授担任。这种做法是从学术水平出发而不是着眼于是否熟悉图书馆业务。

【主要的大学图书馆】

大学图书馆中的佼佼者是东京大学图书馆。东京大学原为东京帝国大学，"二战"后改为现名。1960 年该校图书馆在馆长岸本英夫教授的倡议与领导下，实行改革，其中心图书馆曾于 1961 年获美国洛克菲勒基金会资助的 8400 万日元用以实现技术革新。它负责协调校内 22 个系、所图书馆的活动。现馆藏共为 600.8 万册。全馆工作人员 327 人。京大附设的东洋文化研究所(1941)，收有亚洲各国图书约 36 万册、期刊 3600 种及大量缩微品，出版《东洋文化》等刊物。1981 年东大建立使用电子计算机的文献情报中心，负责沟通全国大学图书馆学术情报工作。1984 年该中心开始使用超大型计算机。

京都大学图书馆现有中心图书馆 1 所，法学、经济、文学、医学等系、所图书馆 24 所，藏书共有 425.9 万余册。

以上两个大学均通过图书馆学课程(但不设系科)培养图书馆学研究生。

第四节 专业图书馆

【"二战"后的涌现】

日本在"二战"后,积极利用国外科技新成就。60 年代,1/3 的科研设计费用于购买专利和许可证,从而有力地推动了经济的发展。为了系统收集与分析国外科技情报,各大工业企业、科研机构的情报单位与图书馆、室的设置有如雨后春笋。据 1982 年版《专业图书馆指南》所载,各种专业图书馆共有 2023 所(其中仅有 284 所为"二战"结束前所建),但一般规模不大,每馆工作人员平均仅有 4 人。

【日本科学技术情报中心】

该中心于 1957 年成立,归首相办公厅的科学技术处领导。它在情报理论与实践上发挥主导机构的作用,其业务活动主要是处理与加工世界范围内的科技情报,并迅速而适当地加以传播;向国内各科技机构、团体广泛提供所需情报,但不提供图书流通服务。1984 年这个中心收集情报的主要来源为:(1)期刊将近 1 万种,其中 60% 为外文期刊。(2)技术报告 1.25 万件。(3)专利说明书 4.9 万件。(4)各国政府出版物,大学、研究所出版物以及国际会议录等。它对于浩繁的文献进行翻译、摘要、编目与专题评论。其中,文摘工作由专职人员 120 余人、编外专业人员约 4000 人进行,以 12 种专题文献速报出版。1967 年起,该中心开始利用电子计算机编排文献速报。1976 年联机情报系统投入使用,1983 年提供约 30 万项联机情报服务。

【其他专业图书情报机构】

1971 年,成立了旨在收藏与加工日本国内外专利文献的日本专利情报中心。1972 年,成立了日本医学情报中心。1984 年,37 所医学图书馆通过电传索取期刊文献的照像复本。到 1985 年,已有 85 所医学图书馆设置了电子计算机终端,并与日本科学技术情报中心、美国洛克希德公司情报检索系统建立了联机情报服务,尤以与美国"医学文献联机检索系统"以及荷兰"医学文摘"的联络最为密切。这种情况表明在建立计算机网络方面,医学图书馆名列前茅,实现了国际资源共享。

第五节 图书馆协会、图书馆学教育与研究

【图书馆协会】

日本图书馆协会诞生于 1892 年,其前身为日本文库协会,1907 年起出版《图书馆杂志》(月刊)。1952 年日本图书馆协会参照《美国图书馆协会著者及书名款目著录规则》(1949)编制了《日本编目规则》,随后数次修订,于 1977 年编印《日本编目规则新版预备版》,采用《国际标准书目著录》原则,应用于 1885 年以后出版的日文图书。

1981 年日本图协颁布了《图书馆员公约》12 条,就以下几个方面对图书馆员作出要求:开展工作应立足于社会需要和读者要求;相互之间加强合作,树立整体观念;加强与当地居民及各种社会团体的协作借以建立良好的文化环境。1984 年该会有个人会员 5000 名,团体会员 1812 个。

其他图书馆协会有:日本医学图书馆协会(1927)、日本专业

图书馆协会(1952)、日本图书馆学会(1953)、全国公共图书馆协会(1970)等。

【图书馆学教育】

其发展可分为两个阶段。

1. 战前阶段。以培训初、中级图书馆员为主。第一所图书馆学校于1921年在上野县开办,称文部省图书馆员讲习所(其后名称迭改,1964至1980年称图书馆短期大学)。战前除东京帝大外,各大学均不开设图书馆学课程。短期讲习班成为培养图书馆员的基本形式。

2. 战后阶段。图书馆学列入大学课程,成为这个时期日本图书馆学教育的重要内容。战后大学图书馆学教育的特点是:(1)深受美国的影响。1946年美国教育代表团到达日本促进教育工作,提出扩充大学图书馆等项建议。许多日本图书馆员奔赴国外特别是去美国学习图书馆学。由于美国图书馆协会、驻日美军占领当局及日本有关人士的共同努力,1951年经美国图书馆协会及洛克菲勒基金会协助,在庆应大学开始设置图书馆学学系,聘请美国教师,采用美国课程与方法进行讲学,按照美国方式培养人才。1967年该大学图书馆学系改称为图书馆情报学学系,并分别于1967、1975年开设硕士、博士研究生课程。(2)图书馆学课程在大学相当广泛地设置,培训了大批图书馆学专门人才。70年代中期,日本大学约有1/4设立了图书馆学课程,但大多数校设课不设系,因此每校讲授专业课的教师仅有数人。这一类学校以私立短期大学居多。(3)建立了专门的图书馆情报大学。1979年在筑波市成立了图书馆情报大学,实际上是一所学院,1980年开始招生。它的图书馆藏书6万册;设有计算机中心,处理全校教育、科研、图书馆业务及校内事务工作的资料。该校为日本图书馆学与情报学融合一体的资料与研究中心,是培养图书馆学与情报学人才的理论与实践的基地。1984 年开始招收硕士研究生。

1954 年，日本大学标准协会制订了《图书馆学教育标准》，将专攻课程分为基础、资料、整理、管理四大门类。1977 年修订时，改名为《图书馆情报系标准》(1982 年再次稍作修订)，从而确定采用"图书馆情报学"一词作为新标准的名称，并将专攻课程分为基础、文献利用、情报组织、情报系统四大门类。但课程主要内容为实施授予图书馆管理员资格的教育，对学术研究以及硕士以上学位的教育不够重视。针对这种现象，日本有的学者认为必须不断革新课程，使之具有先进水平，同时认为应当加强高层次教育以培养优秀的师资。

【图书馆学研究】

"二战"以后，图书馆界出现了不少论著，大部头的有日本图书馆协会编纂的 11 卷本《新图书馆学》以及椎名六郎等主编的 10 卷本《图书馆学讲座》等。这些著作都不同程度地接受并传播了美国图书馆学的实用观点。但是，美国学者巴特勒、谢拉以及德国学者卡尔施泰特从哲学、社会学等角度认识图书馆学的理论也对日本学者产生了较大的影响。武居权内在所著《日本图书馆学史序说》(1960)一书中认为这种新理论的出现是"极为可喜的现象"，并表示希望能有"强而有力的基础的理论的出现"。1982 年，加藤一英的《图书馆学序说》就是引进卡尔施泰特的见解并加以扩展的一部图书馆社会学的著作。

80 年代以来，日本图书馆学与情报学相互渗透的倾向继续加强，反映这个趋势的论著是津田良成主编的《图书馆情报学概论》。这是日本出版的第一本图书馆学情报学教科书。作者认为，"图书馆情报学"是在图书馆学这个传统学科中渗进新兴的情报学概念而产生的新学科。图书馆在今天已成为系统加工各种情报的社会机构之一，图书馆学也"成为在更广泛的领域内研究各种情报课题的情报学的一个组成部分"。正因如此,作者认为,"图书馆情报学"是"从建立和改善包括图书馆在内的情报中心和情报系统的经营法发展起来的一门学科"。

这本书还以大量篇幅对情报在交流需求与使用、各种载体、存贮与检索、管理组织等方面作了介绍,说明作者对情报学的高度重视。

第二十八章 朝　　鲜

第一节　朝鲜民主主义人民共和国

【国家级图书资料中心】

设在平壤的国立中心图书馆承担国家图书馆职责,藏书 150 万册。1981 年在平壤建立了人民大学习堂,旨在使广大人民群众获得一个学习科学理论和文化知识的场所。其全部建筑将近 10 万平方米,壮丽的外观具有民族特色,内部饰以色彩鲜明的墙壁、圆形的柱子、花纹的大理石、整洁的大厅和回廊、如花似锦的地毯,和谐统一,令人赏心悦目。大学习堂设有 5000 个座位,每天可接待读者 1 万人以上。书库可容纳图书 3000 万册,现藏有 1500 万册。全部藏书的借阅用电子计算机管理,读者可在阅览室内通过自动化传送系统获得所需的图书。大学习堂内共有 600 个设备完善、光线明亮的房间,均安装有彩色的枝形吊灯和其他灯饰。其中 17 间为磁带播放室,可供收听外国图书翻译资料的磁带。有一间备有 800 个座位的综合性的讲演室,可供科学讲演、讨论以及放映电影。另设有专室供给新书和最新技术成就的情报。1986 年人民大学习堂共接待读者 160 万人次。

【公共图书馆和大学图书馆】

在道、市两级均有公众图书馆。如"二战"后最先建立的咸境南道图书馆(1946),现藏书29万余册。平安南道顺川市图书馆,建筑面积为3000平方米,注册的长期读者为8500名以上,平均每日接待临时读者为1100余名,阅览室实行开架制。

高等院校著名的有金日成综合大学、金亨稷师范大学、金策工业大学、人民经济大学等校,都拥有本身的图书馆。金日成综合大学图书馆1986年馆藏书刊200万册。专业图书馆以科学院图书馆藏书最多,达200万册。

第二节 南朝鲜

【国家图书馆和公共图书馆】

南朝鲜有2所国家图书馆。

1.国立中央图书馆。设在汉城,原为1923年日本侵略者所建立的朝鲜都督府图书馆。1945年改组,属教育部。根据1963年图书馆法改为现名。工作范围为负责采购与保管全国文献、包括机读目录的书目服务、国际图书交换、图书馆学与情报学的研究与人员培训。1983年藏书97.26万册,其中包括朝鲜及中国古籍善本19.4万余册。出版《朝鲜国家书目》、《图书馆杂志》等出版物。

2.国会图书馆。1951年建立时,规模很小,仅有图书3600册。1975年迁至新建的国会大厦内。1963年的图书馆法使之成为一个独立的图书馆。该馆为国会提供立法参考和研究工作的情报资料,也为政府官员及公众服务。1983年馆藏61.6万册,内有善本近1万余册。

公共图书馆 1979 年为 126 所,其数量远远不敷需要。此后,教育部制定计划,扩建公共图书馆并拨出经费以增加专业图书馆人员。1983 年公共图书馆增至 143 所。

【大学图书馆和专业图书馆】

国立汉城大学图书馆(1926)在朝鲜战争后从美军手中获得一批图书,并得到梅里叶—韦伯斯特公司赠送的辞书。新建的中心图书馆可容纳图书 120 万册,阅览室可接待读者 4000 人,每天座无虚席。现藏书 101 万余册。

近 30 年来,由于南朝鲜经济腾飞,加以大学毕业生在数额上有所限制,在校生竞争激烈,导致大学图书馆读者激增。为此,有些大学图书馆延长开放时间,如设在汉城的高丽大学图书馆(1937)的中心馆将开馆时间定为早 6 时至晚 11 时,即全日开放 17 个小时。其他大学图书馆也重视改进服务工作,借阅制度普遍由闭架改为开架。

专业图书馆主要有科学院图书馆、艺术院图书馆、科学与技术情报中心等。它们所藏的图书资料主要是日语资料。图书馆馆员的素质也比一般图书馆略胜一筹。

第二十九章 印　　度

第一节　国家图书馆和公共图书馆

【国家图书馆】

印度国家图书馆与原帝国图书馆一脉相承,于 1948 年改为现名,1953 年迁至加尔各答原英国总督的华丽住宅,当时藏书 100 万册。1954 年,印度政府通过一项法案,指定该馆为储存图书馆。1968 年,教育与文化部组织一个评议委员会对该馆工作进行评估与规划,要求它收藏全部重要的全国印刷品及手稿,有计划地采购外文资料,编制书目与文献汇编,充当图书调配与国际书刊的交换中心,从而促进了该馆工作的进展。

国家图书馆在 1982 至 1983 年有工作人员 783 人,他们之中,有 206 人为获得图书馆学专业职称的专业馆员。现藏书 180 万册。特藏中包括 15 至 18 世纪期间出版的各种欧洲文字的书籍 2000 册,印度出版的珍本 3000 册。1958 年开始出版的《印度全国书目》为各国图书馆广泛参考利用。该馆还附设旅馆,为外地来馆研究的读者提供住宿之便。

【公共图书馆】

印度独立后,在著名图书馆学专家阮冈纳赞(Shigali Ramanrita Ranganathan,1892—1972)等人的敦促下,1948 年在阮冈纳赞的家乡马德纳斯邦制订了公共图书馆法,这是印度第一部公共图书馆法。但该法案中关于地方政府之外另设图书馆管理机构以及缴送本为 5 册的规定,却遭到阮冈纳赞的批评,认为前者的设置是架床叠屋,后者即缴送本的数目规定过多,等于浪费。尽管如此,这个法案仍有其积极意义。因为它不仅使地区图书馆工作有了法律保障,推动了中心图书馆的建立,而且影响所及,海得拉巴等 5 个邦也先后在 1955 至 1979 年制订了公共图书馆法。公共图书馆陆续在 22 个邦及 9 个直辖区的城乡建立起来。但其他多数邦没有制订公共图书馆法。就全国来说,公共图书馆缺乏必要的协调。

1972 年,中央政府在加尔各答建立了拉贾·拉莫洪·罗伊图书馆基金会,帮助各地建立公共图书馆。70 年代中期,该会对 27 所邦立中心图书馆、386 所直辖区立图书馆与 14856 所城市和农村地区的图书馆给予了资助。

德里公共图书馆为各个公共图书馆的发展提供了范例。该馆于 1951 年由印度政府在联合国教科文组织协助下,作为南亚以及东南亚公共图书馆的样板而创建,其中心图书馆设有成人外借及参考部、儿童部、社会教育部、馆外服务部,后者通过 5 辆图书流动车及 11 个临时阅书站为 63 个居民区服务,另在旅馆及中央监狱各设 1 个借阅站。此外还设有盲人部、4 所分院、20 所小型分馆。全馆现藏英语、北印度语、乌尔都等语种书籍 70.5 万余册。

第二节　大学图书馆和专业图书馆

【大学图书馆】

印度全国现有大学 132 所,学院 7311 所,均设有图书馆。大学图书馆中以下列几所最为重要,即加尔各答大学图书馆,现藏书54.7万册;孟买大学图书馆,现藏书45.4万册;马德拉斯大学图书馆,现藏书37万册。以上三馆均建于1857年。1922年建立的德里大学图书馆藏书最多,达93.3万余册。

各大学图书馆之间缺乏协调,经费不足,工作人员薪金标准偏低,馆的领导人没有独立选购图书的职权,大多数馆不能开展参考咨询服务,甚至图书丢失时也要追究馆领导人及工作人员的经济责任,这些问题都不利于调动图书馆工作人员工作的积极性和提高服务质量。

【专业图书馆】

主要有以下两类:

1. 隶属于研究机构的。以设在加尔各答的印度地质调查所的中心图书馆藏书最多,现有图书50万余册。设在加尔各答的亚洲学会(1784)的图书馆则以拥有印度文学、历史、哲学的书籍及手稿为特色。为科技工作提供情报服务做得突出的如巴贝原子能研究中心,1957年设于孟买,为印度原子能局的主要单位之一,其图书馆文献现藏书12.9万册,技术杂志1560种,技术报告逾52万篇。已采用计算机向印度原子能部门提供情报服务。

2. 属于科学文献中心的。主要有两个:(1)印度国立科学文献中心,在联合国教科文组织援助下,1952年创设于新德里,其图书馆为国家科学报告及期刊的储存馆,馆藏图书11万册,现刊4500种。它按科学家与工程师的要求提供资料,编制书目,提供论文影印及翻译服务,编印《印度科学与文摘》等出版物。(2)社会科学文献中心,1970年建于新德里,为印度社会科学研究委员会的一个组成部分,其图书馆现藏期刊2000种,连续读物10万册,专题论文及参考书共1.8万件(册)。这个中心服务内容包括提供社科参考与文献、社科文献活动方面的国际协作、复印、选目等项。

当前印度专业图书馆界的迫切任务是充实受过专业训练的图书馆员与建立馆际协作。

第三节　图书馆学教育与研究

【图书馆学教育】

可分为两个阶段：

1.1947 年独立以前。主要方式为：（1）地方政府或图书馆协会举办短期训练班。除巴罗达邦聘请美国专家讲课外，安德拉邦图书馆协会、孟加拉邦图书馆协会分别于 1920、1935 年举办了短期课程。（2）图书馆或大学的培训。1929 年马德拉斯大学设置图书馆学课程，1931 年改为学位证书课程，1937 年升格为一学年的研究生课程。1935 至 1944 年加尔各答的帝国图书馆也举办了学位证书课程，连同 1915 年起旁遮普大学的图书馆学课程，共为三起，每年约培养 50 多名学生。

继马德拉斯大学之后，1935 至 1946 年间安得拉邦、巴纳拉斯印度教、孟买、加尔各答、德里 5 所大学先后设置了图书馆学研究生学位课程。

2.独立后至今。印度独立后，各类学校、技术及研究机构、政府机构大量出现，邦立中心与地区图书馆也同时纷纷增设，都要求配备训练有素的图书馆员，这促使不少大学开设图书馆学课程。1946 年德里大学首建图书馆学系，聘阮冈纳赞为荣誉教授（1947—1955）。这个系的创建揭开了印度各大学设置图书馆学系的序幕，并为印度图书馆学教育树立了榜样。该系除从 1947 年招收一年制研究生外，还于 1948 年开始设置图书馆学硕士学位，

1957 年设置哲学博士学位,1978 年开办一年制哲学硕士课程。此后大学设置图书馆学系的陆续增加,到 80 年代中期已达 46 所,数量之多,仅逊于美国。这些大学平均每年培养 1500 名以上的毕业生。

从 60 年代起,主要是在设有硕士学位的大学的图书馆学课程中增设了情报存贮与检索、电子计算机在图书馆的应用、文献工作等新课程,借以适应形势的需要。

除正规教育外,各地图书馆协会以及接受委托的高等院校还为在职的图书馆人员举办短期训练班。

图书馆学教育中存在的主要问题是:学术研究风气不浓,为数不多的教师的任务过于繁重等等。

【阮冈纳赞】

在现代印度图书馆事业史上,阮冈纳赞作出了卓越的贡献,分述如下。

1. 提出了图书馆工作的指针。他于 1924 至 1925 年赴英国,曾就学于设在伦敦的大学学院的图书馆学院,为该院讲师兼克罗伊登公共图书馆馆长塞耶斯(William Charles Berwick Sayers)的门下,获荣誉证书,在英留学期间,曾考察了英国 100 多所各种类型的图书馆,把这些馆的社区方针、尽力为社会各阶层人士服务的事迹铭记在心。同时又针对这些馆在服务、技术、设备与建筑等方面的各行其是的现象,认为有按统一原则统率其发展的必要。从而于返印后写出有理论价值的著作《图书馆学五定律》(1913 年由马德拉斯图书馆协会出版,1957 年增订再版)。五定律即:书是为了用的;每个读者有其书;每本书有其读者;节省读者的时间;图书馆是一个生长着的有机体。由此可以看出,他高度重视图书馆藏书的使用效率以及千方百计为所有读者服务的问题,强调了图书馆与社会保持密切联系的必要性,要求以发展的观点看待图书馆工作。这种理论不仅切中当时印度图书馆的弊端,也对世界各国图书馆指出了奋斗目标,是发展图书馆学的重要指导思想。

2. 重视图书馆学的科学管理。提出了"图书馆计量学"的术语。认为在图书馆的工作管理中可以运用工厂企业的管理方法,对经费收支、人事管理、馆内各部门的设置、各项工作的分析、读者在馆中阅读时同等问题均须作出数量分析。他著有颇有影响的《图书馆管理》一书(1935 年初版),在该书中阐明了各种图书馆的作用,使图书馆日常工作简化与合理化。但该书把图书馆工作分成将近 1000 种名目,未免过于繁琐。

3. 积极培养图书馆人才。阮冈纳赞于 1924 至 1944 年在马德拉斯大学图书馆任职。1929 年创办并领导图书馆学院,其后该院合并于马德拉斯大学,学生来自印度全国各地,成为 20 世纪印度独立前后图书馆学教育的示范。他在德里大学创立的图书馆学硕士(1948)及图书馆学博士规划(1956),为印度及英联邦图书馆学最高学位的开端。他还是设在班加罗尔的印度文献工作研究与培训中心的研究生课程(1961)的创办人,直到去世前一直与它保持密切的联系。

阮冈纳赞还制订了"冒号分类法"(1933 初版)。他所制订的印度图书馆发展计划以及为政府起草的图书馆法,对于推动整个印度图书馆事业产生了重大的影响。

阮冈纳赞从事图书馆工作将近 50 年,著述包括专著 50 多部、论文 1000 多篇。创办并编辑《印度图书馆协会年刊》、《图书馆学年刊》、《图书馆学与文献报道》三种专业期刊。先后担任有关图书馆管理、教育与立法的 25 个以上的机构的成员或主席。1965年印度政府授予他图书馆学国家教授头衔,以表彰他对图书馆学的卓越贡献。美国情报学家加菲尔德(Eugene Garfield)在《纪念印度图书馆学之父阮冈纳赞》的专文(1984)中说,他不仅对印度图书馆学现代化与专业化作出很大贡献,同时对国际分类学理论产生了改革性影响,是图书馆学与图书分类学的杰出人物。但同一时期,加菲尔德在马德拉斯大学的讲演中把阮冈纳赞在图书馆学上的成就与爱因斯坦在物理学上的成就相提并论,则似乎言过其实。

第三十章　澳大利亚和新西兰

第一节　国家图书馆

【澳大利亚】

国家图书馆的前身为联邦议会图书馆,1923 年改称联邦国家图书馆。1927 年首都由墨尔本迁至堪培拉,该馆也随之搬迁。当时馆藏 6.5 万册。随后为当地大、中学生与公众服务,并开始为政府部门提供参考服务。"二战"时及战后初期,该馆曾派出一些馆员赴伦敦、纽约、重庆为澳外交机构建立参考图书馆。1960 年颁布的国家图书馆法规定,该馆与联邦议会图书馆分开,单独建制。此项规定于次年 3 月生效,新馆旋即开放。

国家图书馆为全国的书目中心,享有缴送本权。总馆之下分设人文科学、社会科学、科技图书 3 所分馆,负责全国情报与参考服务工作。馆藏图书 26.8 万册,现期丛书 103500 种,地图及空中拍摄照片 85.7 万幅,缩微胶卷 143.7 万件。出版《澳大利亚全国联合目录》《国家专著联合目录》等刊。1981 年建立的以该馆为中心的澳大利亚书目网络是一个全国性的联机网络系统,存有该馆及美国国会图书馆、加拿大国家图书馆、不列颠图书馆的机读目录纪录,实现了国内外资源共享。目前该馆在澳大利亚,为仅次于悉尼大学图书馆的第二所大型图书馆。

【新西兰】

国家图书馆于 1966 年建于惠灵顿,为若干所国立图书馆的联合体,现有图书 55.3 万册、期刊 11200 种、缩微胶片 104.3 万件。所辖部门除新西兰书目网络、学校服务、技术服务、读者服务四个部外,主要为以下两所图书馆:(1)特恩布尔图书馆。由商人之子特恩布尔(Alexander Horsbrugh Turnbull,1868—1918)捐献私人藏书约 5.5 万册而建。1966 年划归国家图书馆领导,成为一所参考与研究图书馆。70 年代藏书 15.4 万册。(2)议会图书馆,建于 1858 年,最初与奥克兰省议会图书馆合办,1865 年议会迁至惠灵顿后另建馆舍。根据 1965 年国家图书馆法,该馆成为国家图书馆的一个组成部分。70 年代藏书 45.2 万册。

第二节 公 共 图 书 馆

【澳大利亚】

澳大利亚幅员辽阔,加以国家实行联邦制,各州拥有较大的权力,致使州立图书馆在各类图书馆中占有重要地位,而且均在州内享有缴送本权。但是,随着国家图书馆与大学图书馆的发展,州立图书馆的学术职能有所削弱,而将工作重点转到为公众服务上面,并对地方公共图书馆担负辅导的责任。

主要的州立图书馆有:(1)新南威尔士州立图书馆,1826 年建于悉尼,1895 至 1968 年称新南威尔士公共图书馆,1969 年改为现名,成为一所研究与参考图书馆。现藏书共达 200 万件,辖有若干所分馆。(2)维多利亚州立图书馆。1853 年建于墨尔本,为一所中心参考图书馆,现藏书 112.8 万余册。(3)塔斯马尼亚州立图书馆,1899 年建于霍巴特,现设有分馆 68 所,有图书流动车 7 辆。馆藏共为 157.65 万件。

澳公共图书馆的建立,肇始于 1939 年新南威尔士州图书馆条例的制订。以后发展较快,现有公共图书馆 299 所,其中 116 所设在悉尼市,其余设在乡村。除首都堪培拉公共图书馆作为国家图书馆的分馆外,其他各州均设有公共图书馆,并在不同程度上获得州政府的资助。主要的市立公共图书馆为悉尼中心图书馆,1909 年建立,现有 6 所分馆,藏书共有 35 万册。

【新西兰】

除了偏僻村落和农村社区以外,公共图书馆服务全部由自治市或乡村的地方政府负责支持,财源来自于土地税。各个城市的图书馆与大多数自治市的图书馆对居民实行免费外借与参考服务。主要的公共图书馆有:惠灵顿公共图书馆(1893),藏书 45 万册,有分馆 10 所;奥克兰公共图书馆(1880),辖有分馆 12 所,藏书共 111.9 万余册;坎特伯雷公共图书馆(1859),藏书 40 万册,有分馆 3 所,教区图书馆 16 所。

第三节 大学图书馆

【澳大利亚】

自 20 世纪 50 年代末以来,澳大利亚大学图书馆在联邦政府大力资助下得到突飞猛进的发展。1981 年大学及学院图书馆有 19 所,1982 年藏书共 1500 多万册,大多数馆实行集中管理。在大学图书馆工作人员中,受过高等教育的约占 30%,其中,有一定资历和声望的人享受大学教师同等待遇。

主要的大学图书馆有:(1)澳大利亚国立大学图书馆,1946 年建于堪培拉,属于新的类型,设备先进。其藏书以堪培拉大学学院(1929)的图书为基础,现藏书 121.9 万余册,附设普通图书馆 2 所,其中一所专供本科生用。另附设专业图书馆 10 所。特藏为亚洲研究图书,包括关于中国、日本的图书 12 万册。(2)悉尼大学图书馆。建于 1850 年,在澳大学图书馆中,历史及规模均居于首位,属于旧的类型,设备比较落后,仅提供传统性服务。于 1885 年因费希尔(Thomas Fisher)捐款 3 万英镑而扩充了图书。1909 年经州政府资助,建立第一所独立的馆舍,命名为费希尔图书馆,现为中心图书馆,另有院系分馆 14 所,藏书共 299.1 万余册,均置于书目中心管理之下。

澳大学图书馆在以下几方面出色地开展了工作。(1)普遍实行开架借阅。除善本书外,其他各类图书均开架借阅以利读者。(2)广泛开展馆际互借,不仅克服了出版物激增以及书价不断上涨以致影响购书数量的困难,而且有效地为科研、教学服务。1982 年馆际互借量达 30 余万册(件)。(3)注意指导学生利用图书馆。方式为组织参观,举办讲座,开设专题课程,印制图书馆指南一类的介绍性小册子,放映幻灯、录像等,使学生学会运用工具书与查找资料的方法。(4)业务实现自动化。主要在"二战"后新建的大学图书馆中,普遍应用计算机进行管理、采购、编目及流通,从而大大提高了工作效率。

【新西兰】

新西兰大学图书馆的情况类似澳大利亚。主要馆有:奥塔哥大学图书馆,建于 1870 年,现藏书近 97 万册,有中心馆 1 所,专业分馆 4 所;奥克兰大学图书馆,建于 1884 年,规模最大,设有中心馆 1 所,分馆 12 所,现有图书 105 万册。

第四节　专业图书馆

【澳大利亚】

第一所专业图书馆为 1842 年建立的悉尼法学图书馆,以后建立了新南威尔士州议会图书馆(1844)等馆。"二战"后兴盛,50 年代初有 384 所,1982 年增至 513 所。其中主要有以下 3 所:

1. 国家科技图书馆(1971)。是国家图书馆的分馆,主要活动内容为:建立与保持生命科学网络,不断研究工业情报需要;作为联合国科技情报系统在澳的中心而开展工作;与其他国家协作以及与美国洛克希德情报检索系统的联结。馆藏专著 8 万册,期刊 2.5 万种。

2. "联邦科学与工业研究组织"图书馆。该组织于 1926 年在东墨尔本创建,为澳国内最大的多科性综合研究机构,属半官方性质。其图书馆系统包括中心图书馆 1 所以及设在该组织内的各学部、研究所、实验室等单位的分馆 70 多所,藏书共约 50 万册。出版物有《澳大利亚图书馆馆藏科学期刊联合目录》等。

3. 联邦议会图书馆。1851 年建于墨尔本。提供立法研究及参考服务。现藏书 15 万册,收有社会科学、议会文献等方面资料。

【新西兰】

专业图书馆 1974 年为 174 所,此后继续增长。但一般规模有限,主要的为科学与工业研究部中心图书馆,1939 年建于惠灵顿,为 17 个部门与大学图书馆集中进行图书加工与服务,拥有这些部门藏书的联合目录,提供科学情报咨询服务。

第五节 澳大利亚的图书馆学教育

【类型与级别】

澳图书馆学教育类似英美,其类型有 3 种:(1)专业协会设置的资格考试制度。(2)高等院校开办的经过认可的专业性大学课程。(3)主要的图书馆为本馆职员提供的在职训练。

1937 年,澳图书馆学会成立,1949 年改称澳图书馆协会。入会资格相当严格,须受过大学图书馆学专业教育,得到过图协认可的学校所颁发的证书。该会自 1944 年起即仿效英国,开始建立图书馆员资格考核制度,对完成规定学习课程考试合格的图书馆工作人员授予专业资格。1968 年发表"图书馆学课程设置认可声明",对图书馆学课程设置、教育大纲都做了明确的规定。1980年,图协取消考试制度,图书馆学教育全部纳入大学及高等教育学院体系。

最先建立图书馆学专业的是新南威尔士大学。1960 年以英国为榜样,设置了图书馆学院。接着,墨尔本皇家工学院在 1961年设立图书馆学系。到 1977 年,开设图书馆学本科与研究生课程的已有 18 所大学与学院,另有相当于中专性质的图书馆技术学校 13 个。在上述高等及中等学校受教的学生近 4000 人。

从档次上划分,澳的图书馆学教育有以下 3 种:

1. 中级的。(1)短期训练班与进修课程,以在职人员为基本对象。(2)图书馆员技术学校或师范学院举办的学校,学习二年,毕业后相当于具有高中水平,发给图书馆技术员证书。

2. 高级的。(1)图书馆学本科生,经过 3 至 4 年学习。学习 4年毕业者获教育或社会科学(图书馆学)学士学位。学习 3 年毕业者获文学或应用科学、图书馆学学士学位或图书馆学文凭。
(2)其他学科毕业的大学生再经过一年图书馆学专业学习后,授
予毕业证书,其级别介于学士与硕士之间。

3.最高级的。有研究生文凭、硕士学位、博士学位 3 种。硕士
学位有 5 个大学授予,博士学位(哲学博士)仅有新南威尔士大学
及莫纳斯大学授予。

【教学内容及方法】

课程内容包括图书馆学、情报学、文献工作三方面。图书馆学
专业将情报检索列为重点课。情报学专业以数学、情报、经济、统
计和计算机课程为主修课,以传统的图书馆学课程为选修课。一
般说来,伴随图书馆自动化的发展,课程内容已着重于应用技术的
教学。

教学方法注重引导学生独立思考。大学图书馆学专业讲课方
式一般为依据教学大纲,指定参考书让学生阅读,许多课程没有固
定的教科书。同时提倡研讨课形式,以期提高学生钻研问题的能
力。

第三十一章　非　　洲

第一节　北非地区的图书馆

北非地区的阿拉伯国家历史悠久,有着丰富的文化遗产,国家取得独立较早,教育比较发达,因而图书馆较多,在藏书数量方面在非洲属于上游。

【阿拉伯埃及共和国】

设在开罗的国家图书馆,建于 1870 年,是当时埃及推行现代化运动的产物。现藏书达 150 万册,内有大量纸草纸文书及阿拉伯手稿。目前是非洲最大的图书馆。该馆还编辑与发行类似国家书目的《埃及出版物公报》,兼负保管国家档案之责。

1982 年全国有 233 所公共图书馆,以亚历山大城市立图书馆资格最老(1892),管理最为完善。现有藏书 5.7 万余册。

全国约有高等院校图书馆 120 所。普遍缺乏合格的图书馆员与必要的协作。设在开罗的世界上资格最老的大学之一爱资哈尔大学,其图书馆从 1961 年起扩建并实行现代化,在校学生多达 9 万多人,但藏书仅 8 万册。开罗大学图书馆建于 1908 年,现有学生 11.3 万余人,教师 5830 人,曾设有图书档案学系,面向阿拉伯及非洲各国招生。图书馆现有图书 100 万册,期刊 7000 种。

【摩洛哥】

图书档案综合馆(1920)行使国家图书馆职能,藏书25万册。国家文献中心(1968)有缩微胶片11万件及近5000册书刊。公共图书馆有60多所,其中5/6为独立后所建。设在非斯的卡鲁因宗教大学(859)为世界上老牌大学之一,隶属于国家文化事务部,其图书馆馆藏2.2万余册。

【埃塞俄比亚】

国家图书馆于1944年建于亚的斯亚贝巴,主要收集本国的史料文物以供研究,藏书10万册。亚的斯亚贝巴还设有海尔塞拉西一世大学图书馆,为这个国家最大的图书馆,创建于1961年,得到福特基金会和美国国际开发署的资助,藏书32万多册。

其他国家如阿尔及利亚国家图书馆(1963)、突尼斯国家图书馆(1885)分别藏书95万、70万册。苏丹首都的喀土穆大学(1956)的图书馆行使国家图书馆职能,藏书32万多册。

第二节　中非和西非地区的图书馆

中非和西非地区原为英、法、比的殖民地,经济、文化均落后于北非地区。多萝西·G·科林斯指出,中非地区图书馆的特色是"在说法语的国家,图书馆表现为大陆传统,而在说英语的国家,英美图书馆的影响占有优势"。在西非地区,特别缺乏购买新的书刊的经费,馆藏远远跟不上读者的需要。

【尼日利亚】

在政府经费中,教育居于前列。1976年起实行义务小学教育,全国有综合大学 13 个,这个数字在整个非洲也是领先的。尼日利亚国家图书馆建于 1962 年,为全国参考和研究图书馆,也是文献目录中心。现中心馆及分馆藏书共为 15.8 万册。该馆还设有一个图书馆合作顾问委员会,推动全国图书馆进行合作采购。1948 年创建的伊伯丹大学图书馆藏书 35.3 万册,该大学在联合国教科文组织帮助下设有情报学系。

尼日利亚有公共图书馆 43 所。1977 年有公共图书馆工作人员 1117 人,平均每 10 万人口中仅摊上图书馆工作人员 2 人。培训图书馆人员的任务由尼日利亚大学承担。但由于公共图书馆工作条件及待遇不如国家图书馆及大学图书馆,毕业生往往不愿意去公共图书馆工作。现有的公共图书馆主要设立在拥有较多文化居民的城区,读者大多数为青年人。

【加纳】

加纳(原名黄金海岸)的公共图书馆工作也开展得较好。20 世纪 50 年代,英国图书馆员伊夫琳·埃文斯(1910—　　)在加纳图书馆理事会主持图书馆服务工作,把英国公共图书馆工作经验介绍到加纳。1977 年,加纳有公共图书馆及服务机构共 47 所,共有工作人员 520 人,平均每 10 万人中可摊上 5 名公共图书馆工作人员,在非洲处于上游。

其他国家如坦桑尼亚的达累斯萨拉姆大学图书馆藏书 35 万册。马里国家图书馆(1962)藏书仅 1.5 万册,在公共图书馆方面拥有一个名为"公众阅读运动"的系统,于 1978 至 1983 年建立了 46 所公共图书馆,每馆藏书 1200 册左右。

第三节　南非地区的图书馆

【津巴布韦等国】

津巴布韦原名罗得西亚。1980 年 4 月津巴布韦共和国诞生。其国立免费图书馆(1943)设在布拉瓦约,藏书 5 万册。设在哈拉雷的津巴布韦大学图书馆(1957)在 1984 年收藏专著 35 万册,现刊 5000 种,总馆之下,分设法学、医学等馆。赞比亚没有国家图书馆,而以赞比亚大学图书馆(1965)履行国家参考图书馆职能。它在首都卢萨卡还设有一所国家档案馆(1947),藏书 1.1 万多册。赞比亚城市公共图书馆中规模大的如卢萨卡公共图书馆,藏书 7 万册。农村图书馆服务通过巡回图书车、图书馆中心、地区图书馆、分馆及中心图书馆进行,最小的图书馆中心的藏书不过数百册。

【南非共和国】

为白人种族主义者统治,一贯推行种族隔离和种族歧视政策;在黑人中灌输"劣等民族"和"种族主义"等不良意识。在教育经费上,据 1979 年资料,白人学生为黑人学生的 13.5 倍。因此,尽管这个地区设有藏书达 62 万册、服务效率较高的开普敦大学图书馆(1829),但政治、文化上的种族压迫及偏见,使这种图书馆仅为白人学生服务。

南非共和国首都比勒陀利亚的国家图书馆是该国的文献目录中心和馆际互借服务中心,创建于 1887 年。1903 至 1919 年曾改名为政府图书馆。根据 1916 年版权法,该馆为南非两个国家图书馆之一,获得缴送本权。1972 年起采用国际标准书号出版了联合目录。该馆还出版《南非国家书目》、《国外有关南非出版物书目》。现馆藏图书75万册。

另一所国家图书馆是设在开普敦的南非图书馆,它是殖民当局于1818年在一项法令中规定从酒税收入中拨出资金而创建的。1822年开放,1910年英国殖民者组织了英国的自治领南非联邦,此后对该馆给予不固定的拨款。现藏书约53万册。

总的看来,非洲各国图书馆工作开展得极不平衡,多数国家没有图书馆立法,资本窘迫,藏书量及外借率低下,娴熟的专业人员奇缺,工作手段极为落后,图书馆业务应用计算机的国家,仅有尼日利亚、利比里亚,而且应用范围狭小。这些现象与不少国家经济困难、人民生活贫困以及语言复杂、文盲过多的情况是密切相关的。这些国家的当务之急是解决人民吃饭、穿衣、住房、医疗等基本问题。显然,只有在彻底取得国家独立,发展民族经济,消除种族歧视,普及教育的基础上,图书馆工作方能健康地开展起来。

第三十二章　拉丁美洲

第一节　国家图书馆

拉丁美洲各国国家图书馆主要建立于 19 世纪早期。藏书来源大部分为没收教会图书馆或私人的图书。在整个 19 世纪,它们与博物馆的性质相近。

一般说来,目前拉美各国国家图书馆由于经费有限,专业人员不足,工作有待进一步改善。有的国家图书馆实际上仍履行着学校图书馆的职能。

【阿根廷国家图书馆】

设在布宜诺斯艾利斯。1810 年在独立运动领导人之一马里亚诺·莫雷诺(1778—1881)的发起下创建。1812 年作为当地的公共图书馆开放,由莫雷诺亲任馆长,藏书 3.5 万余册。1884 年改为现名。从第二任馆长保罗·格罗萨克(1848—1929)开始,历任馆长均由知名学者、专家出任。该馆还附设 1 所图书馆学专科学校。现藏书 160 万册,手稿 4.6 万余件。

【巴西国家图书馆】

设在里约热内卢,建于 1810 年,原为葡萄牙皇家图书馆,收有从葡萄牙购来的图书及手稿 6 万册。1822 年巴西独立后,该馆归为国有。1825 年称帝国及公共图书馆,1871 年开始由专业图书馆员担任馆长。1878 年称国立里约热内卢图书馆。1895 年藏书23.1 万余册,1930 年增至 50 万册,现约为 180 万册,另有手稿 65万件。该馆提供目录卡片服务,进行图书国际交换,出版国家书目。

【智利国家图书馆】

1813 年建于圣地亚哥,翌年因西班牙再次入侵而关闭。1818年再建。现藏书 120 万册。其特藏中以 1823 年智利第一部宪法最为著名。该馆享有获得全国缴送出版物 15 本的权利,其中 4 册由该馆保存,其余 11 册由该馆分配给各个公共图书馆。现该馆为全国 100 所以上的公共图书馆系统的核心。1984 年开始采用电子计算机技术。

该馆辖有若干个专门阅览室,其中之一为梅迪纳藏书室,以目录学家、历史学家梅迪纳(Jose Toribio Medina,1852—1930)之名命名,收有图书近 2.2 万册及数百件历史手稿。

【墨西哥国家图书馆】

1833 年建于墨西哥城。1862 至 1867 年墨西哥全国进行反对英、法、西三国武装干涉的卫国战争期间,该馆业务陷于停顿。1867 年法国扶植的傀儡皇帝马克西米倒台,民族英雄胡亚雷斯(1806—1872)复任总统时,该馆复建,1884 年开馆。1910 年藏书逾 15 万册,1926 年逾 25 万册。1925 年在馆内建立图书馆培训学校。1958 年获缴送本权。1980 年在墨西哥大学校园内建立了现代化馆舍。现馆藏包括图书 100 万册,有关本国政治、社会等方面的印刷文献 15 万件,手稿 8 万余件。

【秘鲁国家图书馆】

设在利马。是在著名的独立运动领导人何塞·圣马丁（1778—1850）指示下建立的。圣马丁率军于1821年进驻利马，宣布秘鲁独立，以"护国主"身份颁布法令建立该馆，用以普及科学文化知识。1822年对外开放，圣马丁本人也曾赠书760余册。1881年入侵秘鲁的智利军队驻扎该馆，使图书损失很大。1884年重新开馆后，又于1943年遭受水灾。重建工作得力于新馆长、智利历史学家豪尔赫·巴萨德雷（1903—1980）的努力。1947年建成新馆，现藏书66万余册。

【哥伦比亚国家图书馆】

1977年建于波哥大。其前身为皇家图书馆。独立运动时期一度关闭，1823年作为国家图书馆重新开放。现藏书54万册。图书主要来自国际交换，但编目不及时。

【委内瑞拉国家图书馆】

1833年在加拉加斯建立。1841年开放。但一直到20世纪70年代仍然缺乏较好的组织与计划，缺乏对书目等财产保护的立法保障，而且服务对象基本上是当地中心区的一些小学生，国家图书馆名不符实。现馆藏图书80万册，期刊4000种。此外，国立历史研究所图书馆（1888）也在一定程度上发挥国家图书馆的作用。

【古巴国家图书馆】

设在哈瓦那，1901年10月由美国军事统治者伍德（Leonard Wood）建立，历经沧桑。1952年1月建立新馆，并以古巴民族英雄、诗人何塞·马蒂（Jose Marti，1853—1895）之名命名。1959年1月古巴革命胜利后，开始发挥国家图书馆的作用。现为古巴公共图书馆网络的中心。馆藏图书 100 多万册,每天接待读者 1000 人左右。

第二节 公共图书馆

【麦德林计划】

19 世纪早期,在拉丁美洲一些主要国家兴起公共图书馆,但长期处于"藏书楼"的状态。"二战"以后有所改变。1951 年,联合国教科文组织主办的拉丁美洲公共图书馆服务工作发展会议在巴西圣保罗举行,导致 1954 年制订麦德林公共图书馆试点性计划,这个计划旨在加强公共图书馆为人民群众使用的效率。该计划虽曾得到哥伦比亚政府的协助,但由于经费匮乏,馆舍不足,图书内容陈旧,而收效不大。

目前拉美各国公共图书馆发展水平十分悬殊。被称为 ABC 国家的阿根廷、巴西、智利的公共图书馆发展较快;有的国家如厄瓜多尔的公共图书馆工作大部分限于参考服务,还没有真正发挥公共图书馆的作用。缺乏专业人员也是许多国家共同存在的问题。以委内瑞拉为例,1978 年全国公共图书馆人员共为 129 人,平均每 10 万居民还摊不上一个公共图书馆员。70 年代,委内瑞拉中西部地区公共图书馆工作人员中受过专业训练的仅 3%,有 37% 仅为小学文化程度,说明文化素质很差。

【阿根廷】

19 世纪中期,由阿根廷总统多米哥·萨米尼托创立了民众图书馆系统。1870 年他制订一项法令,建立民众图书馆保护者委员会(现名民众图书馆办公署),这项措施推动了公共图书馆的兴建。1915 年全国有公共图书馆 49 所。1977 年有公共图书馆及网点共 1230 个,藏书总额为 953 万余册。

在各省及大城市均设有公共图书馆。设在罗萨里奥的胡安·阿尔瓦雷斯公共图书馆为规模最大的公共图书馆之一,藏书约 12 万册。

【巴西】

巴西地区辽阔,文盲众多,使公共图书馆工作的开展困难重重。19 世纪 50 及 60 年代,在阿拉卡茹及库里蒂巴分别建立了州立图书馆,但规模狭小,实际上起着档案馆的作用。

巴西有公共图书馆及网点共 2333 个。首都巴西利亚市立图书馆藏书超过 10 万册,拥有 10 所分馆。巴西最大的城市圣保罗设有一所拉丁美洲最佳的市立图书馆(1925),藏书 43.9 万余册。中心馆设在一所 20 层的现代化大楼内。分馆有 20 所,藏书 38.6 万余册。

【智利】

1976 年全国有公共图书馆 56 所,翌年,政府制订了一项全国性发展图书馆计划,到 1982 年增为 188 所。在这些馆之中,办得出色的是 20 世纪 50 年代晚期建立的圣地亚哥的 3 所市立图书馆,它们已接近北美小型图书馆标准,为全国市立图书馆树立了榜样。

【墨西哥】

公共图书馆获得较大的进展。1915 年全国除私人图书馆外,仅有 92 所各种类型的图书馆。1923 年,何塞·巴斯孔塞洛斯在公共教育部长任内,开始兴建公共图书馆,并在公共教育部内设立图书馆局以便推动工作。到 1965 年,全国主要公共图书馆已有

263 所,藏书内容一般以儿童为重点对象。经过政府的有计划的推动,到 1982 年底,公共图书馆已增至 1022 所。1980 年的有关统计资料表明,在拉丁美洲和加勒比亚地区 15 个国家中,公共图书馆工作人员共有 1700 多人,而其中墨西哥就有 1400 多人,足以说明墨西哥公共图书馆事业比较发达。

第三节　大学图书馆和专业图书馆

【大学图书馆】

在殖民地时期结束以前,建立了一批大学,主要在西班牙殖民地,共有 23 所。18 世纪早期,在哈瓦那大学(1728)之后,相继建立了一些新的大学。现在拉丁美洲 30 个国家中的大学约为 500 所。各校图书馆数量不一,由 1 至 50 多所不等。1979 年就 19 个国家 186 所大学进行统计,共辖有图书馆 1256 所,藏书总量为 852.7 万余册。大学图书馆的改革与发展比较突出的是国立墨西哥自治大学,建立了校内图书馆系统,全馆工作实现集中化,加强了与国内外大学图书馆的协作。这个大学图书馆的中心馆馆舍以彩石镶嵌,蔚为壮观。

其他几个主要国家的大学图书馆情况略述如下。

1. 阿根廷。大学图书馆在组织上采取中心馆与系、所图书馆分开的方式。20 世纪 80 年代初期,26 所大学共约有图书馆 200 所,它们共同组成网络,协调业务。规模最大的是布宜诺斯艾利斯大学图书馆(1941),藏书逾 150 万册。

2. 巴西。巴西利亚大学中心图书馆建立于 1962 年。1968 年建成新馆,大约可容纳藏书 100 万册,设有 4000 个阅览座位。现实际藏书 50 万册,期刊 7080 种。实行开架借阅制,每日开放 23

小时。该馆也是巴西利亚市及附近地区的公共图书馆。

3. 智利。智利的大学图书馆服务水平较高,主要原因为大学领导重视图书馆的作用,认识到图书馆对开展教学与研究的价值;图书馆得到一些基金会、研究机构和外国政府的资助,以及1946年在智利大学建立了图书馆学校,培养了一批人才。智利大学图书馆1738年设于圣地亚哥,1936年改组,其中心图书馆藏书超过20万册。大学内另有64所图书馆,藏书达100万册。

4. 哥伦比亚。1956年在安蒂奥基亚洲麦德林建立了美洲国家之间的图书馆学学校,附属于安蒂奥基亚大学(其图书馆对馆藏150万册图书实行自动化管理),先后获得纽约的洛克菲勒基金会及美洲国家组织的资助。这个学校培训大学毕业水平的图书馆员,现有学生300人。它还为情报中心和图书馆提供行政管理和组织方面的技术援助,有助于建立图书馆标准和图书馆教育的改进。该校的设立,标志着哥伦比亚已成为拉美图书馆学教育领先的国家。

5. 古巴。哈瓦那大学图书馆于1959年起由阿葛约(Jorge Aguayo,1903—)任馆长。他按美国模式组织馆藏,并建立参考工具书室。1950年该大学建立图书馆学系,由阿葛约讲授编目与分类课。现该系学制为2年。该校图书馆藏书20.2万余册。

【专业图书馆】

属于政府、科研部门、私人工业。以农业科学为主的自然科学图书馆是专业图书馆系统的一个重要组成部分,它们加入国际农业科技情报系统,有利于掌握信息,改进农业技术。分述如下。

1. 阿根廷。专业图书馆属于私人或官方机构如银行、政府各部门、研究所、企业单位。设在布宜诺斯艾利斯的国会图书馆建于1826年,20世纪30年代以后由于大量采购图书资料,才开始发挥应有的作用。有的银行、报社附设的图书馆也对社会开放。藏书较多的如布宜诺斯艾利斯中央银行图书馆,藏书 9 万册。布宜诺斯艾利斯大学农业系也设有图书馆。

2. 巴西。设在巴西利亚的有众议院文献与情报中心(1971),藏书 40 万册,附设有档案馆、图书馆等部门。国立农业文献情报中心(1974),藏书 4.5 万册。此外,圣保罗也设有一些专业图书馆,如卫生研究所图书馆、市立音乐图书馆等。

3. 智利。专业图书馆组织较好,并备有比较充足的资料以提供服务。专业图书馆 1962 年为 62 所,1978 年增为 225 所。主要有设在圣地亚哥的国会图书馆(1883),藏书 80 万册,对公众开放。

4. 墨西哥。70 年代,为适应技术与工业的发展,专业图书馆与情报中心增多,到 1982 年已有 355 所。它们或属于政府部门,或属于研究机构。工作人员素质较高。

第三十三章 回顾与展望（结束语）

　　图书出版、图书馆的发展和社会生活各方面息息相关,受到社会环境的制约。印度图书馆学家阮冈纳赞早就认为读者数量的激增、大量文献的产生、经费的不足是影响图书选择的三个社会因素。可以说,这些因素目前仍在继续发挥作用。时至今日,图书与图书馆事业已发生了重大的变化,大致表现在以下几个方面。

　　1. 图书出版数字激增,出版物的含义也发生了变化。"二战"以来的四十五年期间,世界各国出版的图书数量与日俱增。80年代平均每年出版图书达70万种,期刊达10万种,后者比19世纪末(1000种)增加了100倍,而且这个数字还以平均24%的年增长率上升。书刊出版量有如恒河沙数,原因在于近几十年来经济、科技以更大的规模向前推进,人们对知识的需求愈加强烈;国际形势的复杂多变,客观上要求扩大图书采购范围,借以掌握国际情况及动向。再者,在新的技术革命浪潮的冲击面前,各发达国家为了争夺科技领域的研究的优势也展开了竞争。现在全世界每天约有6000至7000篇科技论文发表,科技信息上升率大约每年增到40%。此外,印刷工艺的巨大改进也使图书刊物出版在数量、质量、时速上大为提高。尤其是电子计算机运用于编辑、排版、专业经营、仓库管理等方面工作后,大大提高了书刊出版速度及其流通率。庞大数量的书籍、期刊及其他多种形式非书资料(诸如唱片、录音带、电影片、幻灯片、缩微胶卷等)的产生,导致"出版物"的含义发生了变化。纸张印刷形式正处在向电子技术过渡之中。

　　2. 一部分图书馆发挥着教育与情报的双重职能。在许多国家,图书馆和社会联系加强了,其教育职能进一步扩大,成为普及教育的"社会大学",为不同层次的群众服务。同时,图书馆还开始发挥情报职能,以适应社会对信息的需求。若干国家的国家图书馆以及其他类型的图书馆还直接向立法或行政机关及学术部门提供情报资料,以供决策参考。它们正努力使自己成为符合广大用户需求的情报中心,在提供情报检索、充当文献资源中心与交流中心、作为学术会议场所等方面发挥作用。

3. 新型图书馆网络的建立。促成图书馆相互协作并加速信息传递的有效组织方式是新型图书馆网络的出现。它借助机读数据库(如美国已有洛克希德公司等2400多个数据库,其中500多个即存有7000万篇文章)为用户服务,这样既减轻了各馆的经费负担,达到情报资源共享,又扩大了咨询服务的范围,为用户提供了极大的方便。可以说,实行资源共享是收集、组织情报的最经济和最佳的方式,也是衡量当代一个国家的图书馆事业发展水平的一个重要标志。图书馆实行大规模的国际协作,始于1976年国际图书馆联合会提出的"出版物普遍利用"(UAP)的规划,它要求建立国际间的馆际互借与交换制度,提出了情报资源共享的问题。正如兰开斯特(F. W. Lancaster)所说:"图书馆自动化的过程为图书馆之间进行相互合作铺平了道路,并导致图书馆专业更高程度的标准化。"

尽管图书馆工作在社会生活中的重要性十分明显,但是在其发展的道路上也颇多阻碍。一般说来,主要是遇到通货膨胀、纸张及书价不断上涨的威胁,普遍出现经费不足和专业人员匮乏的现象。甚至在美国,许多馆的图书经费也不敷需要,远远跟不上书价上涨的形势。在不发达的国家,不少国家的图书馆事业进展缓慢,财政困难尤其严重。在非洲若干国家,文盲普遍存在,加以有的政府对图书馆工作的漠不关心,图书馆的水平与规模更为低下。

从全世界来看,图书馆事业的发展是极不平衡的,其总的发展趋势是必将受到越来越多的政府、立法部门与社会各阶层居民的重视。

从下面几点大致上可以说明图书馆的发展远景。

1. 社会职能的进一步扩大。图书馆工作和广大群众的生活关系更趋密切，其服务范围不仅为提供图书及多种非书资料，而且也包括其他多种形式，诸如组织文化生活、辅导青少年阅读等等。服务对象也会越来越广泛，促使人们走进视野更为广阔的世界。就职能的性质而论，图书馆历来具有教育职能，现在加强情报职能已是时代的要求。美国 G. 贾赫达和 J. S. 布朗内格尔认为，图书馆在情报交流过程中发挥重要作用的途径是：(1) 参考馆员基于职业责任心，对用户应持良好的态度回答其提出的咨询，并与之共同探讨。(2) 掌握情报资源与情报处理技术，借以准确、迅速、有效地回答咨询。(3) 做好工作，扩大参考咨询市场，吸引更多的用户。这些见解发人思考。

2. 尖端技术的应用。当代的图书馆不仅要保持传统服务，还要借助新技术提供新的服务。先进的图书馆或情报中心已普遍将电子计算机应用于编目、采访、流通、文献检索等项业务工作，而密集光盘——只读存储器（CD—ROM），具有体积小却能储存大量信息的优点，它在图书馆的应用具有广阔的前景。在美国宾夕法尼亚州，拥有计算机的个人只要向计算机中插入一个磁盘，即可查索 100 所学校图书馆的 63.5 万种图书资料。在英国，不少图书馆已为用户提供快速电话可视数据传输系统（Prestel Viewdate）服务。精良的技术设备使图书馆面貌发生了惊人的变化，也为图书馆学教育增添了新的内容。

3. 对图书馆工作人员提出了更高的要求。在新技术的冲击面前，改变图书馆的传统模式的呼声越来越高，要求图书馆工作者迎头赶上。正如美国图书馆学专家布鲁克·谢尔登所说："信息时代为我们增强图书馆员的作用、提高图书馆员的社会地位提供了令人难以置信的好机会。"为此：首先，图书馆领导人应当根据本馆具体情况运用目标管理理论及方法，对馆务作出科学的有节奏的管理；研究图书馆人员结构、工作效率，以及现代化建设的各种问题，诸如资源共享、馆的布局和建筑，书刊维修，防止纸张老化，非书资料的保管与使用，先进设备的利用以及防火、防窃等等。其次，要广泛采用新技术，并利用最快而有效的方式向广大读者，尤其是向科研工作者、高等学校教师、学生、研究人员提供情报。显然，这种难度大的工作，只有具有高等教育水准的图书馆专业人员才能胜任，因而在培养一般及中级图书馆专业人员的同时，必须有计划地培养大批熟练的高水平的专业人员。

值得注意的是，随着电子技术的发展，现在的图书馆是否将继续存在的问题也被提了出来。但现实生活表明，图书馆的社会效能还不是联机数据库一类的新事物所能完全取代的，后者只能给图书馆带来新的活力，大大改进了情报服务的质量。例如，电子技术非但没有减少纸张的利用，反而增加了纸张的消耗。以美国为例，1959 至 1986 年间，书写和印刷纸张消耗量从 685 万吨增到 2199 万吨，即上升了 220％。可见，无纸信息的时代还是相当遥远的未来。

图书馆学家、列宁的夫人克鲁普斯卡娅曾说："图书馆员是事业的灵魂。""他们必须是自己事业的热爱者，善于向读者群众进行工作，掌握图书馆的工作方法，善于运用这些方法来组织图书馆的一切工作。"在新的形势面前，图书馆必须充分发挥自身的潜力和活力，多层次多方位地为社会服务，才能收到更大的社会效益，也才能与时代的发展同步前进。

参考文献

一、外文部分

1. Richard Krzys and Gaston Litton, World Librarianship, A Comparalive Study. New York and Basel, 1983.

2. Michael H. Harris, History of Libraries in theWestern World. U. S. A. , 1984.

3. Ladislaus Buzas, German Library History, 800 – 1945. U. S. A. , 1986.

4. D. N. Marshall, History of Libraries, Ancient and Mediaeval. New Delhi, 1983.

5. K. C. Harrison, The Library and the Community. London, 3rd ed. , 1977.

6. K. C. Harrison, First Steps in Librarianship. London, 1980.

7. Michael H. Harris (ed.) , Advances in Librarianship. Vol. 10, New York, 1980.

8. Nazir Ahmad, University Library Practices in Developing Countries. London, 1984.

9. Edward Dudley (ed.) , The Development of National Library and Information Services. London, 1983.

10. Russell Bowden (ed.) , Library Education Programmes in Developing Countries with Special Reference to Asia. London, 1982.

11. P. A. Mohanrajan(ed.) , New Trends in International Librarianship. New Delhi, 1984.

12. Neil A. Radford, The Carnegie Corporation and the Development of American College Libraries, 1928 – 1941. Chicago, 1984.

294

13. Peter Biskup and Doreen M. Goodman, Australian Libraries. London, 3rd ed. , 1982.

14. J. K. Khanna, fundamentals of Library Organisation. New Delhi, 1984.

15. Robert M. Hayes (ed.) , Universities Information Technology and Academic Libraries; The Next twenty years. U. S. A. , 1986.

16. Gerald Jahoda and Judith Schiek Braunagel, The Librarian and Reference Queries. New York, 1980.

17. Krishan Kumar, Library Manual. Delhi, 1982.

18. Coin Steele(ed.) , Major Libraries of the World, A Selected Guide. New York, 1978.

19. L. J. Taylor (ed.) , British Librarianship and Informat ion Work 1976 – 1980, Vol. 1, General Libraries and the Profession. London, 1982.

20 . Allen Kent and Harold Lancour (eds.) , Encyclopedia of Library and Information Science. Vol. 1 – 41, NewYork, 1968 – 1986.

21 . ALA World Encyclpedia of Library and Information Services. Chicago, 2nd ed. , 1986.

22. Miles M. Jackson (ed.) , Contemporary Development in Librarianship; A International Handbook. UK, 1981.

23 . B. T. Darnay (ed.) , Directory of Special Libraries and Information Centers. Vo . 1 U. S. A. , 1987.

24. The Bowker Annual of Library and Book Trade Information. New York, 1985.

25. The American Annual 1987 (Yearbook of the Encyclopedia Americana).

26 . 1988 Britannica Book of the Year. Chicago, 1988.

27 . Leonard M . Harrod (ed.). The Librarians ' Glossary and Reference Book. London, 1977.

28. Jesse. H. Shera "Libraries", International Encyclopedia of social Science. New York, 1986, V. 7 – 8.

29 . Edmund V. Corbert, Fundamatals of Library Organisation and Administration. New Delhi, 1979.

30. Christopher Haigh (ed.) , The Cambridge Historical Encyclopedia of

Great Britain and Ireland. Cambridge University Press,1985.

31 . John Hall Stewart (ed.),A Documentary Survey of the French Revolu-
tion. New York,1951.

32. Patrick H. Hutton,Historical Dictionary of the Third French Republic,
1870 – 1940. Vol. 3, New York, 1986.

33 . The World of Learning,1989. London,1988.

二、中文部分

1. Elmer D. 约翰逊:《西洋图书馆史》,尹定国译,台湾学生书局,1983。

2. JeanK · 盖茨:《图书馆事业导论》高禩熹译,台北文史哲出版社,
1980。

3. JeanK · 盖茨:《图书馆和情报源利用指南》,邵萍等译,北京大学出版
社,1986。

4. 黄端仪译著:《国际重要图书馆的历史和现状》,台湾学生书局,1982。

5. Jesse H. 谢拉:《图书馆学引论》,张沙丽译,兰州大学出版社,1986。

6. Charles H. 布沙等:《图书馆学研究方法》,吴彭鹏译,书目文献出版
社,1987。

7. 约翰 · Y · 科尔编:《美国国会图书馆展望》,姜炳炘等译,书目文献出
版社,1987。

8. H. C. 坎贝尔:《公共图书馆系统及其服务》,黄健元等译,科学技术文
献出版社,1986。

9. 华东师范大学图书馆系编译:《美国及世界其他地区图书馆事业》(选
译自《美国大百科全书》),书目文献出版社,1983。

10. 中南矿冶学院图书馆编译:《科技图书馆与科技文献》(选译自前引
卡特等编《图书馆学与情报学百科全书》),湖南省高校中心图书馆委员会,
1982。

11. 津田良成编:《图书馆情报学概论》,楚日辉等译,科学技术文献出版
社,1986。

12. 宫坂逸郎等编:《图书资料的分类》,宋益民译,书目文献出版社,
1981.

13. O. B. 科尔舒洛夫主编:《目录学普通教程》,彭斐章译,武汉大学出
版社,1986.

14. K. E. 阿伯拉莫夫:《图书馆学和图书目录学专业导论》,范淑蓉译,兰州大学图书馆(内部交流本),1987。

15. 武汉大学、北京大学《目录学概论》编写组编著:《目录学概论》,中华书局,1982。

16. O. C. 丘巴梁:《普通图书馆学》,中译本,书目文献出版社,1983。

17. B. A. 维诺格多夫:《社会科学与情报》中译本,中国人民大学出版社,1982。

18. 南开大学图书馆学系等编,《理论图书馆学教程》,南开大学出版社,1986。

19. 皮埃尔·阿尔贝等著:《世界新闻简史》,许崇山等译,中国新闻出版社,1985。

20. 中国图书馆学会基础理论研究组编:《图书馆学基础理论论文集》,杭州,1985。

21. 中华人民共和国文化部图书馆事业管理局科教处等单位合编:《国际图书馆协会联合会第48届至50届大会论文选译》,书目文献出版社,1987。

22. 李志钟编著:《美国图书馆业务》,台北远东图书公司,1972。

23. 方同生:《非书资料的管理》,台北,1976。

24. 李风楼等编:《世界档案史简编》,档案出版社,1983。

25. 东北师范大学图书馆学系编:《日本图书馆研究文集》,东北师范大学出版社,1985。

26. 《世界图书》编辑部编:《世界出版业,第一卷,英国》,中国图书进出口公司,1981。

27. 吴任勇主编:《世界出版业,第三卷,联邦德国》,中国学术出版社,1984。

28. 来新夏:《中国古代图书事业史概要》,天津古籍出版社,1987。

29 谢灼华主编:《中国图书和图书馆史》,武汉大学出版社,1987。

30. 《图书情报研究》编辑部编:《北大图书馆学情报学系论文集》,1988。

31. 阮冈纳赞著:《图书馆学五定律》,夏云等译,书目文献出版社,1988。

32. И. M. 福鲁明著:《图书馆的组织与管理》,赵连生等译,书目文献出版社,1985。

33. F. W. 兰开斯特著:《电子时代的图书馆和图书馆员》,郑登理等译校,科学技术文献出版社,1985。

34. 詹姆斯·汤普森著:《图书馆的未来》,乔欢等译,书目文献出版社,1988。

35. 杨威理著:《西方图书馆史》,商务印书馆,1988。

36. B. C. 克列伊坚科著:《图书馆学研究的科学基础》,何士彬译,书目文献出版社,1986。

37. 吴廷华:《目标管理与图书情报工作》,南开大学出版社,1989。

38. 沃伦·B·克希斯等著:《现代图书馆管理》,李新乐等译,书目文献出版社,1989。

39. E. И. 沙姆林著:《图书分类法史略》第 2 卷,何善祥等译,科学技术文献出版社,1989。

40. 小野泰博著:《图书和图书馆史》,阚法篯等译,北京大学出版社,1988。

41. 袁咏秋等主编:《外国图书馆学名著选读》,北京大学出版社,1988。

42. 郑挺编译:《西欧图书情报事业》,北京大学出版社,1989。

43. 何翠华等编著:《国际联机检索概论》,南开大学出版社,1990。

说明:本书写作中,曾参考世界通史、国别史、文化教育等方面的专著以及国内各报刊上有关图书馆学情报学的文章颇多,因篇幅所限,均略。